발현적 유아교육과정과 표준의 연계

교육 내용과 교수실제 강화하기

Sydney L. Schwartz · Sherry M. Copeland 공저
박은혜 · 신은수 · 김희진 · 이지현 공역

Connecting Emergent Curriculum and Standards in the Early Childhood Classroom

학지사

Connecting Emergent Curriculum and Standards in the Early Childhood Classroom: Strengthening Content and Teaching Practice
by Sydney L. Schwartz and Sherry M. Copeland

역자 서문

유아의 '흥미'와 '놀이'를 중심으로 '발달에 적합한' '발현적 유아교육과정'을 운영하는 것이 유아교육의 핵심이라는 것에는 모두가 동의한다. 그럼에도 교사는 자유선택활동시간에 유아가 놀이하는 것을 보면서 "참 재미있는 생각을 했구나." "무엇을 만들었니?" 이상의 대화를 하는 데 어려움을 느낀다. 최신의 이론을 기반으로 국가수준의 교육과정이 개정되어도 교사는 그것을 그들만의 리그에 속한 학술용어라고 이해하기 때문에 현실적으로 수업에 적용할 수도 없다고 생각한다. 교육과정을 직접 읽고 해석할 필요성을 느끼지 못하는 교사는 '재미있는 활동'을 하는 것에 전력을 기울인다. 그러나 그 활동을 통해 유아가 발달시켜야 하는 핵심 개념이 무엇인지 알고 있는 경우는 거의 없다. 따라서 재미있는 활동을 열심히 한 후에 교사가 유아의 발달이나 학습 정도를 평가해야 할 때는 매우 어려워하거나 유아교육은 경험하는 것 자체가 중요하다는 논리로 책무성을 회피한다.

물론 교사가 이러한 어려움을 겪는 데는 직전교육이 가지고 있는 문제도 한몫을 한다. 교사는 직전교육에서 유아언어, 유아사회, 유아수학, 유아과학, 유아음악, 유아미술 등의 교과에 기반을 둔 수업을 받지만, 현장에서 이를 통합하여 놀이로 풀어내는 것은 온전히 그들 개인의 몫으로 남기 때문이다.

이러한 문제는 역자들에게도 오랫동안 숙제로 남아 있던 것이다. 이 책을 처음으로 접했을 때는 표준 혹은 교과라는 용어로 인해 번역을 하는 것이 과연 적절할지 망설여졌다. 교과라는 용어가 주는 선입견 때문에 초등학교에서 가르치는 교과서의 내용을 유치원으로 내리려는 시도가 담긴 것이라는 오해가 있을 수도 있다는 염려가 컸기 때문이다. 그러나 역자들이 함께 책을 읽으며 토론을 하는 과정에서 그러한 염려는 기우에 불과하다는 확신을 가지게 되었다. 오히려 이 책은 구체적인 사례와 전략을 들어 교사가 교과내용에 대한 유창성을 가질 수만 있다면 유아의 놀이와 흥미를 최대한 확장할 수 있다는 것을 잘 보여 주고 있다.

책을 번역하는 과정에서 표준, 교과, 학습이라는 용어를 그대로 사용하는 것에 대한 부담감도 있었지만 이 책을 번역하기로 한 원래의 취지를 살리기 위해 이러한 용어를 그대로 사용하기로 했다. 그러나 무엇보다 번역의 어려움을 겪은 것은 이 책에서 저자들이 강조하고 있는 핵심 교수전략 용어였다. 저자들은 교사가 발현적 교육과정과 교과내용을 연계할 때 씨딩(seeding, 환경 구성해 주기), 피딩(feeing, 정보, 어휘 또는 활동 제공해 주기), 리딩(leading, 발전되거나 관련 있는 개념으로 확장 혹은 연계해 주기)의 세 단계를 거칠 것을 제안한다. 역자들은 이 세 단어가 가지고 있는 핵심 의미를 잘 전달할 수 있을지 고민하면서 직역을 해 보기도 하고, 의역을 해 보기도 하고, 문장으로 만들어 보기도 하였지만 최종적으로는 원어를 그대로 쓰는 것 외에는 방법이 없다고 결론을 내렸다. 앞으로 이 책에서 전달하고자 하는 의도가 잘 전달되어 보충 설명 없이도 이 세 단어를 사용할 수 있게 되면 그때는 이 세 단어에 적절한 우리말을 찾으려는 노력을 필히 해야 할 것이다. 아쉽지만 이번 번역서에서는 이 작업은 숙제로 남기고 마무리하고자 한다.

유아교육에서 '유아가 어떻게 학습하는지' 뿐만 아니라 '유아가 무엇을 학습하는지' 역시 매우 중요하지만 전자에 비해 후자의 질문에 대한 심도 있는 논의는 매우 부족했다. 2013년부터는 3~4세 어린이까지 누리과정의 혜택을 받게 되었다. 만 3~5세의 모든 어린이를 위한 보편교육이 시작되어 유아교육에 대한 책무성을 요구받는 시점에서 전통적인 유아교육의 발현적 교육과정과 표준을 연결한 이 책을 번역할 수 있게 된 것에 대하여 행운이라고 느낀다.

이 책의 번역을 계기로 유아교사가 가져야 하는 전문성이 무엇이며 교육과정을 운영한다는 것이 무엇인지 그 의미를 더욱 분명하게 생각하고 토론하는 계기가 되기를 기대한다.

마지막으로 꼼꼼하게 교정을 보아 가며 좋은 책을 만들어 주신 학지사에 감사의 말을 전한다.

역자 대표 박은혜

감사의 말

우리가 했던 것과 같은 변혁적인 시도를 할 때, 개인적이고 전문적으로 성장하기 위하여 받은 많은 도움을 일일이 언급하는 것은 거의 불가능하다. 우리 두 사람에게는 전문가로서의 경력을 쌓는 동안 늘 함께했던 멘토가 있었는데, 그중에서도 박사과정의 지도 교수였던 Kenneth Wann과 Leslie Williams에게 많은 도움을 받았다. 또한 우리가 생각하는 방식에 많은 영향을 끼친 다른 동료들에게도 감사하다는 말을 하고 싶다. 우리는 그들이 우리에게 소개한 생각을 바탕으로 연구를 추진하였으며 그들에게 말할 수 없이 많은 도움을 받았다.

이 책의 내용은 우리의 생각을 채택해 적용했던 다양한 단체에 속한 교육자들의 노력을 반영한다. 다른 무엇보다도 대학교나 다른 장소 등 우리가 나아가는 길에서 마주친 재능 있는 유아 교사들에게 깊은 감사를 표하고 싶다. 활동-기반 학습 환경에서 교과 내용을 강화하고 표준에 부합하고자 하는 욕구를 충족하기 위한 방법을 생각하면서 우리는 유아교육 분야의 많은 사람이 동일한 노력을 하고 있다는 것을 발견하였다. 그래서 우리는 수년간 다양한 대화를 거쳐, 유아의 장기 학습에 영향을 미칠 수 있는 교과 내용 관련 사고에 공헌하는 방법에 관한 예시를 풍부하게 발견하였다. 우리가 이 책에 제시된 교과 내용을 포함하고 확장하며 표준에 부합하도록 구조를 발달시키는 과정에서 전문가들과 지속적으로 나눈 대화는 매우 심도 있는 것이었다. 그들의 열정이 없었다면 우리가 발달시킨 많은 생각은 절대 나오지 못했을 것이다. 또한 우리와 비전을 공유하고 유아의 흥미를 중시하는 맥락에 교과 내용을 포함할 방법을 찾는 과정에서 교사들에게 도움을 준 교육 지도자들에게도 감사를 표한다.

진행 과정에서 우리의 원고를 비평해 준 Betsey Brown과 Wynne Shilling의 건설적인 논평과 격려에 감사를 표한다. 그리고 사진을 제공해 준 Great Neck Community School, Hewlett-Woodmere Franklin Early Childhood Center, Great Community School에 특별한 감사의 말을 전한다. 또한 주말이나 공휴일에 함께하지 못하는 데 대한 변명과 우리의 부재를 자비롭게 참아 준 친구와 가족에게 감사의 말을 전한다. 우리는 당신들의 이해에 감사하고, 당신들을 사랑한다.

저자 서문

유아교육의 전문가로서 교실 내 유아의 활동-기반 학습 환경을 유지하면서 교육 내용의 강화 방법을 탐색하는 것은 아주 오랜 시간 우리의 과제였다. 우리 중 한 명은 1960년대 Kenneth Wann의 『유아의 인지 발달 촉진하기(*Fostering Intellectual Development in Young Children*)』(Wann, Dorn, & Liddle, 1962) 연구에 참여하면서 이에 대한 탐색에 착수하였다. 다른 한 명은 '유아교육과정이란 무엇인가?'라는 질문에 대해 '교육과정은 발현하는 것이다'(Dittmann, 1970)라는 답만으로는 불충분하다는 생각에서 이 과제를 시작하였다. 약 25년 전 우리가 유아교육 관련 학회에서 처음으로 만났을 때, 공통의 관심사를 공유한다는 것은 인식하였으나 각자의 전문적 관점은 달랐다. 한 명은 대학에서 일하는 사람의 관점을 가지고 있었고, 다른 한 명은 교육현장에서 일하는 사람의 관점을 가지고 있었다. 우리 두 사람은 이후 유아교육계의 동료들과 함께 이러한 관심사에 대해 많은 토론을 하였고 그 과정을 통해 점차 답에 근접하고 있었다.

교사 교육이 평생 지속되는 노력이라는 생각을 공유한 학계 및 현장 전문가로서 저자들의 장기간에 걸친 협력이 없었다면 이 프로젝트는 절대 이루어질 수 없었을 것이다. 교사 교육은 대학교에서 시작하여 교사 생활 동안 현직 교육을 통해 계속된다. 저자들의 공동 작업은 직전교육, 공립

신임 교사를 위한 현직교육 및 대학원 진학과 실행연구를 위한 환경의 조성을 통해 전문가 수준의 성취를 지원하는 교육 간의 연계성이 필요하다는 인식으로부터 시작하였다.

이러한 도전에 대처하기 위한 우리의 노력은 두 가지 명확한 초점을 가지고 있었다. 우선, 유아에게 발달적으로 적합한 환경에서 그들이 이해하기 시작하는 교과 내용에 대해 더 분명히 해야 할 필요가 있다는 것을 인식하는 것이었다. 또한 우리는 교사가 유아의 흥미에 기초한 학급 프로그램과 교과 내용을 통합할 수 있도록 그들을 돕는 방법을 알아낼 필요가 있었다. 첫 번째 초점에 대해서는, 1980년대 후반과 1990년대 초반 미국수학교사협의회NCTM와 같은 주요 전문가 기구가 각 학년에 맞는 교과 내용을 개발한 것에 도움을 받았다. 하지만 훨씬 늦게까지 유아교육에 관심을 기울이는 노력은 없었다. 이런 교과 내용 운동subject matter movement과 더불어 표준 설정 운동standards movement이 본격적으로 시작되었다. 그러나 표준은 유아가 이해하기 시작하는 주요 개념이 아닌, 행동에 관한 용어로 진술되었다는 점에서 한계를 보였다. 두 번째 초점은 교사가 발달에 적합한 방식으로 교육 내용을 일일 활동에 포함하도록 도와주는 것이다. 이를 위해, 우리는 교사가 교육 내용이라는 개념에 익숙해지도록 돕고, 자유 선택 활동 시간에 상호작용하면서 교과 내용을 적절하게 포함할 수 있도록 그들이 역할을 확장할 수 있게 도와야 한다.

우리는 교육 내용을 명확히 하고 교사가 역할을 확장하도록 돕는 방법을 알기 위해 노력하는 과정에서 대학교 수준의 교과 내용 전문가 및 그 분야에 경험이 풍부한 교사와 끊임없이 상의하였다. 우리는 교육과정 내용에 대한 생각을 교육의 실제에 적용하기 위해 개인적으로 혹은 교사 연수와 대학에서 교사와 공동으로 작업하였다. 그 과정에서 교사의 피드백은 우리가 이 과업을 더 잘 이해하는 데 도움이 되었다. 우리는 교사가 교과 영역 지식에 더 확신을 가질 수 있고 유아의 교육 내용 학습을 강화하기 위한 지도 전략을 더 효과적으로 사용할 수 있도록 돕는 데 성공하였으며, 이것이 이 책의 핵심 내용이다.

우리는 대학과 교사 연수에서 교사들과 함께했던 유아의 활동-기반 학습 환경 안에서 교과 내용 확장 및 실제 강화를 위한 모험의 여정을 독자와 공유하고자 한다. 우리의 목표는 더 많은 노력을 통해 현재와 같이 유아를 책상에 앉혀 놓고 공부시키는 교육 현장을 활동-기반 프로그램으로 성공적으로 대체하는 데 기여할 수 있는 유아교육 전문가 집단을 만드는 것이다.

Sydney L. Schwartz
Sherry M. Copeland

차례

제1장

현재의 도전에 대한 우리의 반응

두 개의 교육과정 모델과 공통의 학문적 목표

기본 아이디어: 표준에 입각한 성공적인 활동-기반 학습 환경

학습을 이끄는 유아의 흥미

교과 내용에 대한 학습 강화하기

요 약

오늘날의 교육 환경에는 초등학교 이전 교육과정을 국가수준과 지역수준에서 개정하고자 하는 다양한 시도가 있으며 그 가운데 유아교육과정에 전통적인 학습 기술을 포함하려는 맹렬한 움직임이 감지되고 있다. 그 결과 역사적인 활동-기반, 유아-중심 학습 환경이 감소하고 기술-기반의 직접적 교수 프로그램이 이를 대체하였다. 공립학교 학생의 저조한 학업 성취에 대한 우려로 인해 지난 20년 동안 초 · 중 · 고등학교에서뿐 아니라 유아원과 유치원에서도 교육과정과 프로그램 표준이 강조되어 왔다 (National Association for the Education of Young Children & National Association of Early Childhood Specialists [NAEYC & NAECS], 2002; National Council for the Social Studies [NCSS], 2004; National Council of Teachers of Mathematics [NCTM], 2000; National Research Council on Teaching and Learning [NRC], 2005).

달성해야 할 표준이 생기면서 유아가 그 표준에 도달하였는지의 여부를 측정하는 시험과 평가가 채택되었다. 이러한 평가는 무엇을 어떻게 가르쳐야 하는가, 즉 유아교육과정의 편성에 지대한 영향을 주었다. 표준 설정 운동은 예전의 초등학교 1학년이 배우던 내용을 유치원으로 이동시키고 만 5세의 교육 내용을 만 3~4세로 끌어내리는 '하향적 교육과정'의 원인이 되었다(Elkind, 1990). 이로 인해 현재 미국의 많은 유아교육기관에서 유아-중심 접근법은 더 이상 주류가 아니다.

만약 우리의 공통 가치를 논하는 대화에 다양한 세력을 참여하게 하는 방법을 찾지 못한다면, 3~6세 유아가 적절한 성인의 도움을 받으면서 활동의 기반이 되는 환경에서 학습할 수 있는 기회를 근본적으로 빼앗는 프로그램이 증가할 것이고, 이는 심각한 위기가 될 것이다. 유아가 이해하는 세상과 그들이 초등학교에 진학하여 접하게 될 교육과정 요구를 연결하는 데 이러한 도움은 필수적인 것이다(Elkind, 1990; Eisner,1990).

두 개의 교육과정 모델과 공통의 학문적 목표

두 개의 교육과정 모델, 즉 직접 교수 및 기술-기반 교육과정 모델과 활동-기반의 유아 중심 교육과정 모델은 같은 목표를 가지고 있다. 두 모델 모두 유아가 학년이 올라가면서 성공적인 학생이 되도록 돕는 것을 목표로 하며, 상당 분량의 연구가 각 접근법을 지지한다(Goffin & Wilson, 2001). 그러나 두 모델은 프로그램 계획의 핵심이 되는 발달과 학습에 대한 이론적 견해에서 차이가 매우 크다.

직접 교수 모델

직접 교수direct instruction, 기술-기반 접근skill-based approach은 유아가 학문적 기술과 교과 내용을 습득하는 데 직접적인 교수 전략이 필요하다고 보는 학습 이론을 토대로 한다. 이러한 접근은 성인이 먼저 직접적 교수를 통해 정보를 전달하고 뒤이어 유아가 두 가지 방법으로 기술을 연습하는 특징을 지닌다. 그 하나는 교사가 지정한 행동을 전체 대집단이 따라 연습하는 것이다. 〈Success for All〉은 이러한 종류의 전형적인 프로그램이다(Slavin et al., 1996). 또 다른 하나는 다양한 교구를 사용하여 소집단으로 안내된 연습을 하는 것이다.

이러한 접근의 강점은 학습 결과를 기록하기가 쉬울 뿐만 아니라 특히 문해나 수학과 같은 유아기 핵심 과목의 학습 표준 목록lists of learning standards과 쉽게 연결할 수 있다는 점이다.

기술-기반, 직접 교수법의 옹호자들은 학습할 순서대로 나열되어 있는 행동 수행 목록behavioral performance lists을 활용해서 유아가 특정 과목을 완전하게 학습했음을 보장해 주는 잘 정의된 교육과정을 중시한다. 이러한 접근에서는 책무성을 입증하기 위해 표준화된 평가 방법의 사용을 권장하기 때문에 교사가 가르친 각각의 기술을 유아가 배웠는지를 기록하는 데 초점을 둔다(Becker, Engelmann, & Rhine, 1981; Gersten, Darch, & Gleason, 1988). 하지만 이 접근법의 주된 한계는 시간이 지남에 따라 학습한 내용을 잊는 경향이 있다는 점과 학습에 대한 유아의 흥미가 항상 유지되는 것은 아니라는 점이다.

활동-기반 모델

활동-기반action-based, 유아-중심child-centered 교육과정 모델은 발달적 특성을 사회정서·인지·신체 발달로 정의하는 이론에서 나왔다(Hohmann & Weikart, 1995; Kostelnik, Soderman, & Whiren, 2007; Seefeldt & Wasik, 2006; Wortham, 2001). 이 접근법은 학습자인 유아의 사회정서 발달과 자율성을 지지하는 지도 계획을 중시한다. 따라서 이 프로그램은 잘 조직된 풍부한 양의 교재·교구를 학급 내의 잘 조직된 영역에 제공하고, 유아가 그 교구를 가지고 또래와 함께 흥미를 지속하도록 충분한 시간을 준다. 이 프로그램의 핵심은 유아 스스로가 자신의 학습에 대한 최고 설계자이고, 그렇게 함으로써 평생 학습하는 학습자로 성장하기 위한 강력한 토대를 제공할 수 있다는 신념에 있다. 반면에 성인 주도의 집단 활동에서는 유아에게 새로운 경험을 제공하고, 유아가 흥미를 갖고 활용할 수 있는 교육과정 내용과 전통적인 학습 기술을 소개한다.

이 접근의 주요 강점은 유아 스스로의 노력을 통해 학습을 촉진한다는 것이다. 그러한 과정을 통해 유아는 지식을 넓히고, 자신의 흥미를 끌었던 내용을 더 잘 이해하게 된다. 반면, 이 접근법의 한계는 각 유아가 흥미를 추구하면서 학습한 것이 무엇인지를 알려 주는 명확한 자료가 부족하다는 점이다. 책무성 목적으로 수집한 관찰 기록이나 유아의 작품은 신뢰도나 타당도가 부족한 것으로 여겨진다. 이는 부분적으로 유아가 수집하는 정보가 그들의 사전 지식과 이해에 기초하여 형성되었다는 사실 때문이다(Roschelle, 1995; Williams & DeGaetano, 1985). 초등학교에 취학하는 유아의 일련의 성취 결과를 기록하기 위하여 자료를 수집하고 조직하는 것이 어려운 이유가 바로 그들의 흥미와 선택을 존중하는 데 가치를 두는 것 때문이다.

이러한 유형의 전형적인 프로그램으로는 크리에이티브 교육과정Creative Curriculum, 프로젝트 접근법, 레지오 에밀리아 프로그램이 있다. 이 프로그램들은 활동 중심 단원이나 주제, 프로젝트를 개발할 때 모든 교과 영역의 교육 내용과 기술을 포함할 것을 강조한다(Dodge & Colker, 1992; Katz & Chard, 2000; Scheinfeld, Haigh, & Scheinfeld, 2008).

두 가지 양극단의 다른 접근이 벌이는 논쟁의 핵심은 유아가 스스로 학습 과정을 발달시키는 것의 중요성과 성인이 유아에게 전통적인 학습 내용과 기술을 가르치는 것의 중요성에 있다. 이 양극성은 과정-결과 논쟁의 핵심을 보여 준다. 그러나 각각의 입장이 놓치고 있는 것은 본질적으로 학습자에게 과정 없는 교과 내용은 있을 수 없고 교과 내용 없는 과정 또한 있을 수 없다는 점이다. 학습자는 탐구와 사고 기술을 사용하면서 일련의 내용과 기술을 습득하며 반대의 과정도 역시나 가능하다. 학습자가 교과 내용과 학문적 기술을 습득할 때 그들은 어떤 식으로든지 사고하게 된다.

본질적으로 학습자에게 과정 없는 교과 내용은 있을 수 없고
교과 내용 없는 과정 또한 있을 수 없다.

기본 아이디어:
표준에 입각한 성공적인 활동-기반 학습 환경

표준 설정 운동standards movement의 부상은 두 가지 교육과정 모델에 상당한 압력을 가하였다. 각 교과 영역을 대표하는 국가의 주요 전문가 기구는 유아기 교과 내용과 기술을 정의하는 일련의 목록을 제공하였고, 이는 현재 책무성을 위한 기대로 변화하였다. 또한 이러한 목록을 수행 표준performance standards과 행동 지표behavioral indicators로 옮기는 많은 논문과 서적이 계속해서 출간되고 있다(Gronlund, 2006). 각각의 교육과정 모델을 토대로 한 교육 프로그램은 유아를 표준에 도달하도록 진보시킴으로써 프로그램의 가치를 증명하라는 요구를 받는다.

우리는 활동-기반 학습 환경이 유아에게 표준에 제시된 교과 내용과 학문적 기술을 학습하도록 지원한다는 것을 증명할 수 있다고 확신한다. 이러한 목적을 달성하기 위한 우리의 작업 전반에 걸친 기본 아이디어big idea는 다음과 같다.

1. 유아의 흥미가 학습을 이끈다.
2. 유아는 흥미 영역에서 자신이 선택한 활동을 하면서 사전 지식과 기술을 사용하여 이해와 기술을 확장한다.
3. 유아는 비록 언어를 통해 다른 사람들과 공유하지 못할지라도 직관적 지식을 가지고 있다.
4. 일련의 연계되는 교육과정 활동을 통해 유아의 지식과 학문적 기술의 사용은 더 확장된다.
5. 평가 정보를 기록하기 위해 정교하게 만든 양식과 자료를 조직하고 전파하는 효율적인 절차는 표준과 관련된 책무성 요구를 충족한다.

학습을 이끄는 유아의 흥미

유아의 활동-기반 프로그램 속에 교과 내용을 녹여 넣고 그 속에서 학문적 기술을 발달시키려는 우리의 계획은 정서적 · 인지적으로 반응적인 환경에서 유아의 흥미를 유지시키면서 활동하고 상호작용해야만 학습을 지속할 수 있다는 가정에 기초한다(Dewey, 1902; Dewey, 1938/1963; Genishi, 1992; Koplow, 1996; Piaget & Inhelder, 1969; Vygotsky, 1978).

> 유아의 학습이 지속적으로 일어나기 위해서는 정서적 · 인지적으로 반응적인 환경에서 흥미를 유지하면서 활동하고 상호작용해야 한다.

우리는 '흥미가 학습을 이끈다.'라는 확신을 가지고 시작한다. 유아가 진지하게 생각하고 행동하며, 계속적으로 반복하여 사실을 수집하고 조직하여 이해를 쌓아 나간다는 것은 이미 입증된 사실이다(Chukovsky, 1968; Donaldson, 1978; Wann, Dorn, & Liddle, 1962). 유아는 보고, 듣고, 사람 및 물체와 상호작용함으로써 감각을 통해 직접적으로 사실을 수집한다. 유아가 수집한 사실은 발달 단계상의 인지적 특성과 사전 지식 및 흥미의 영향을 받는다(Forman & Kuschner, 1983; Malcolm, 1998). 스펀지가 물을 '빨아들이는 것'을 처음 발견할 때 유아가 주로 수집하는 정보는 '빨아올리고 꽉 짜내는' 것이다. 이러한 사실에 매료되어 유아는 스펀지에 물을 흡수시키고 짜내며 관찰하는 행동을 끊임없이 반복한다([사진 1.1]). 하지만 비록 성인이 시범을 보여 주어도, 스펀지를 사용하여 물을 한 쪽에서 다른 쪽으로 옮길 수 있다는 가능성은 빨리 이해하지 못한다.

성인의 학습과 마찬가지로 유아의 학습은 물체를 사용하고 타인과 생

● 사진 1.1 ●

각을 교환하여 새로운 정보를 습득하면서 시작한다. 다음으로, 사전 지식과 생각을 바탕으로 새로운 사실을 흡수하고 다양한 상황에서 그것을 적용하는 과정을 거친다. 요컨대, 유아는 어린 시절 동안 과학, 수학, 사회, 문해와 같은 전통적인 내용 영역에서 많은 경험적 지식을 쌓는다(Klugman & Smilansky, 1990; Monighan-Nourot, Scales, VanHoom, & Almy, 1987; Reynolds & Jones, 1997).

다양한 물체와의 경험에서 나오는 유아의 흥미는 여러 가지 요소의 영향을 받는다. 하지만 다른 무엇보다도 발달 및 학습 방식과 관련한 개인 유아의 독특한 특성의 영향을 가장 많이 받는 것으로 간주된다. 우리는 사물에 대한 흥미가 유아마다 그처럼 다양한 차이를 보이는 이유를 쉽게 설명할 수 없다. 또한 동일한 사물이 각각 다른 이유로 유아의 흥미를 끄는 현상도 설명하기 어렵다. 예를 들어, 모형 자동차를 사용할 때 어떤 유아는 차의 움직임에 더 매료되어 경사면을 오르내리며 '경주'하거나 '운전'하는 놀이 혹은 '차를 날아가는 기계로 변환하는 놀이'를 한다. 반면, 어떤 유아는 차를 보관할 구조물을 짓는 데 관심을 가진다. 이러한 경우에 차는 구조물 짓기 활동에서 단순히 소품으로 기능할 뿐이다.

흥미의 원천은 다양한 유형의 경험에서 나온다. 그러한 경험의 범위는 유아가 환경 속에서 사물을 발견하고 실험하는 기회에서부터 성인, 형제자매, 동료, 다양한 형태의 매체를 통해 정보를 얻고 이에 노출되는 것까지 모든 것을 포함한다. 흥미의 원천이 무엇이든지 간에, 유아는 스스로 이해하며 그 과정에서 그들의 환경 속에 존재하는 자료를 사용한다.

교과 내용에 대한 학습 강화하기

우리는 교과 내용을 강화하고자 할 때, 가장 지속적인 학습은 유아의 흥미를 따르고 유지하는 활동을 하는 동안 일어난다는 신념에 근거하여 접근한다. 따라서 우리는 유아가 흥미를 추구하는 과정에서 나타나는 교과 내용을 발견하여 최고 수준으로 활용하는 데 초점을 맞추어야 한다. 하지만 흥미 영역에서 이루어지는 유아의 자기 주도 활동만을 교과 내용 습득의 유일한 원천으로 삼아서는 안 된다. 또한 직접 교수를 통해서 중요한 교과 내용을 지도할 때, 그 내용을 배우는 유아의 능력에만 의지해서도 안 된다. 두 가지 기회는 학습을 유지하고 지속하기 위해 모두 필요하다.

유아 학습의 핵심은 새로운 경험 및 기술에의 노출과 스스로의 활동을 통해 새로운 경험의 의미를 알아내는 시간 간의 지속적인 상호작용이다(Wann, Dorn, & Liddle, 1962).

> **유아 학습의 핵심은 새로운 경험 및 기술에의 노출과 스스로의 활동을 통해 새로운 경험의 의미를 알아내는 시간 간의 지속적인 상호작용이다.**

사전 학습을 토대로 한 지식 쌓기

학교 교육을 받기 전, 유아가 학습하는 대부분의 지식은 다양한 물체를 접하고 약간의 직접적인 지도를 받음으로써 습득된다. 기관에 들어오는 유아는 각자가 다양한 배경을 가지고 오기 때문에 교사 주도 활동을 통해 얻어지는 새로운 정보를 자신만의 렌즈를 통해 처리할 시간을 주는 것이 중요하다. 즉, 유아는 스스로 주도하는 활동을 통해 정보를 활용해 봄으로써 그 정보를 처리할 수 있다. 만약 유아가 그러한 기회를 가지지 못한다면, 교사가 설계한 대부분의 교육 내용은 '처리되지 않을' 것이다. 그리고 교사 역시 유아가 새로운 교육 내용을 어떻게 조직하고 해석하며 체득하는지 알아낼 방법이 없어진다.

유아의 학습 방식을 전적으로 지지하기 위해서 우리는 주요 학습 영역(수학, 과학, 사회, 언어, 문해)의 핵심 교과 내용을 확실히 알아야 한다. 또한 이러한 내용이 유아의 행동에서는 어떻게 나타나는지 인식할 필요가 있다. '물질이나 물체는 세상에 세 가지 상태로 존재한다.'는 개념과 같은 어른들이 생각하는 핵심 내용은 다양한 연속적인 경험을 통해 오랜 기간 형성된 것이다(이 경우에는 어릴 적 목욕할 때부터 시작되었을 수도 있다). 유아기부터 발달하기 시작하는 중요한 개념을 이해하는 과정을 알면, 우리는 유아가 관찰한 흥미와 관련한 경험을 확장할 수 있는 대화나 활동에 집중하여 그들이 그러한 개념을 발달시키도록 도울 수 있다.

활동-기반 프로그램의 맥락

유아가 흥미 영역(유아 스스로 선택하고 사용할 수 있도록 잘 조직된 다양한 교수 자료가 가득한 영역)에서 독립적인 활동을 할 수 있도록 유아 중심적으로 설계한 반일제 프로그램에는 하루 일과에 최소 50분 동안의 자유 선택 활동이 있다. 또한, 일과에는 교사 주도의 대·소집단 활동이 있는데 이런 활동은 유아가 선택한 흥미를 확장하고 새로운 흥미를 불러일으키며 표준에 도달하는 맥락을 구성하기 위해 준비된 것이다. 따라서 자유 선택 활동 시간과 성인이 주도하는 시간을 일과에 포함하여 심미·신체·사회·인지·의사소통 영역에서 넓은 범위의 학습 및 발달적 요구에 도달하도록 해야 한다(Bredekamp & Copple, 2009; Fromberg, 1995; Van Hoorn, Nourot, Scales, & Alward, 1999).

교사의 역할 확장하기

교과 내용을 포함하고 표준을 반영하기 위해서는 유아가 활동하면서 사용하는 개념을 명확히 하고 확장할 수 있도록 교사의 역할도 넓어져야 한다(Epstein, 2007). 즉, 교과 내용의 강화를 중시하는 활동-기반 프로그램에서 교사는 세 가지 특정한 기능을 하여야 한다. 가장 익숙한 것은 리딩(leading, 발전된 또는 관련 있는 개념으로 확장·연계해 주기)이다. 이 역할을 할 때 성인은 많은 양의 사회적 지식과 교과 내용 지식을 모델링, 시범, 설명, 지시를 통해 전달한다. 우리가 리딩 역할을 효과적으로 할 때는 유아가 사용할 수 있거나 사용할 맥락 속에 들어 있지 않은 별개의 교육 내용, 즉 '분리된' 수업을 가르치는 것이 적절하지 않다는 입장을 취한다. 하지만 활동을 지속하면서, 유아가 원하거나 필요로 하는 기술과 지식을 가르치기 위한 직접적 교수는 가능하다. 예를 들어, 유아가 혼자서 조형 작품에 자신의 이름을 정확히 쓰고 싶어 할 때, 이름 쓰기에 앞서 교사의 안내로 연습해 보는 것은 유아가 중시하는 목적을 이루는 데 도움을 준다.

씨딩(seeding, 환경 구성해 주기)이라고 부르는 두 번째 역할 역시 우리에게 익숙하다. 이 역할은 교실을 구성하고, 유아가 사용할 교구를 준비하며, 시기적절하게 풍부한 교재를 제공하는 것을 포함한다. 이를 통해 직접적 지도 없이도 확장된 활동을 촉진할 수 있다.

세 번째 역할은 우리에게 다소 생소하다. 그것은 자유 선택 및 집단 활동 시간에 유아의 생각과 감정을 알 수 있는 진정한 대화에 참여함으로써 교과 내용에 관한 사고와 사회적 기술 및 이해의 발달을 피딩(feeding, 정보, 어휘 또는 활동 제공해 주기)하는 것이다(Schwartz, 2005). 우리의 경험상, 교육 내용을 제공하는 피딩의 기능과 관련한 지도 전략은 교사에게 가장 어려운 전략이다. 하지만 자유 선택 활동 시간 동안 교사가 '피딩'의 역할을 하면서 하는 상호작용은 유아의 사고를 발전시키고 지식과 기술을 확장시킬 수 있는 커다란 잠재력을 가지고 있다. 또한 이러한 방식의 상호작용은 집단 활동 시간 동안 새로운 교육과정 경험을 소개하는 맥락을 만들어 준다. 이는 유아가 알고 있는 것과 현재 경험하고 있는 것을 추가적으로 연결하도록 격려한다. 일단 교육과정 활동 속에 내재된 교과 내용을 유아의 흥미에 계속해서 확고히 연결시키면, 교육 내용이 풍부한 교육과정으로 발전하는 것이 가속화된다. 그러한 접근은 새로운 경험에 노출되어 학습하는 것과 다양한 상황에서 지식이나 기술을 사용하여 적극적으로 경험하고 이해하는 것 사이에 상호 의존성이 있음을 보여 준다.

유아가 흥미 영역에서 자신이 선택한 활동을 하는 것을 보면, 우리는 교과 내용 영역의 주요 개념에 관하여 그들이 아는 것, 알아가고 있는 것, 모르는 것을 알 수 있다. 유아가 알게 되는 지식의 일부는 직관에 의한 것이다. 유아는 아직 자신이 사용하는 많은 개념을 의식적으로 인식하지 못한다. 또한 유아는 그것에 대해 표현할 수 있는 언어를 가지고 있지 않다(Sophian, 1999). 성인은 진행 중인 활동에 대해 유아와 이야기를 나누면서, 그들이 가지고 있는 직관적 지식을 더 명확히 알도록 도울 수 있다.

요 약

이 책에서 우리는 교사들과 함께 작업하면서 배운 것을 기술하였다. 우리는 유아가 오랜 기간 학습하려면 활동-기반 학습 환경이 중요하다는 것을 증명하기 위해서 핵심적인 전문적 기술을 발달시키는 데 관심을 기울였다. 이때 교사에게 요구되는 전문적 기술에는 다음의 것이 포함된다.

- 유아가 물체, 또래, 성인과 상호작용하면서 점차적으로 드러내는 교과 내용의 핵심 아이디어나 관련된 사실에 관한 유창성 발달시키기
- 유아가 자기 주도 활동 중 핵심 교과 내용과 학문적 기술을 배워가고 있는지 보여 주는 다양한 행동 지표 알아보기
- 교과 내용 영역에서 수행 표준과 행동 지표 및 핵심 개념 연결 짓기
- 유아가 자신이 이해하기 시작하는 생각과 개념에 대해 또래와 성인에게 이야기하는 능력을 신장할 수 있도록 교수 전략 확장하기
- 유아가 흥미를 많이 보이는 교육과정 활동을 통해 교과 내용을 학습하고 기술을 습득하게 하는 방법 알기
- 책무성의 목적을 위하여 유아의 발달과 학습을 효율적으로 기록하기

다음 장부터는 앞서 제시한 것을 다룬다. 제2장에서 우리는 교과 내용과 핵심 개념이라는 용어의 뜻에 대해 논의하고 그것과 표준의 연관성을

제시한다. 제2장과 부록에 과학 · 수학 · 사회 · 의사소통 영역의 교과 내용 목록과 핵심 개념의 예를 포함하였다.

제3장에서는 교육 내용과 학문적 기술의 습득을 강화하는 데 필요한 교사의 세 가지 역할(리딩, 씨딩, 피딩)과 기능을 검토한다. 즉, 홍미 영역에 있는 유아와 상호작용하며 활동을 설계하는 데 영향을 미치는 교육과정 주제의 핵심 개념을 사용할 때의 교사 역할에 대해 생각한다. 또한 (홍미를 유지하면서 또래와 함께 교구를 사용하고, 직관적 · 의식적으로 교육 내용을 배울 수 있는) 홍미 영역에서 교사와 유아 간 대화를 발달시킬 수 있는 교사의 '피딩' 역할의 확장 방법을 분석한다. 그리고 높은 수준의 홍미가 지속되는 맥락에서 유아의 교육 내용과 기술 발달을 강화하기 위해 교사가 만들어 낸 많은 전략과 교육과정 경험을 기술한다.

제4장에서 제8장에 걸쳐, 우리는 교실의 홍미 영역에서 전형적으로 발현되는 전통적인 학문적 기술과 교과 내용을 어떻게 유아가 직관적으로 사용하는지 살펴볼 것이다. 또한 교사가 학습 내용을 강화하고 표준에 도달할 수 있는 기회를 활용하는 방법에 대해서도 살펴볼 것이다. 우리가 선택한 전통적인 홍미 영역은 블록 영역(제4장), 물과 모래 영역(제5장), 조작 영역(제6장), 극놀이 영역(제7장), 표현 예술 및 문해 영역(제8장)이다. 교과 내용을 강화하는 것에 관한 핵심 개념의 사용은 각각의 장에 제시하였다. 또한 각각의 장에서 우리는 교육 내용을 발견하고 확장할 수 있는 발판을 제공하는 전형적인 활동을 묘사하였다. 그리고 사진과 자유 선택 활동을 생동감 있게 기록한 관찰 기록 및 유아의 홍미를 활용한 교사 주도의 대화 전사 기록을 각각의 장에 제시하였다. 집단 활동 시간에 교사가 유도한 홍미와 자유 선택 활동 시간에 유아에게서 발현된 홍미 사이에 발생하는 상호작용의 예시는 교육과정을 더 확장시킬 수 있다는 가능성을 보여 준다. 이러한 교사-유아 상호작용 예시는 안내하고 제공하는 교사의 리딩 및 피딩 역할과 유아가 홍미 영역에서 경험을 자율적으로 처리

하는 것 사이의 균형을 유지하는 것이 중요함을 나타낸다.

제9장에서 우리는 활동-기반 프로그램에서 발달적 · 학문적 표준과 관련하여 유아의 성장을 기록하고 평가하는 것의 중요한 필요성에 대해 이야기한다. 즉, 책무성과 기록의 목적을 위해 정보를 기록해야 하는 필요성에 대해 다루는 것이다. 또한 자료를 수집하고 조직 및 분석하는 절차를 제시하고 이에 대해 논의한다.

제10장에서는 유아를 위한 활동-기반 학습 환경에서 교과 내용을 확장하고 실제를 강화할 수 있는 방법과 문제점을 다시 논의한다.

이 책 전반에 걸쳐 우리는 활동-기반 학습 환경에서 유아가 흥미 영역에 있는 다양하고 풍부한 교구를 사용하여 자신의 흥미를 추구하는 가운데 교육 내용이 어떻게 발현되는지를 독자와 함께 공유한다. 또한 이 책에서는 유아가 어떻게 다양한 방법을 통하여 사전 지식의 사용을 우리에게 보여 주는지와 우리가 어떻게 그들의 지식을 교과 내용과 연결하도록 돕는지에 관한 많은 전략을 기술하였다. 우리는 더 많은 학습을 격려하기 위하여 유아를 대화에 참여하게 하였으며 추후 활동을 만들 수 있는 가능성에 대해 연구하였다.

제2장

교육 내용 정의하기 교육 내용 확장과 기술 강화를 위한 도전 과제

유아의 학습 방식

유아기 표준 설정 운동의 취약점 확인하기

교사의 교과 내용 지식 조직화하기

과학 교과의 핵심 교과 내용

수학 교과의 핵심 교과 내용

사회 교과의 핵심 교과 내용

언어 및 문해의 핵심 교과 내용

요 약

> 그 누구도 자신의 완성되지 못한, 지각이 반쯤 잠들어 있는 상태의 깨달음밖에는 당신에게 드러내어 보여 줄 수 없습니다.
>
> –Khalil Gibran (1923). *The prophet*, p. 56

유아의 활동–기반 환경에서 교육과정 내용을 강화하기 위해 우리는 교과 내용의 의미가 무엇인지 그리고 유아의 마음속에 출현하기 시작하는 지식이 무엇인지를 명확히 할 필요가 있다. 지난 수년간 우리는 유아 교사와 함께 일하면서 "교육과정이란 무엇이며 어떤 내용을 가르쳐야 하나요?"라는 질문을 반복해서 들어왔다. 이번 장에서 우리는 이 질문에 더 명확한 답을 하기 위해 주요 교과 영역의 핵심 개념을 제시하고자 한다.

유아의 학습 방식

이 장에서 교육과정 내용을 강화해야 한다는 주장은 유아가 학습하는 방식에 대한 우리의 관점을 반영한다. 유아는 '사실 수집가fact collector'다. 그들은 보고 듣고 행동하면서 계속하여 많은 양의 사실을 수집한다. 이처럼 유아는 사실을 수집하고 조직화하여 개념을 만드는데, 이 개념은 전통적인 내용 영역인 과학, 수학, 사회, 문해 지식의 일부분이 된다. 즉, 유아에게 교과 내용은 축적한 사실과 수집한 정보로부터 구성한 개념을 의미한다. 그러므로 학습의 패턴은 활동을 통해 그리고 물체, 또래, 성인과의 상호작용을 통해 새로운 정보를 얻는 데에서 출발한다. 그리고 다음으로, 새로운 사실을 사전 지식과 연결하여 지식을 확장하고 새로운 개념을 발달시킨다(Falk, 2009; Forman & Kuschner, 1983; Good, 1977; Piaget, 1977). 새로운 경험은 유아가 갖고 있는 사전 이해와 충돌하는 경우가 많기 때문에 개념은 언제나 적응과 변화라는 과정 속에 있다. 유아가 자신의 이해를 확인하고 이에 적응하도록 돕기 위해, 우리는 그들이 사용하는 내용 영역의 '주요 개념들'을 명확히 알고 있어야 한다. 또한 그 개념이 어떻게 생성되고, 유아가 모아 온 정보가 어떤 과정을 통해 그 개념의 하위 정보가 되는지에 대한 성인의 인식도 똑같이 중요하다(Roschelle, 1995).

> **유아가 자신의 이해를 확인하고 이에 적응하도록 돕기 위해, 우리는 그들이 사용하는 내용 영역의 '주요 개념들'을 명확히 알고 있어야 한다.**

'놀이'를 통해 교과 내용 확장하기

'놀이 중심 프로그램'을 공격하는 현재의 흐름에도 불구하고, 지난 몇 년간 우리와 함께 일한 유치원 교사들은 '놀이 시간'이라고 통칭하는 자유 선택 활동 시간이 유아의 발달과 학습을 조성하는 필수적인 매개체라고 확고하게 주장해 왔다. 그들은 유아가 흥미를 지속하면서 교구를 사용하고 친구와 이야기를 나누는 놀이 시간에 무엇을 어떻게 배우는지 강조하는 문헌에 아주 익숙해져 있다(Cuffaro, 1995; Hartley, Frank, & Goldenson, 1952; Helm & Beneke, 2003; Wann, Dorn, & Liddle, 1962). 또한, 교사들은 전통적인 학문 과목의 교과 내용을 소개하고 확장하기 위해 집단 활동 시간에 이루어지는 경험 역시 똑같이 중요하다고 확신한다. 즉, 그들은 하루 일과의 여러 시간에 다루어지는 분절된 학습 목표와 표준에 대해 설명할 수 있다. 하지만 그처럼 자유 선택 활동과 연결되어 축적된 집단 활동 경험이 유아에게 초등학교 진학에 필요한 교과 내용의 이해와 기술을 적절히 제공한다는 확신은 부족하다.

전형적인 교육과정 활동 살펴보기

현재 유아 교사가 사용하는 대부분의 교육과정 문헌에는 유아가 스스로 발견하게 하는 방법과 현재의 교육 활동을 그에 해당하는 표준에 연결하는 방법을 많이 제시하고 있다. 전형적으로, 이러한 교육과정 문헌은 유아가 제안된 활동을 하면서 어떤 것을 할 수 있어야 하며, 어떤 탐구 기술을 발달시켜야 하는지에 대해 제시하고 있다. 그러나 대부분의 교육과정 문헌에는 유아가 활동을 할 때 그들의 행동에 내포해 있는 관련 사실과 발달시킬 수 있는 핵심 개념에 대한 명확한 안내가 빠져 있다. 유아가 하는 활동에 내포해 있는 이러한 교과 내용을 명확히 보지 못한다면, 교사는 유아의 직관적 지식을 의식적 수준으로 끌어 올리도록 돕는 대화를 시작할 준비가 되지 않은 셈이다.

봄에 주로 하는 씨앗 심기 활동은 유아교육과정 지도서에서 쉽게 찾아볼 수 있는 인기 있는 활동이다. 지도서에는 이 활동을 할 때 필요한 재료와 과정 및 관찰을 촉진하는 방법이 나와 있다. 활동 방법으로는 씨앗을 비교하고 자세히 살펴보기 위한 탐구 과정, 씨앗을 심는 방법, 씨앗이 자라고 변화하는 것을 관찰하여 기록하는 표 등을 제시하고 있다. 초기 단계에서 씨앗에 대해 묘사하고 발아 속도에 대해 예측해 보는 활동을 할 때 교사가 할 수 있는 질문의 예도 제시하고 있다. 다음으로, 싹이 트기 위해서는 물과 빛이 필요함을 알 수 있게 하는 실험에 유아가 흥미를 가지도록 유도하는 방법도 제시하고 있다. 그러나 이러한 활동 계획은 싹틔우기에 관한 반복적인 실험 중의 관찰이나 대화에서 발달시킬 수 있는 발아에 대한 핵심 개념 목록을 포함하고 있지 않다. 핵심 개념은 다음과 같다.

1. 적절한 물과 온도를 제공하면 씨앗이 예측 가능한 방식으로 자라나는 것, 즉 종피는 쪼글쪼글해지고 뿌리와 줄기는 씨앗의 반대편 끝에

서 자라나 결국 종피가 벗겨지고 새싹이 생기는 것을 관찰할 수 있다.

2. 씨앗 내부에는 새로운 식물의 기원이 있다.
3. 발아 속도는 씨앗의 종류에 따라 다르다.
4. 새싹, 즉 씨앗에서 나온 새로운 식물이 계속해서 자라기 위해서는 식물 배지plant medium, 적절한 빛, 수분이 필요하다.
5. 새싹은 예측 가능하고 관찰할 수 있는 방식으로 자라나며 변화한다. 다시 말해, 새싹은 크기가 커지고 잎이 생겨난다.
6. 여러 가지 씨앗의 물리적인 특성은 서로 다르며 씨앗에서 생성되는 식물 역시 다양하다. 그러나 다양한 씨앗이 새로운 식물을 만든다는 점에서는 비슷하다.
7. 새싹이 자라는 속도는 식물의 종류에 따라 다르다(Martin, 2009).

유아가 지식을 구성할 수 있도록 돕는 활동과 대화를 이끄는 교사의 능력은 앞서와 같은 핵심 개념들이 교사의 마음속에 얼마나 잘 조직되어 교사가 대화에서 적절하게 사용할 수 있느냐에 따라 크게 좌우된다.

유아기 표준 설정 운동의 취약점 확인하기

유아기를 아우르는 현재의 표준 설정 운동standards movement은 모든 학년에 걸친 교육과정 내용 목표가 강력한 연계성을 가져야 함을 강조하고 있다. 특정 단체가 만든 표준은 각각 다른 방식으로 기술되어 있다. 어떤 것은 사실과 개념, 탐구 기술을 나열하고 또 어떤 것은 '수행/표준performance/standards' '행동 목표/목적/지표behavior objectives/goals/indicators'를 언급한다. 다시 말해, 기대하는 결과를 서술하는 데 통일된 형태는 없다. 즉, '이해한다.' '사용한다.' '인식한다.' '… 기술을 적용한다.' '시범을 보인다.'와 같은 용어를 사용하며 교과 내용과 기술의 발달을 구분하지 않는다. 따라서 교육과정의 핵심이 되는 내용 영역의 주요 개념을 명확히 기술하지 않는 경우가 많다.

이 책은 각 학문 분야의 학자들과 전국적 전문 교과 기구인 수학교사협의회NCTM, 과학교사협회NSTA, 사회교과협의회NCSS, 영어교사협의회NCTE, 국제읽기협회IRA, 유아교육협회National Association for the Education of Young Children에서 제안한 교과 내용 중 유아가 발달시키고 확장할 수 있는 개념을 추출하였다.

또한, 가능한 한 다양한 주와 지역의 유아기 표준에 관한 출판물에서 교육 내용과 연결되는 수행 표준과 행동 지표를 수집하였다. 그리고 다양한 출처에서 가져온 내용을 필요한 부분에 적용하였다. 표에 제시한 많은 내용(핵심 교과 내용, 수행 표준, 행동 지표 목록)은 참고문헌에서 찾을 수 있다. 어떤 교과 내용은 이 책의 독자가 더 이해하기 쉽도록 저자들이 다듬었다. 우리의 목적은 교사가 교과 내용을 교육과정 활동에 포함하고 유아와 상호작용할 때 활용할 수 있는 틀을 제공함으로써 활동-기반 학습 환경에서도 표준화가 가능함을 증명하는 것이다.

이 책은 각 학문 분야의 학자들과 전국적 전문 교과 기구인 수학교사협의회(NCTM), 과학교사협회(NSTA), 사회교과협의회(NCSS), 영어교사협의회(NCTE), 국제읽기협회(IRA), 유아교육협회(National Association for the Education of Young Children)에서 제안한 교과 내용 중 유아가 발달시키고 확장할 수 있는 개념을 추출하였다.

교사의 교과 내용 지식 조직화하기

교과 내용 영역의 핵심 개념은 교사가 유아의 관찰에 집중하고 사고를 촉진할 수 있는 지침을 제공한다. 성인은 이미 너무나 많은 종류의 지식을 내면화하였고 유아는 이제 막 그런 지식을 형성하고 있기 때문에, 성인인 우리가 가지고 있는 많은 양의 지식을 유아가 이해할 수 있도록 조직하는 것은 쉬운 일이 아니다. 대부분의 교사가 교과 내용 영역의 지식을 많이 가지고는 있지만 특정한 주제를 이해하는 데 필요한 개념을 뽑아낼 수 있을 정도로 지식을 조직화하고 있지는 않다.

교과 내용에 대한 교사의 유창성

활동-기반 환경에서 교과 내용의 강화라는 전문적 목적에 도달하기 위해서는 과학, 수학, 사회, 언어, 문해와 같은 과목의 교과 내용을 아우르는 주요 개념에 대한 교사의 유창성fluency에서 출발해야 한다. 유창성이란 교과 영역의 핵심 지식을 구성하는 주요 개념에 충분히 익숙해지는 것을 말한다. 그렇게 되면 교사는 교육과정 활동을 쉽게 계획할 수 있고, 그러한 활동 중에 유아와의 대화에 수월하게 참여할 수 있다. 또한, 유창성은 유아가 흥미 영역에서 교구를 사용하고 새로운 교육과정 경험에 반응하면서 주요 개념이 생겨난다는 사실을 인식하는 것을 포함한다. 핵심 개념 또는 기본이 되는 아이디어에 대한 교사의 전문적 유창성은 (1) 흥미 영역에서 유아를 관찰하고 유아와 상호작용하는 것 또는 (2) 유아의 흥미를 활용하여 더 많은 흥미를 불러일으키는 활동을 설계하고 지도 전략을 선택할 수 있는 틀을 확고히 하는 것이다.

인문학이나 과학 과목에 대한 우리의 이해를 구성하는 주요 개념을 분석해 보면 표준과의 관련성을 파악할 수 있다. 앞서 언급한 씨앗 심기 활동에 대한 논의에서는 생명과학의 기본 개념으로, 생물의 생활 주기와 자연의 다양성을 다룬다. 구체적으로, (1) 생물은 성장 주기에 따라 변화를 거친다. (2) 변화의 패턴은 생물마다 독특하다. (3) 식물계와 동물계 모두 다양한 생물의 종류와 부류가 있다.

씨앗을 발아시키고 식물을 키우는 다양한 경험을 거쳐, 유아는 자신의 연령 수준에 맞는 좀 더 복잡한 주요 개념을 이해할 수 있다. 만약 유아가 씨앗을 발아시키는 단계에 흥미를 가진다면, 다음으로 다양한 종류의 씨앗을 소개하고 그것들의 속성을 비교하여 발아하는 모습에서 유사점과 차이점을 인식하는 기회를 가질 수 있다. 반면, 만약 유아가 발아 이후 식물이 성장하고 변화하는 과정에 흥미를 가진다면 다양한 식물의 구조와 성장 양식에서 차이점과 유사점, 그밖에 식물의 생존에 필요한 것들에 주목할 수 있도록 도와주는 후속 활동이 뒤따라야 한다.

유아의 행동에서 드러나는 교과 내용 알아차리기

교과 내용 개념에 유창성을 가지면 유아와 계속해서 대화하고 활동을 준비하며 확장할 기회를 선택하는 데 융통성을 발휘할 수 있다. 그러한 활동을 통해 유아는 계속하여 사실을 수집하고 조직함으로써 이전에 일반화시킨 내용에 적용하거나 확장시킬 수 있다.

우리는 유치원에서 유아들이 영사기의 빛을 이용하여 그림자 현상을 실험하는 활동을 관찰하였다. 처음에 그들은 그림자와 그림자를 만드는

교과 내용 개념에 유창성을 가지면 유아와 계속해서 대화하고 활동을 준비하며 확장할 기회를 선택하는 데 융통성을 발휘할 수 있다.

물체 간의 연관성에 대해 아주 흥미로워하였다. 한 유아가 영사기 위에 별 모형을 올려놓고 스크린으로 다가가 친구들에게 발견한 것을 보여 주었다. "이것 봐. 별이야!" 다른 유아가 끼어들어 스크린 왼쪽 편에 있는 유아의 그림자를 가리키며 말하였다. "아! 너도 거기 있네!" 이러한 상황에서 '그림자를 드리우는 물체와 드리워진 그림자 사이에 직접적인 관계가 있다.'라는 개념은 별 모형과 유아가 드리우는 그림자 같은 직접적인 경험을 통해 명확해진다.

반면, 컵을 영사기 위에 올려놓았을 때 유아는 혼란스러워하였는데, 그림자가 컵의 옆모습과 닮지 않았기 때문이다. 컵의 아랫부분이 그림자를 드리워 원 모양의 그림자만 나타날 뿐이었다. 한 유아가 궁금해하였다. "어떻게 된 거지?" 이러한 경험을 통해 유아는 다른 주요 개념, 즉 드리워지는 그림자 모양은 물체의 모양뿐 아니라 물체의 위치, 방향에 의해서도 결정된다는 것을 발견한다.

원래 알고 있던 이해를 확장하고 새로 발견한 것을 적용하기 위해, 유아는 물체의 방향을 계속적으로 바꾸며('옆쪽으로' '거꾸로' '돌려서') 실험해 볼 필요가 있다. 〈표 2-1〉의 첫 번째 행에는 그림자 주제의 핵심 교과 내용을, 두 번째 행에는 그에 해당하는 수행 표준 및 행동 지표를 나열하였다.

첫 번째 행에 제시한 그림자에 관한 핵심 개념이 발달하는 순서를 알면, 그림자의 크기와 모양에 영향을 미치는 변수들에 유아의 주의를 차례로 집중시키는 방법을 정하는 데 도움이 된다. 또한 이러한 순서를 알면 새로운 정보에 흥미를 갖게 하는 활동을 선택할 수 있고 사전 지식과 연결할 수 있게 돕는 대화를 지속할 수 있다.

모든 교과 영역의 교육 내용을 강화하기 위해, 우리는 개념에 대한 유아의 이해를 확장할 수 있는 적절한 교육과정 경험을 제공해야 한다. 뿐만 아니라 유아가 경험적 지식을 점차 쌓아나가면서 자신의 이해와 생각을 표현할 수 있는 언어도 발달시킬 수 있도록 도와주어야 한다.

〈표 2-1〉 물리과학

그림자		
핵심 교과 내용	수행 표준 및 행동 지표	
	수행 표준	행동 지표
그림자는 빛의 근원지와 표면 사이에 위치한 불투명한 물체에 빛이 비추어질 때 생기는 어둠이다.	그림자를 만드는 실험을 한다.	다양한 물체를 빛의 근원지와 표면 사이에 놓고 그림자를 만든다.
그림자를 드리우는 물체의 모양과 위치/방향에 따라 그림자의 모양도 다르다.	그림자를 드리우는 물체와 물체의 위치를 바꾸어 그림자 모양을 변화시키는 실험을 한다.	그림자를 보고 그림자를 드리우는 물체를 알아본다.
표면과 빛의 각도가 바뀌면 그림자의 모양은 변화한다.	빛의 위치가 바뀌면 그림자 모양이 변화하는 것을 발견한다.	빛의 위치를 바꾸고, 계속해서 어떻게 그림자가 변화하는지에 주목한다.
빛의 근원과 그림자를 드리우는 물체 사이의 거리가 달라지면 그림자 크기는 변화한다.	물체나 빛의 근원을 움직여 그림자 크기를 변화시킬 수 있음을 인식한다.	물체나 빛의 위치를 바꾸어 그림자 크기를 변화시키고 그 이유를 설명한다.

과학 교과의 핵심 교과 내용

유아는 계속해서 실험하고 발견하는 천부적인 과학자다. 유치원 교실 내 모든 흥미 영역에서 이루어지는 전형적인 활동은 상당히 많은 과학 교과 내용을 포함하고 있다. 이 책에서 우리는 과학 교과를 다음과 같은 세 분야로 나누었다. (1) 물리과학 (2) 생명과학 (3) 지구 및 환경 과학. 유아교육 프로그램에서 과학 교육 내용을 정의하기 위한 가장 일반적인 접근은 〈표 2-2〉에서 기술한 탐구 기술을 교육 내용으로 보는 것이지만, 우리는 유아가 탐구를 통해 발견하는 교과 내용의 핵심 개념도 마찬가지로 중요하다고 생각한다. 탐구 기술의 사용을 강조하는 것은 유아가 학습을 적극적으로 이끌어나가는 능력을 기르게 하는 것이 중요하다는 우리의 생각을 나타낸다. 과정-결과 등식에서 탐구 기술은 과정을 나타낸다. 이러한 탐구 기술을 사용하여 유아가 찾아내고 알아내는 것이 우리가 목표로 하는 교과 내용이다.

〈표 2-2〉 과학 탐구 기술

다음과 같은 과정을 통하여 질문하고 대답을 찾고 해결 방법을 생각한다.
• 주변 환경 속 물체와 사건에 대해 관찰하기, 조사하기, 의문점 가지기 • 자료 수집하기, 묘사하기, 기록하기 • 주변 환경 속 사물과 사건을 비교하기, 대조하기, 분류하기 • 도구를 사용하여 조사하기 • 가설을 설정하고 검증하기 • 물체 간 또는 사건 간의 관계를 일반화하기 • 관찰한 것, 생각한 것, 이해한 것에 대해 의사소통하기

출처: New York City Department of Education (2003). *Prekindergarten performance standards*. NY: Author, p. 41.

> **과정-결과 등식에서 탐구 기술은 과정을 나타낸다. 이러한 탐구 기술을 사용하여 유아가 찾아내고 알아내는 것이 우리가 목표로 하는 교과 내용이다.**

물리과학

물리과학은 과학의 한 분야로, 물질의 속성, 움직임에 대한 물리적 법칙, 자력과 같은 주제를 다룬다. 여기서 유아는 물체의 속성을 발견하고 변화시키는 것에 끝없이 매료되는데, 이것을 나타내는 전형적인 활동이 요리다. 예를 들면, 푸딩 가루와 우유를 섞어 보는 경험을 하는 동안 몇 가지 교과 내용이 발현된다. 가루는 우유에 뜬 후 용해되기 시작하고 우유의 색깔을 변화시키고 나서 사라진다. 이때 유아가 알 수 있는 개념은 가루와 액체를 섞을 때 가루와 액체의 속성이 모두 변화한다는 점이다. 이 경우에는 색깔과 맛이 가장 현저하게 변화한다(Colker, 2005).

다양한 종류의 음식을 사용하여 계속적으로 요리 경험을 쌓으면 조리 과정에서 계란의 밀도나 색깔의 변화와 같은 여러 가지 변화와 관련한 사실을 알 수 있다. 유아가 수집하는 사실은 음식 재료의 다양한 속성과 변화를 일으키는 힘에 관한 것이며 이러한 사실은 〈표 2-3〉에 제시한 물질에 관한 두 가지 핵심 개념(즉, '물체는 묘사하거나 비교하거나 다양한 종류의 힘을 사용하여 변화시킬 수 있는 특성을 지닌다.' '물체는 동일하거나 비슷한 물리적 속성과 변화 양식에 의거하여 분류할 수 있다.')과 연결된다. 여기서는 뒤섞거나 열을 가하였을 때 변화하는 음식 재료의 속성과 같은 예를 들 수 있다. 즉, 변화가 일어나는 활동을 하는 동안 변화의 종류를 비교하고 대조하는 것에 관한 대화를 할 수 있다. 뒤섞는 것은 혼합물에 변화를 유발하며 열을 가하는 것 또한 음식 재료의 질감과 밀도를 변화시킬 수 있다. 또한 점토로 모양을 만들거나 종이를 자르는 것과 같이 물리적인 힘을 가하여 물체의 모양을 변화시킬 수도 있다. 이처럼 관찰된 변화와 그 변화를 일으킨 힘에 대한 지속적인 토론은 시간이 지남에 따라 일반화할 수 있는 유아의 지식 목록을 형성한다.

움직임의 물리적 법칙 역시 물질의 속성과 같은 종류의 매력을 발산한

〈표 2-3〉 물리과학

물체의 속성		
핵심 교과 내용	수행 표준 및 행동 지표	
	수행 표준	행동 지표
물체의 특성을 묘사하고 비교할 수 있으며, 다양한 종류의 힘을 사용하여 그 특성을 변화시킬 수 있다.	감각을 사용하여 물체의 물리적 속성을 알아본다.	물체의 속성을 묘사하고 비교하며, 물체의 속성을 변화시킨다.
물체는 동일하거나 비슷한 물리적 속성과 변화 양식에 따라 분류할 수 있다.	물체를 동일하거나 비슷한 물리적 속성에 따라 분류한다.	분류한 집합의 속성을 묘사하고 비교한다. 그리고 왜 그렇게 분류하였는지 이유를 말한다.
물질은 고체·액체·기체 상태로 존재하며 물질의 상태는 변화할 수 있다.	물질은 고체·액체·기체 상태로 존재한다는 것을 이해한다.	물체의 상태를 변화시키는 실험을 하고 그 변화를 묘사한다.

관찰된 변화와 그 변화를 일으킨 힘에 대한 지속적인 토론은 시간이 지남에 따라 일반화할 수 있는 유아의 지식 목록을 형성한다.

다. 즉, 움직이는 물체를 가지고 실험할 때, 유아에게는 일어나는 현상을 이해하고 제어하고자 하는 강력한 욕구가 생긴다. 일반적으로 유아는 굴러가는 물체 위에 손을 얹고 다양한 방식으로 그것을 밀어 보는데, 이를 통해 '이렇게 하면 어떤 일이 벌어진다.'는 것을 발견한다. 블록 영역에서 유아들은 경사로에 많은 흥미를 가진다. 그들은 경사면을 따라 물체가 내려가는 것을 통해 중력의 작용을 발견하고는 속도, 방향, 거리의 원인이 되는 변인을 제어하기 위해 더 많이 노력할 것이다. "이것 봐. 내 차가 내려가고 있어." "얼마나 멀리 가는지 봐!" "내 차가 제일 빨라." "네 차는

〈표 2-4〉 물리과학

움직임의 물리적 법칙		
핵심 교과 내용	수행 표준 및 행동 지표	
	수행 표준	행동 지표
물체를 움직이기 위해서는 힘이 필요하다. 힘은 밀기와 당기기 같은 물리적 힘, 중력, 즉 지구의 당기는 힘(물체가 움직이는 표면의 각도), 공기의 움직임, 간단한 기계(지렛대, 기어, 도르래)를 포함한다.	사건을 관찰하고 조사하고 이에 대해 의문을 가진다.	목적을 가지고 물체를 움직이는 실험을 한다.
움직이는 물체의 속도, 거리, 방향은 물체의 모양, 물체의 표면, 물체가 움직이는 지면 그리고 힘의 강도에 따라 좌우된다.	다양한 모양의 물체와 다양한 질감의 표면을 사용하여 움직임의 속도, 거리, 방향을 제어할 수 있음을 발견한다.	속도와 움직임의 방향을 제어하기 위해 목적을 가지고 힘을 조절한다. 움직임을 제어하고 변화시키는 방법에 대해 이야기한다.

뒤집어졌으니까 아니야." 〈표 2-4〉의 행동 지표에서 제시하는 유아의 행동과 기본이 되는 아이디어를 이해하고 있는 성인은 유아의 이해가 시작하는 맥락을 제공할 수 있다. 이런 것이 가능해지면, 표에서 제시하고 있는 두 번째 핵심 개념인 움직이는 물체의 모양과 표면에 관한 변인, 즉 움직이는 물체 자체의 표면과 그 물체가 움직이는 지표면 모두에 대한 개념을 발견할 기회를 주는 대화와 확장 활동을 유아에게 제공할 수 있다.

자석을 가지고는 대체로 간단한 행동을 하며 탐구할 수 있다. 이를 통해 유아는 어떤 물체는 자석에 '붙는다.' 그러나 다른 물체는 '붙지 않는다.'는 것을 발견한다. 이러한 최초의 발견을 통해 결과적으로 부록 A의 자석 학습 내용 표(p. 247)에서 제시하고 있는 첫 번째 '기본이 되는 아이디어'를 알게 된다. 이 아이디어란 '자력은 어떤 물체는 끌어당기지만 어떤 물체는 끌어당기지 않는 힘이다.' 라는 것이다. 유아의 자력에 대한 개념을 더 확장하기 위해서는 재료, 활동, 대화를 잘 선택하여 계획해야 한다. 처음에는 특정한 물체가 자석에 '붙는다.'는 것을 인식하는 것으로 시작하여, 점차 자석은 공간과 다른 물체를 통과하여 사물을 끌어당길 수 있는 능력을 가진다는 더 포괄적인 이해로 확장해 나간다. 마지막으로, 자석은 다른 자석을 밀어낼 수 있다는 인식을 가지게 된다. 우리는 또한 부록 A에서 물리과학 교과 영역의 핵심 개념과 표준으로서, 움직임의 물리적 법칙, 물질, 물리적 구조, 물, 자력, 소리, 빛, 그림자, 바람을 제시하였다.

생명과학

생명과학은 식물과 동물에 대해 다루는 과학의 한 분야로서 유아가 세상을 발견해 나가는 데 다른 과목과 마찬가지로 중요하다. 앞에서 씨앗을 발아시키는 것에 대해 이야기 나누면서 핵심 개념이 어떻게 활동과 대화를 안내할 수 있는지 보여 주었다. 부록 B의 생명과학 교과 내용 표는 다른 교과 내용 표에서와 같이 핵심 개념, 수행 표준, 행동 지표를 제공한다. 표를 자세히 살펴보면 식물학과 동물학을 연결 짓는 공통의 맥락, 즉 생물 종류의 다양성, 생존을 위한 다양한 요구, 각 생물 종류의 구조와 기능 간의 연관성이 존재함을 알 수 있다. 우리는 유아가 구조와 기능 간의 관계 같은 복잡한 개념을 다룰 준비가 되어 있지 않다고 생각하는 경향이 있다. 하지만 유아는 먹고 움직이고 위험에 반응하는 것과 같은 동물의 행동을 관찰하면서 이러한 개념을 알아차린다. 동물의 입 크기(구조)는 생존을 위해 무엇을 먹을 수 있는지(기능)와 관련이 있다. 우리가 새에게 주는 모이는 작은 낱알이지만 말은 건초 더미를 먹는다. 비슷한 맥락으로, 유아는 나무의 몸통 크기가 다양하다는 것을 알 수 있는데, 본능적으로 나무의 몸

통이 넓을수록(구조) 나무가 넘어지지 않고 더 높이 자랄 수 있음(기능)을 안다. 부록 B에 제시한 주요 교과 내용 표는 생명과학 활동을 하는 동안 이러한 개념을 유아가 연결할 수 있도록 돕는 데 사용할 수 있다.

지구 및 환경 과학

지구 및 환경 과학은 과학의 한 분야로, 날씨, 암석, 토양에 대해 다룬다. 부록 C에서 제시하고 있는 각각의 주제에 대한 교과 내용을 전달하기 위해 실험 매체를 사려 깊게 생각하고 선택하여야 한다. 이 교과 내용 영역에서는 유아의 정보 수집과 이해를 증진시키기 위해 성인의 개입이 좀 더 필요하다. 암석의 표면 감촉과 모양 같은 속성은 유아에게 매력적이지만 짧은 시간 보고 만지는 것만으로도 처음의 호기심은 만족시킬 수 있다. 이러한 속성의 유사점과 차이점에 대해 알아보는 것과 같은 탐구로 확장하기 위해 교사는 물체를 더 추가하여 제공할 필요가 있다. 예를 들어, 다양한 돌을 점토 표면에 굴리면 자국이 생긴다. 이 자국은 다양한 돌의 표면 질감을 시각적으로 나타내는 것으로, 이를 통해 비교 또는 대조를 할 수 있고 표면에 난 자국과 돌을 맞추어 볼 수도 있다. 이와 비슷하게, 유아는 날씨를 실험한 후 그 결과를 제어할 수 없기 때문에 날씨에 대한 주요 교과 내용과 관련한 활동을 계획할 때는 물리과학에서 처음 실험을 시작할 때보다 교사의 개입을 더 많이 필요로 한다.

수학 교과의 핵심 교과 내용

프로그램의 모든 활동을 통해 수학 교과 내용에 대한 이해가 증가한다. 수, 기하, 측정과 같은 각각의 수학 영역에 대한 이해와 기술의 발달은 아주 밀접한 관계가 있기 때문이다. 다양한 상황 속에서 기술을 반복하여 사용함으로써 유아는 교과 내용을 구성하는 수학적 관계의 범위를 인식할 수 있다(Kamii, 2000). 예를 들어, 자신이 그린 그림의 구석에 붙이기 위해 미리 꽃을 잘라 모아 두는 경우와 같이, 유아가 목적을 가지고 수를 셀 때 덧셈과 뺄셈이 나타난다. "난 여덟 개의 꽃이 필요한데 여섯 개 밖에 없어. 두 개가 더 필요해."라고 말할 때 이 유아가 경험하는 주요 개념은 집합을 합치거나 분리시켰을 때 새로운 수량의 집합이 생긴다는 것이다(Carpenter, Fennema, Franke, Levi, & Empson, 1999). 이런 종류의 사건은 여러 번 반복되어 증가하고, 수 세기와 연산 기술은 더 안정화되어 수량 관계에 대한 이해가 확장된다.

이와 비슷하게, 측정 기술의 획득과 길이, 무게, 온도, 시간과 같은 속성을 다루는 측정된 관계에 관한 지식 구성 사이에는 상호 연관성이 있다. 조형 활동을 위해 하나의 끈을 같은 길이의 여러 부분으로 자르는 것과 같이, 길이를 같게 맞추기 위해서는 측정을 위한 기준점이 중요하다는 것을 알아야 한다. 나아가 더 긴 거리를 측정하려면 같은 길이로 맞추는 간단한 것에서부터 측정 단위를 반복하여 사용하는 것까지 과제는 더 복잡해진다. 표준화된 3차원 모형을 사용하여 블록을 구성하고 조작 교구를 조립하거나 분해하면 기하의 중요한 개념을 이해하기 위한 기초를 쌓을 수 있는 도형의 속성을 더 잘 이해할 수 있다. 부록 D에서는 수, 기하, 측정에 대한 교과 내용과 표준 표를 통해 중요한 기술과 내용 개념을 제시하였다. 유아가 흥미 영역에서 흥미에 따른 활동을 하고 집단 속에서 활동하면서 그러한 중요 기술을 사용하면 교과 내용 개념이 발현될 수 있을 것이다.

사회 교과의 핵심 교과 내용

사회 분야는 더 복잡한 교과 내용 중 하나다. 왜냐하면 이것은 제시하는 내용이 많기 때문이다. 사회교과협의회NCSS에 따르면,

> 사회 교과의 주요 목적은 유아가 문화적으로 다양하며 민주 사회와 상호 의존적인 세계 시민으로서 공익을 위한 정보에 입각하여 합리적 결정을 내리는 능력을 개발할 수 있게 돕는 것이다(NCSS, 2004).

NCSS 목록의 11개 하위 교과 중에서 유아교육에 가장 적절하다고 보는 것은 경제학, 지리학, 역사학, 심리학, 사회학이다. 각각의 하위 교과에서 유아가 발달시키기 시작하는 핵심 개념은 다음과 같다.

- **경제학**: 재화와 서비스의 교환, 직업의 역할

  행동 지표의 예: 다양한 종류의 사업과 지역사회 서비스업에서 직업의 역할을 극화한다.

- **지리학**: 차도와 인도, 장소 사이의 경로와 거리, 토지 사용, 공간의 조직

  행동 지표의 예: 실내와 실외 공간을 구분하는 익숙한 영역을 3차원 지도로 간단하게 만든다.

- **역사학**: 시간에 따른 연속적인 사건들

  –과거 · 현재 · 미래의 사건들 사이의 관계

  행동 지표의 예: 일일 또는 주간의 연속적인 사건을 알아본다.

- **심리학과 사회학**: 자존감, 자아 알기, 단체 참여, 다문화주의
  행동 지표의 예: 학급 규칙을 만들고 이를 준수하도록 돕는다.

부록 E에서는 각 교과 영역의 내용 표를 제시하고 있다. 유아의 활동-기반 학습 환경에서 경제학의 교과 내용을 교육과정 활동으로 바꾸는 방법은 제7장 '극놀이 영역에서 교과 내용 강화하기'에서 자세히 다루고 있다. 또한 지리학의 교과 내용은 제4장 '블록 영역에서 교과 내용 강화하기'에 나오고, 심리학과 사회학의 교과 내용은 프로그램 전반에 걸쳐 있다.

언어 및 문해의 핵심 교과 내용

문명화된 사회에서 언어는 정보, 이해, 생각, 전달의 수단이다. 처음 유아가 기관에 입학하면 집에서 사용하는 언어를 사용하는데, 그들이 말하고, 듣고, 이해하는 수준은 다양하게 나타난다. 또한 유아들은 이미 문자에 노출되어 있고, 주변 환경에서 접한 문자를 사용하는 능력이 자라나기 시작한 상태로 입학하게 된다. 그들은 성인이 읽고 쓰는 것을 관찰하였고 쓰기 도구를 사용하여 끄적거리기도 해 보았다.

유아기 문해 학습에 대한 관심은 수십 년간 교육과정 설계에 많은 영향을 미쳤다. 모든 교육과정 영역에서, 문해 지도는 가장 큰 논쟁을 유발하였고 많은 유아 교사가 이 논쟁에 익숙하다. 대부분의 논쟁은 양극화되어 나타났다. 그 한쪽 끝에는 기술 중심 접근법이 있는데, 이는 문해를 분리된 수업에서 가르쳐야 한다는 견해다. 다른 쪽 끝에는 자연스러운 맥락에서 일어나는 문해 활동에 유아가 참여하는 발달 과정이 곧 문해 학습이라고 보는 관점이 있다. 현실에서는 어떠한 접근법도 순수하게 독립적으로 존

재하지 않는다. 즉, 기술 중심 프로그램에서 유아는 교수 상황뿐 아니라 비교수 상황에서 역시 문해 기술을 발달시킨다. 훈련을 강조하지 않는 프로그램에서도 또한 직접적 교수를 포함하는 활동에서 문해 기술 연습이 일어난다. 게다가 유아는 대부분 스스로 프로그램의 지도 목표인 다양한 문해 기술을 연습하기도 하는데, 이러한 연습에는 익숙한 운율을 되풀이하여 말하거나 새로운 운율을 만들어 보는 것 등이 있다.

우리는 다양한 교육과정 경험을 통해 유아가 표현 언어(구어와 문어)를 능숙하게 발달시키도록 도와야 한다. 유아는 개인적 발명이나 '유사하게 따라하기approximations'를 통해 구어와 문어를 사용하기 시작하므로 교사는 관례적인 말하기와 글쓰기의 모범을 보이고 환경 속에서 추가적인 모델을 제공하는 역할을 하여야 한다. 이러한 모델과 상호작용하고 연습하여, 유아는 관례적이거나 '표준적'인 언어를 사용하는 데에 더 근접하게 될 것이다. 표현 언어의 기능은 의사소통을 하는 것이다. 따라서 언어 및 문해 지도의 목표는 유아가 의사소통하거나 표현하고 싶어하는 것을 표현할 수 있도록 도와서 다른 사람이 그들을 이해할 수 있게 하는 것이다. Holliday(1973)는 언어의 기능이 형식에 앞서며, 형식은 일상 속에서 사용하면서 발달한다고 이론화하였다. 그러므로 행동과 몸짓이 그림, 구어, 문어에 앞서는 것은 자연스러운 것이다(Harste, Woodward, & Burke, 1984). 교사의 역할은 유아가 기관에서 사용하는 언어와 형태에 주목하여, 의사소통에서 유능감을 키우는 방식으로 표준에 도달하도록 그들의 성장을 지지해 주는 것이다.

부록 F의 언어 및 문해의 교과 내용과 표준에서는 구어 의사소통인 듣기와 말하기에 대한 표준뿐 아니라 문어 의사소통인 읽기와 쓰기에 대한 표준을 기술하였다. 구어와 문어 의사소통 모두 듣거나 읽은 것의 의미를 파악하고 이해하는 것을 강조하며 어휘 발달 역시 강조한다. 언어 및 문해 표에서 핵심 개념은 다음과 같다. 즉, '언어가 정확할수록 의사소통은 더 효율적으로 일어날 것이다.' 따라서 문해 발달의 초점이 되는 한 영역은 단어의 의미나 어휘임을 알 수 있다. 다시 말해, (1) 그림자 실험에서 '어두움'이나 '불투명함'과 같이 교과 내용과 관련 있는 것 (2) '비교하다.'나 '대조하다.'와 같이 유아가 사용하는 탐구 기술과 관련 있는 것 (3) '옆쪽에' '거꾸로 뒤집혀' '넓어지기도 하고 좁아지기도 하는' '더 컴컴하거나 더 밝은'과 같이 위치, 크기, 모양을 묘사하는 것과 같은 어휘의 발달은 언어 구사의 정확성을 높이는 데 공헌하므로 더 효율적인 의사소통을 가능하게 한다.

언어 및 문해 교과 내용은 또한 음운 인식, 문자 인식, 문자의 관례, 철자 이름 지식, 철자 원리, 글 구성 지식, 이야기 이해, 책에 대한 흥미 등을 포함한다. 우리는 이러한 요소를 언어 및 문해 표에 포함하지 않았는데, 이는 그것의 중요성을 간과해서가 아니라 유아기 문해 학습을 폭넓게 강조하면 교사가 사용할 수 있는 자료가 너무 많이 생겨나 감당하기 어려울 수 있기 때문이다. 또한, 지역사회마다 이러한 기술과 이해를 발달시키기 위해서 다양한 접근법을 채택하고 있는데, 기관에서 어떤 문해 프로그램을 사용하느냐에 상관없이 활동-기반 학습 환경 속에서 유아의 문해 유능감을 강화시킬 수 있는 기회는 얼마든지 있다.

요 약

이 장에서 우리는 주요 내용 영역의 핵심 개념을 자세하게 다루었는데, 이는 의사 결정을 용이하게 하고 '교육과정이란 무엇인가?'라는 질문에 더 명확하게 대답할 수 있도록 돕는다. 유아는 활동-기반 학습 환경에서 또래 및 성인과의 대화를 통해 계속해서 정보를 모으고, 재료를 조작하고 실험하며, 구성하는 것에 참여함으로써 과학, 수학, 문해에 대한 기술을 쌓아 간다. 그들이 수집하는 정보는 교육과정 표준과 직접적으로 관련이 있다. 따라서 교육과정을 강화하기 위해 성인은 그 교과의 핵심 내용에 대한 유창성을 획득해야 하고, 유아의 행동과 대화에서 발현되는 주요 개념을 인식할 수 있어야 한다.

제3장

교과 내용을 강화하고 표준에 부응하는 교사의 역할

교사 역할 확장 과정의 단계

영역 활동 시간 동안 관찰을 통해 발현되는 핵심 교과 내용 찾아보기

자유 선택 활동 시간 동안 대화를 시작하고 연장하기

전문적 수준의 반성적 사고를 위한 기록 양식 사용하기

흥미 영역 내에서 교육과정 확장하기

집단 활동과 주제를 통해 교과 내용 확장하기

유아의 학습을 평가하고 기록하기

요 약

> 유아가 학습하는 것을 진정 자기 것으로 받아들이길 원한다면, 교사는 유아의 이해를 증진시키는 데 초점을 맞추는 것 외엔 다른 방법이 없다.
>
> Beverly Falk (2009). *Teaching the way children learn*, p. 63

> 유아는 정신을 통해 자신의 경험과 주변 환경에 대해 깊이 이해해야 한다.
>
> Lillian Katz & Sylvia Chard (2000). *Engaging children's minds*, p. 4

제1장에서 강조한 것과 같이, 유아교육에서 다른 무엇보다 중요한 목표 중의 하나는 유아가 놀이를 통해 세상에 대한 이해를 구성해 나가도록 기회를 주고, 자부심을 갖도록 하는 여러 가지 계획을 통해 사회정서 발달을 지원하는 데 있다. 유아 교사는 일반적으로 홍미 영역 활동 시간에 칭찬과 사회적 안내social guidance를 통해 긍정적인 피드백을 제공하는 능력이 뛰어나다. 교사는 유아가 만든 작품에 감탄하는 것을 좋아하고 종종 그 작품에 대해 더 자세히 알고 싶어서 물어보기도 한다. 또한, 교사는 유아가 사회적 관계를 맺고 교구를 나누어 쓸 때 나타날 수 있는 어려움을 해결하도록 도와준다(Kostelnik, Soderman, & Whiren, 2007; Read, 1971).

교사의 역할을 관리자나 양육자의 역할에서 더 나아가 교과 내용과 기술 획득에 대한 지지자의 역할로까지 확장하려면 유아가 자발적인 홍미를 가지고 하는 활동에서 명백히 나타나는 교과 내용과 기술에 대해 그들과 진정한 대화를 할 수 있어야 한다. 이를 통해 성인은 자신의 생각을 확장할 수 있고 상황 내의 관계를 이해할 새로운 가능성에 주의를 기울일 수 있다. Jones와 Reynolds(1992)는 교사의 역할 확장에 대해, 유아 교사들이 '어떤 역할은 다른 역할보다 더 기꺼이 받아들였다.'고 보고하고 있다. 또 그들은 '유아가 놀이를 통해 학습할 수 있도록 계획할 것을 제안' 하려 했을 때 저항에 부딪혔다(pp. xii-xiii)고 보고하였다. 우리는 유아의 세상 속으로 들어가는 길을 찾으면서 이 문제에 접근하였다.

우리는 교과 내용을 유아가 관심 있어 하는 활동과 연결하기 위해, 유아와 대화할 때 성인이 아직 모르는 그들의 생각과 인식에 대한 탐구를 반영할 필요가 있다고 생각하였다. 이를 위해 진정한 질문authentic question, 즉 질문자가 답을 아직 모르는 상태로 정보를 얻고자 하는 질문을 해야 한다. 이는 유아가 무엇을 관찰했는지를 공유하고 그 관찰이 정확한지 의문을 제기하는 형태로 이루어지거나 유아가 관찰한 활동에 대한 생각, 즉 어떻게 문제를 해결할 수 있는지, 다음에 어떤 일이 일어나는지를 이야기해 보도록 유아에게 질문하는 형태를 취할 수 있다. 유아는 그 질문이 진정한 것이라고 생각하면 맞을지 틀릴지에 대한 걱정 없이 자신의 생각을 흔쾌히 공유한다(Kohn, 2001; Schwartz, 2005). 우리의 경험상, 교사가 진정한 대화를 시작하는 것은 쉽지 않은 과제다. 작품의 결과를 칭찬하고, 유아가 미리 알고 있는 것을 확인하기 위해 질문하는 습관이 너무나 단단히 자리 잡혀 있기 때문에 대화를 시작하는 방식을 바꾸는 것은 매우 어렵다. 만약 우리가 유아의 떠오르는 관심사를 포착하고, 그들이 보고 실행하고 생각하는 것과 연결할 수 있는 능력을 지지한다면 그러한 방식으로의 역할 확장은 교사 역할에 있어 필요하고 중요한 것이다.

교사 역할 확장 과정의 단계

제2장에서 다루었듯이, 유아의 활동-기반 학습 환경에서 교육과정 내용을 강화하는 과정의 첫 번째 단계는 성인이 갖고 있는 전통적인 교과 영역 지식을 재점검하고, 발현되는 유아의 학습을 지원하는 데 활용할 수 있

도록 각 교과를 구성하는 핵심 개념을 잘 아는 것을 포함한다.

과정의 다음 단계는 어린 유아가 스스로 선택한 활동에 참여하면서 탐색하고 활용하는 핵심 교과 내용을 교사가 관찰을 통해서 확인하는 것이다. 이러한 관찰 정보는 결과적으로 수업 전략을 선정하고 교육과정을 강화하며 성취 기준에 도달하는 목표를 달성하기 위해 교과 내용을 활용하는 교육과정 활동을 계획하도록 이끈다.

이 장에서는 '발달에 적합한' 관점을 따르는 환경, 즉 활동에 기반을 두고, 정서적으로 반응적인 학습 환경에서 교과 내용 학습과 학업 능력 발달을 추구하며, 유아의 흥미를 포착하고 지속시키는 데 사용할 수 있는 수업 전략의 범위를 독자와 공유하려 한다.

흥미 영역에서 유아의 행동과 대화를 관찰하는 것은 유아가 탐색하거나 생각하고 있는 것을 더욱 잘 이해하기 위한 하나의 방법이다. 이처럼 우리가 관찰한 것에 대한 초반의 추측을 명확하게 하기 위해서는 적시에 유아와 대화를 시작하고 지속하는 것으로 이어져야 한다. 이 교수 전략을 우리는 피딩(feeding, 정보, 어휘 또는 활동 제공해 주기)이라고 부른다. 이것의 기능은 유아가 현재 진행하는 활동과 인식, 의도 또는 생각에 대해 이야기할 때 필요한 어휘를 제공해 줌으로써 진행 중인 생각ongoing thinking을 계속하게 하는 것이다.

대화를 통해 유아가 탐색하고 있거나 생각하고 있는 것이 무엇인지 명확해지면, 유아의 이해와 발견을 확장해 주어야 하는데 거기에는 두 가지 방법이 있다. 한 가지 방법은 씨딩(seeding, 환경을 구성해 주는 것으로, 새로운 자료를 소개하여 발견을 촉진하는 것)과 리딩(leading, 발전된 또는 관련 있는 개념으로 확장 · 연계해 주는 것으로, 새로운 정보나 활동을 제안하여 발견을 촉진하는 것)의 두 가지 중 하나를 선택하는 것이다. 또 다른 한 가지 방법은 유아가 개별적으로 또는 집단으로 표명한 관심사를 확장해서 학급 전체를 대상으로 하는 교육과정 활동을 실시하는 것이다.

이러한 전략은 사실 기존의 유아교육 교수법과 크게 다르지 않다. 하지만 활동-기반 프로그램에서 교육과정 내용을 강화하려는 우리의 목표를 달성하기 위해서는 통합 교육과정에서 이러한 전략을 어떻게 사용해야 하는지를 살펴볼 필요가 있다.

영역 활동 시간 동안 관찰을 통해 발현되는 핵심 교과 내용 찾아보기

유아는 자신이 관심 있는 활동을 할 때 자연스럽게 지식과 기술을 사용하므로, 유아가 이미 무엇을 알고 있는지를 알아보는 가장 좋은 방법은 그들에 대한 관찰과 경청이라는 주장에 반대할 사람은 거의 없을 것이다 (Beaty, 1986; Wann, Dorn, & Liddle, 1962).

유아의 발달과 학습을 연구하고 평가하는 방법에 대한 많은 문헌을 보면 유아교육에서 유아의 행동 관찰을 강조하는 것이 새로운 현상은 아니라는 것을 알 수 있다(Almy & Genishi, 1979; Boehm & Weinberg, 1996; Good & Brophy, 2008; Jablon, Dombro, & Dichtelmiller, 2007; Monighan-Nourot, Scales, VanHoorn, & Almy, 1987). 여기서도 발현되는 핵심 내용을 알아보기 위해 유아가 학습하는 방법을 활용하고자 한다. 제2장에서 강조한 것과 같이, 유아는 '사실 수집가'다. 유아는 보고 듣고 실행함으로써 계속적으로 여러 가지 사실을 모은다. 수집된 사실은 전통적인 교과 영역에 대

유아는 자신이 관심 있는 활동을 할 때 자연스럽게 지식과 기술을 사용하므로, 유아가 이미 무엇을 알고 있는지를 알아보는 가장 좋은 방법은 그들에 대한 관찰과 경청이라는 주장에 반대할 사람은 거의 없을 것이다.

한 지식을 축적하는 데 기여하는 방식으로 조직화 된다. 교사는 유아가 또래나 다른 성인과 상호작용하는 행동을 보고 들음으로써 그들이 활동 시간에 교구를 가지고 어떻게 실험하고 문제를 해결하는지 알아낼 수 있고, 이를 통해 유아가 활용하고 있는 핵심 개념을 확인할 수 있다. 우리의 연구에 참여한 교사는 유아가 자유 선택 활동 시간에 보이는 행동을 관찰하고 어떤 개념을 활용하고 있는지 확인하려면, 제2장에서 논의하였고 부록에서도 참고 자료로 자세히 제시하고 있는 주요 개념 목록을 사용하는 것이 가장 편한 방법이라고 하였다.

자유 선택 활동 시간은 유아의 마음에 자리 잡기 시작한 핵심 개념의 출현을 관찰하는 데 가장 일관되고 믿을 만한 기회를 제공한다. 우리는 '사물의 작동 방식'과 행위 및 그 결과의 관계에 대한 유아의 이해를 반영하는 그들의 교구 사용 방식에 주목하여 단서를 얻는다. 유아의 활동은 주로 (1) 새로운 정보나 기술을 습득하는 발견 · 탐색 수준discovery level에 있거나 (2) 형성되고 있는 생각의 타당성을 시험하거나 기술을 연습하는 실제 수준practice level에 있거나 (3) 생각이나 기술을 특별한 상황에 적용해 볼 수 있는 적용 수준application level에 있을 것이다. 학습 과정에서 각 수준은 독특한 특징을 지닌다. 비록 행동을 보고 유아의 마음을 읽는 것이 가능하지 않더라도 유아는 대개 현재 상태를 드러내는 여러 실마리를 제공한다.

- **정보 수집하기:** '언제 무슨 일이 일어날까?'를 탐색하는 것은 유아가 만들어 내는 사건 내의 관계를 발견하도록 이끈다. 예를 들어, 유아

> **자유 선택 활동 시간은 유아의 마음에 자리 잡기 시작한 핵심 개념의 출현을 관찰하는 데 가장 일관되고 믿을 만한 기회를 제공한다.**

는 빨간색과 하얀색 템페라 물감을 반복적으로 섞을 때 나타나는 색깔의 변화를 발견한다. 그러한 행동의 반복을 통해 초기에 발견한 것이 기반 지식의 일부분이 된다. [사진 3.1]에서 유아는 빨간색의 원을 그리기 시작하고, 그 다음에 하얀색을 섞어 핑크색을 만들어 낸다. 이 유아는 다른 색깔로 똑같은 행동을 시도하기 전에 여러 번 행동을 반복한다. 그러한 여러 번의 시도로 정보를 검증한 후에야 그 정보를 그림 그리기와 같은 활동에 쓸모 있게 사용할 수 있다.

- **발견한 것 검증하기 및/또는 기술 연습하기**: 기술 연습은 유아가 문자 모형 자석을 사용해 자신의 이름을 되풀이해서 만들어 보거나 목걸이의 끈에 달려있는 구슬의 개수를 세고 또 세는 반복적인 시험을 통해 발견을 확인하듯 똑같은 과제를 반복해서 수행할 때 나타난다.
- **교과 내용 지식을 사용하여 자료를 이용한 문제 해결하기**: 유아가 문제를 해결하는 데에는 여러 국면이 있지만 흔히 블록의 위치를 바꿈으로써 그 구조물이 무너지지 않도록 하거나 물감 붓을 사용하기 전

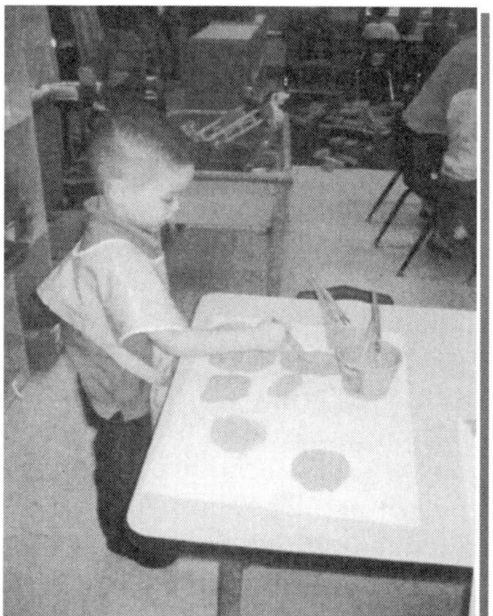

● 사진 3.1 ●

에 물이 뚝뚝 떨어지는 것을 방지하기 위해 붓의 가장자리를 닦아내는 것과 같이 목표를 달성하기 위해 행동을 조정하는 것에 가장 자주 반영된다.

핵심 개념을 알아내는 것과 더불어 앞서의 세 가지 활동 수준이 유아의 활동에 반영된다는 점을 아는 것은 중요하다.

자유 선택 활동 시간 동안 대화를 시작하고 연장하기

관찰한 유아에 대한 기존의 지식과 관찰을 통해 얻은 정보는 그 유아가 직관적으로 하는 생각을 의식적으로 하도록 대화를 이끌어 내는 결정에 도움을 준다. 이 단계의 목적은 유아가 자신의 인식과 생각을 단어로 표현하도록 격려하는 것이다.

시작하기

대화를 시작하는 기본적인 전략은 성인이 교과 내용과 관련하여 관찰한 유아의 행동을 확인하는 것이다. 앞서 지적한 것과 같이, 유아의 행동은 (1) 물체의 특성 또는 물체와 사건 간의 관계를 발견하고 재발견하기 위한 노력이나 (2) 문제를 해결하기 위해 알고 있는 것을 적용하려는 노력 또는 (3) 기술을 연습하기 위한 노력을 반영하는 것일지도 모른다. 대화를 시작하기 위한 가장 흔한 방법이 질문하는 것이긴 하지만, 이 전략은 종종 성공적이지 못한 것으로 드러난다. "무엇을 만들고 있니?" 또는 "그걸 어떻게 알았어?"와 같은 질문에 흔히 유아는 침묵하거나 "몰라요." 또는 "그냥요."와 같이 한 단어로 대답하는 반응을 보인다. 이렇게 한정

대화를 시작하는 기본적인 전략은 성인이 교과 내용과 관련하여 관찰한 유아의 행동을 확인하는 것이다.

된 답변을 하는 것은 부분적으로는 유아의 인식과 생각이 언어적으로 표현할 만큼 충분히 확고해지지 않았기 때문이다. 직관적인 생각을 구어로 변형하는 능력은 활용하고 있는 생각의 의식화가 부족하거나 공유할 어휘가 부족할 때 제한된다(Sophian, 1999). 유아가 직관적인 생각을 언어로 변환하는 능력을 갖고 있지 않다면, 우리의 과제는 어떻게 하면 명확하게 이해하도록 도와줄 수 있고 대화를 지속시키는 언어를 제공할 수 있는가이다.

우리는 질문을 하는 대신 성인이 관찰한 유아의 행동과 그 안에 내재된 교과 내용을 확인한 다음, 유아의 생각을 소리 내어 말해 보게 하는think-aloud 방법을 제안하였다. 확인 진술validation statement은 관찰된 행동을 설명하는 것이다. 이 접근 방식은 현재 사용되고 있는 것처럼 보이는 교과 내용뿐만 아니라 그 과정에서 나타나는 학습의 종류도 명시하는 시작 진술entry statement을 필요로 한다. 예를 들어, 유아가 물이 담긴 대야 속으로 돌멩이와 다른 재료를 반복해서 떨어뜨릴 때, 이는 정보 수집 상황일 가능성이 크다. 이 경우, 관찰된 교과 내용을 확인하는 것은 아마도 유아의 탐구 과정을 묘사하는 것에 한정될 것이다. 그럼에도, 이것은 대화에서 사용할 유아의 어휘 목록을 늘려 줌으로써 학습을 제공하는 피딩(feeding, 정보, 어휘 또는 활동 제공해 주기) 기능을 할 수 있다. 교사는 유아에게 이렇게 말할 수 있다.

"네가 물속에 여러 가지 물건을 차례로 넣는 것을 보니, 어떤 일이 일어나는지, 그 물건이 물에 뜨는지 아니면 가라앉는지에 대해 관심이 있다는 것을 알 수 있구나."

이런 방식의 시작 대화conversational entry는 유아가 뜨거나 가라앉는 것의 개념을 알아챈 후 그것에 대해 이야기할 때 필요한 몇 가지 단어를 제공해 준다. 유아는 좀 더 자세히 관찰하며 다음과 같이 반응할 수 있다.

"맞아요. 이것은 물 위에 뜨고 이건 그렇지 않아요."

그런 다음, 교사는 생각한 것을 소리 내어 말해 보도록think-aloud 권할 수 있는데, 이는 유아에게 추가 행동을 해 보도록 격려하거나 더 많은 정보를 수집하도록 관심을 불러일으킨다.

"이건 물 위에 뜨는데 과연 이게 항상 그럴지, 아니면 가끔은 가라앉을지 궁금해."

반대로, 뜨거나 가라앉는 물건에 대한 경험이 더 많은 유아가 자신이 이해한 뜨고 가라앉기의 개념에 대해 의도적인 실험을 할 때, 교사는 유아가 추가적인 탐색을 하도록 초점을 맞출 수 있다.

"물속에 가라앉는 물건은 여기에 놓고 물 위에 뜨는 것은 다른 쪽에 놓는구나. 선생님은 가라앉는 쪽에 있는 이 두 개의 물건이 과연 같은 속도로 가라앉을지 궁금한데."

이 개입은 관찰한 행동을 확인해 보는 피딩(feeding, 정보, 어휘 또는 활동 제공해 주기)과 발견을 촉진하기 위해 생각한 것을 말로 해 보도록 하는 리딩(leading, 발전된 또는 관련 있는 개념으로 확장 · 연계해 주기)의 두 접근법을 결합한 것이다. 부록에서 제시하고 있는 주요 개념과 교과 내용의 난이도에 익숙해지면 교사는 어렵지 않게 유아가 교구나 또래와 상호작용하는 동안 교과 내용을 강화하기 위하여 대화의 초점을 결정할 수 있게 된다.

조작 영역에서 관찰한 다음의 일화는 시작 대화conversational entry가 유아의 문제 해결 행동을 잘 포착했음을 보여 준다.

관찰된 유아 활동: 유아는 삼각형 모양의 자석 조각을 사용해 건물의 지붕을 만들고 있었다. 처음 몇 번은 건물 지붕 위에 마지막 조각을 세우려는 시도를 했지만 유아가 조각의 모서리를 나란히 맞추지 않았기 때문에 계속 무너졌다. 마침내 이 마지막 조각을 정렬하는 방법을 알고 완성했을 때, 유아는 그것을 살살 어루만졌고 조용히 웃었다([사진 3.2] 참조).

교사의 시작 대화: "선생님은 네가 세 번째 자석 조각을 위에 올려놓으며 집 지붕을 완성시키려 했지만 지붕이 계속 무너지는 모습을 보았어. 그런데 이후에 네가 조심스럽게 한 개의 모서리를 다른 한 개의

사진 3.2

부록에서 제시하고 있는 주요 개념과 교과 내용의 난이도에 익숙해지면 교사는 어렵지 않게 유아가 교구나 또래와 상호작용하는 동안 교과 내용을 강화하기 위한 대화의 초점을 결정할 수 있게 된다.

모서리에 닿게 하였더니 고정이 되었네. 그리고 웃으며 정말 행복해 했지."

이 일화에서 교사는 유아가 구조물을 완성하는 법—모든 모서리를 맞추기—을 어떻게 알아냈는지 언급함으로써 자신이 관찰한 유아의 문제해결 행동을 확인하고자 하였다. 여기서 중요한 점은, 교사가 교과 내용을 강화하는 측면에서 '이 조각들이 서로 밀고 당기려면 한 조각의 모서리가 다른 조각의 모서리와 맞닿아야 한다.'고 이야기한 것이다.

조작 영역 내의 다른 일화에서, 교사는 유아가 나무못을 이용하여 페그보드 위에 못이 하나씩 번갈아 나오는 패턴을 만드는 것을 관찰했다. 그것을 통해 교사는 유아가 색깔 패턴에 관심을 가지고 있는지를 확인하기로 결정했다.

관찰된 유아 활동: 엘리사는 처음에는 빨간 못을, 그 다음에는 파란 못을 분리해서 수집하였다. 그런 다음, 한 개의 열에 처음에는 파란 못을 놓고 그 옆에는 빨간 못을 놓는 식으로 하나씩 번갈아가며 패턴을 계속 만들어 나갔다. 이윽고 분류해서 모아 놓은 빨간 못을 다 사용하자, 엘리사는 상자에 손을 뻗어 첫 번째 만진 노란 못을 잡아 이어서 꽂았다. 그리고 몇 초 동안 그 노란 못을 바라보다가 이내 뽑아내고 다시 상자 안을 살폈다. 그리고는 빨간 못 몇 개를 다시 찾아 그 열의 끝까지 패턴을 이어나갔다. 이 시점에서 유아는 각각의 못

을 만지고 "파랑–빨강"을 조용히 반복하며 자신이 만든 열을 처음부터 끝까지 검토해 나갔다. 유아는 그 자리에 앉으며 특별히 누군가를 지목하진 않았지만 "내가 한 걸 보세요."라고 말하였다.

교사의 시작 대화: "선생님은 네가 파란색과 빨간색을 한 줄씩 놓은 후, 처음으로 다시 돌아가서 색깔에 따라 차례대로 "파랑–빨강, 파랑–빨강, 파랑–빨강, 파랑–빨강…."이라며 이름 붙이는 것을 알았어."

유아의 반응: "네."라고 말한 후 파랑–빨강 패턴을 가리키면서 이름을 붙이는 행동을 반복하였다.

교사의 반응: "있잖아. 만약 그 패턴에 이름을 붙이면 선생님은 그것을 '파랑–빨강 패턴'이라고 부를 수 있을 것 같아. 네 생각은 어떠니?"

유아의 반응: 교사를 잠시 바라보고 동의한다는 듯이 고개를 끄덕이며 "네. 파랑, 빨강, 파랑, 빨강."이라고 말하였다.

앞의 상황에서 교사는 유아가 보이는 색깔 패턴의 반복을 언급하면서 확인 진술validating statement을 하는 대화를 시작하기로 했다. 교사는 생각을 소리 내어 말해 봄으로써 유아가 패턴을 구성하는 반복적인 배열에 관심을 갖도록 하였다. 이 주제의 핵심 개념에 관해 자세한 정보를 알고 싶으면 부록 D의 '대수Algebra' 표를 참조하라.

앞의 예에서 보듯이, 대화를 시작하는 언어에는 패턴이 있는데 그것은 교사에게 유아가 사용하는 것으로 보이는 내용과 기술의 이해 수준을 확인하게 하는 기능을 한다. 이 의도를 나타내는 구절은 다음과 같다.

- 선생님은 네가 …한 것을 알게 되었어.
- 선생님은 네가 언제 …하는 것을 보았어.
- 선생님이 보기엔, 네가 …를 통해 …를 만들어 내던데.

이러한 형태의 시작 대화는 유아에게 성인이 자신이 하는 활동에 관심을 갖고 있음을 알게 한다.

생각할 시간 주기: 유아의 반응 기다리기

대화를 시작한 후에 생각할 시간을 주는 것은 유아에게 교사가 현재 활동에 대한 대화에 자신을 초대하고 있음을 알도록 한다. 즉, 유아에게 '생각할 시간think time'을 제공하는 것이다. 만약 확인 진술이 어떤 반응을 유도해 내지 못했다면, 그것은 아마 유아의 직관적 사고와 이어지지 않았기 때문일 것이다. 그럴 경우, 다른 확인 진술을 할 수도 있지만 교사의 관찰 시간이 더 필요할 수도 있다.

대화 이어나가기

확인 진술이 유아가 생각하고 있는 것을 성공적으로 반영한다면, 유아의 언어적인 반응을 이끌어 낼 가능성이 크다. 앞서 설명한 뜨기-가라앉기 예에서 유아가 두 사물의 가라앉는 속도를 비교하려고 했다면, 교사는 '가라앉는 물체들'에 있는 다른 사물을 더 살펴보도록 하는 질문을 해서 유아가 탐구를 확장하도록 할 수 있다. 만약 유아가 어떤 물건이 가라앉고 뜨는지 알아보기 위해 처음과 같은 유형의 실험을 계속했다면, 교사는 새로 추가한 사물이 과연 가라앉을지 뜰지 소리 내어 궁금해 함으로써 예측이라는 개념을 소개해 줄 수도 있다. 패턴 만들기 일화에서 두 가지 색

대화를 시작한 후에 생각할 시간을 주는 것은 유아에게 교사가 현재 활동에 대한 대화에 자신을 초대하고 있음을 알도록 한다.

으로 반복하는 패턴을 재확인하고자 하는 교사의 시도에 유아가 고개를 끄덕이는 반응을 하고 더 많은 못을 새로 꺼냈다면, 교사는 유아가 새로 꺼낸 것으로 패턴 만들기를 계속해 나갈 것인지 그리고 그 새로운 패턴은 뭐라고 부를 것인지 물어볼 수 있었을 것이다.

그러한 경우에 교과 내용을 확장하는 발달 단계에 대한 교사의 지식은 활동에 내재된 교과 내용 학습을 강화할 수 있도록 대화를 이어나가기 위한 안내자 역할을 한다.

유아의 반응 확장하기

대화가 시작된 후 교사가 선택할 수 있는 유아에 대한 반응의 범위는 다음과 같다.

- 유아가 만들어 낸 것의 용도를 더 명료화하기 위해 질문하기: "…(으)로 무엇을 하려고 하니?"
- 다음 단계의 행동에 대해 알아보기 위해 질문하기: "너는 광대 그림에 풍선을 더 그려 넣을 생각이니?"
- 만들어 낸 것이나 만든 과정에 관한 정보 및 재료 공유하기: "여러 종류의 다리가 있어. 어떤 다리는 사람만이 다닐 수 있고 어떤 다리는 자동차만 다닐 수 있어. 또 어떤 다리는 사람과 자동차가 모두 다닐 수 있는 거야."
- 제안하기: "…은 해 볼 만해." "만약 …라면 어떤 일이 일어날지 궁금해."

대화 마무리하기

마무리 전략의 기능은 그 영역을 다시 방문하거나 학급 내 다른 집단의 유아와 대화를 함으로써 후속 활동에 대한 관심을 표명하거나 지금까지 했던 토의를 재확인하는 것이다. 예를 들어, "선생님은 네가 지금 만들고 있는 건물이 다 지어지면 어떤 모습일지 너무 궁금해. 완성되면 불러 줘. 다시 올게. 집단 활동 시간에 다른 아이들도 볼 수 있게 사진 찍어 놓자." 라고 말할 수 있다.

교사가 대화를 마무리하는 시점도 역시 중요하다. 대화를 너무 일찍 끝내면 유아는 교사와 의견을 다 나누지 못한 상태로 남아있게 된다. 반면, 너무 오래 대화를 유지하면 유아가 하던 활동으로 다시 돌아가는 것을 방해한다. 따라서 유아가 진행 중인 활동을 계속하도록 지원하려면 교사와 말하는 것에 대한 흥미가 줄어들면서 '돌아가고 싶은 행동'을 하는 순간을 알아차리는 것이 필요하다.

우리는 교사가 역할을 확장하면 자유 선택 활동 시간 동안 유아와 훨씬 더 많은 내용과 풍부한 언어를 가지고 상호작용할 수 있다는 것을 알았다. 또한, 유아가 무엇을 하고 있었는지 또는 무엇을 했는지에 대한 대화를 더 많이 나누기 시작하면 과정-결과의 연계를 더 강조할 수 있는 가능성이 생긴다. 이러한 성격을 가진 대화의 예는 다음과 같다. 다음의 예는 교사가 교과 내용에 참여하는 유아의 모습이 어떻게 변하는지 관찰한 것이다.

학급에서 농장과 가축에 대한 주제를 2주 동안 다루었다. 블록 영역에서 건축물을 완성한 후, 유아는 친구와 함께 만든 동물 농장을 선생님께 보여 드리고 싶었다. 소는 여러 마리가 있어서 마당을 넓게 만들었고, 돼지는 소보다 작고 세 마리 밖에 없어서 아주 작은 마당을 만들었다. 대화가 시작되자, 마당 이외에 날씨가 특히 좋지 않을 때 소가 실내에 머물 수 있도록 외양간이 필요하다고 생각하게 되었다. 두 명의 유아는 그 생각에 자극을 받고 외양간을 짓기 전에 얼마나 넓게 만들지에 대해 이야기를 나누기 시작하였다.

교사가 유아의 행동을 관찰하고 대화에 함께 참여하면서 깨달은 사실은, 유아가 농장에 지속적으로 관심을 보이는 과정에서 수, 크기, 공간과 같은 수학적 개념을 실제로 다루고 있었고, 대화를 나눌 때 필요한 어휘도 알고 있었다는 것이다.

전문적 수준의 반성적 사고를 위한 기록 양식 사용하기

자유 선택 활동 시간 동안 교과 내용을 강화하기 위한 대화를 시작하는 기술을 발달시키는 것은 어려운 일이다. 〈표 3-1〉은 교사가 혼자서 또는 동료 교사와 함께 다시 살펴보고 반성해 볼 수 있도록 대화를 기록하는 양식 중 하나다. 양식에는 다음의 것을 기록하도록 되어 있다. (1) 활동하는 동안 유아의 행동과 대화를 관찰한 기록, (2) 활동 속에 나타나는 교과 내용 개념의 확인 및 초점을 두고 대화할 주제의 선정, (3) 시작 진술entry statement, (4) 교사가 생각할 시간을 준 후, 자신이 한 말에 대해 유아가 생각해 볼 수 있도록 상기시키는 말, (5) 유아의 반응과 이어지는 대화 기록, (6) 마무리 발언 기록 등이다.

교사는 기록 양식이 능력을 향상시키는 데 도움을 준다는 것을 알게 되었다. 우선, 기록 양식은 대화에 들어가기에 앞서 관찰하는 것의 중요성을 교사가 알게 하였다. 둘째로, 기록 양식은 발현하는 교과 내용을 파악하는 데 초점을 두게 하므로 어떤 대화를 할 것인가에 관한 틀을 잡는 데

〈표 3-1〉 관찰 및 상호작용 기록 양식

진행되는 활동 설명　　　　날짜: ______ 유아(들): ______　　　　홍미 영역과 교구: ______ 관찰한 행동과 대화 내용: 사진과 활동 예시 첨부
유아가 활동을 하며 다루고 있는 것으로 보이는 교과 내용: 교과 영역: ______　　핵심 내용: ______ 교과 영역: ______　　핵심 내용: ______
교사의 시작 진술:
휴식
유아의 반응과 이어진 대화:
홍미 영역의 교과 내용에서 더 나아가기 위한 전략: 과정 질문, 생각을 소리 내어 말해 보기, 성인의 경험이나 정보 공유하기, 설명이나 글 혹은 다른 자원 추가해 주기
홍미 영역에서 조심스럽게 나가기(마무리):

*이 표는 Teachers College Press 웹사이트(www.tcpress.com)에서 확인할 수 있다.

도움이 된다는 것을 교사가 알게 하였다. 셋째로, 교사는 기록 양식을 교육과정 활동을 확장하기 위한 하나의 자원으로 중요하게 생각하였다. 결과적으로, 집단 활동 시간에 할 추후 활동에 대한 브레인스토밍과 교과 내용의 확장을 위해 활동 영역에 넣을 새로운 교구를 기록하기 위해서 기록 양식에 두 번째 쪽을 추가하였다. 교사가 이 기록 양식을 사용해 본 경험을 공유하는 시간은 대화를 시작하고 확장하는 방법을 명확하게 하는 데 도움을 주었다.

흥미 영역 내에서 교육과정 확장하기

유아가 교과 내용 주제에 지속적인 관심을 보이자 교사는 흥미 영역 내에서 그 흥미를 키우고 확장시키기 위해서 다른 여러 경로route를 찾아냈다. 한 가지 경로는 흥미 영역에 구체적인 교구, 책, 사진과 같은 자원을 추가적으로 제공하는 씨딩(seeding, 환경 구성해 주기)으로 이어졌다. 이 전략은 실험experimentation, 창작creation of product, 극화drama가 가능하도록 자원을 추가해 주는 것이다. 또한 이것은 교사와의 직접적인 상호작용 없이도 활동을 격려할 수 있다.

다른 방법은 리딩(leading, 발전된 또는 관련 있는 개념으로 확장 · 연계해 주기), 즉 특정 영역에서 활동하는 유아와 대화하는 동안 새로운 교과 내용을 추가하는 것이다. 만약 유아가 집을 짓는 데 관심을 보인다면, 대화하면서 다양한 종류의 집을 보여 주는 사진을 소개하는 것만으로도 다양한 종류의 구조물을 짓는 것에 대한 관심을 불러일으킬 수 있다. 이런 방식으로 교사는 초점을 둘 교육과정을 선택하고 대화를 이어갈 수 있는 것이다.

집단 활동과 주제를 통해 교과 내용 확장하기

집단 활동은 유아가 교과 내용과 기술을 발전시키기에 가장 친숙하고 편안한 맥락이다. 교사는 표준에 명시된 학습 목표 또는 새로운 흥미를 이끌어내는 집단 활동을 계획하고 실행하는 역할을 하며 리딩(leading, 발전된 또는 관련 있는 개념으로 확장 · 연계해 주기)과 관련된 전문 지식을 매우 많이 가지고 있다. 제2장의 도입부에서 언급하였듯이, 교사는 종종 교사 주도 활동에 포함된 교과 내용이 자유 선택 활동 시간에는 나타나지 않는다는 우려를 표시해 왔다. 이는 집단 활동 시간에 제공된 새로운 교과 내용을 유아가 자유 선택 활동 시간에 활용하지 않았다는 것으로, 그 교과 내용이 유아에게 큰 의미가 없었음을 뜻한다.

현재 진행되고 있는 교육과정에서 주제가 중요한 부분임에도 불구하고, 주제와 관련된 활동을 하는 동안 발달시켜야 할 핵심 개념을 명확히 규정하지 않은 경우가 대부분이다.

우리의 관점에서 보면, 주제가 집단 활동 시간에서 생성되든 흥미 영역에서의 대화를 통해 생성되든 상관이 없다. 중요한 것은 유아의 지속되는 흥미가 핵심 개념의 학습으로 이어지는가 하는 것이다.

이는 다시 지속적으로 학습하는 데 필요한 기능적인 지식의 기초와 필요한 기술의 증진으로 이어진다. 이 목표에 도달하기 위해 교사는 교사 역할에 몇 가지 새로운 전략을 덧붙여야 한다. 여기에 포함되는 사항은

현재 진행되고 있는 교육과정에서 주제가 중요한 부분임에도 불구하고,
주제와 관련된 활동을 하는 동안 발달시켜야 할 핵심 개념을 명확히
규정하지 않은 경우가 대부분이다.

다음과 같다.

1. 유아가 지속적으로 관심을 보일 것 같은 주제에 포함된 주요 개념과 관련된 어휘 목록 확인하기. 부록에 나와 있는 교과 내용 표 안의 주요 개념은 주제를 위한 내용 요소를 확인하려는 브레인스토밍 단계에서 도움이 될 것이다.
2. 유아가 주제 안에서 지속적으로 탐색하고, 실험하고, 창조하도록 격려하기 위해 교사가 계획한 교구와 과제로 영역 구성하기
3. 유아와의 대화를 계획하기 위하여 유아의 이해를 증진할 수 있는 흥미 영역에서 관찰하기

〈표 3-2〉는 주제가 같은 교육과정의 순서를 발전시키기 위한 계획 양식을 보여 주는데, 이는 교과 내용의 핵심을 아는 것으로 시작한다.

주제의 계획 및 실행에 대한 안내는 '신발'이라는 주제로 계획한 예시와 함께 부록 G와 I에 나와 있다. 부족 G와 I는 통합교육과정 생활 주제에 대한 생각과 계획을 어떻게 발전시킬 수 있는지 보여 준다.

유아의 학습을 평가하고 기록하기

교사의 오랜 역할 중 하나는 유아의 학습을 평가하고 기록하는 것이다. 평가의 일반적 기능은 현재의 사건과 관련된 교육을 위한 의사 결정뿐만 아니라 장기 계획과 관련된 의사 결정에도 영향을 미친다는 것이다. 평가와 기록은 책무성accountability purposes을 입증하는 것과도 관련이 있는데, 이것은 제9장에서 다룰 것이다. 이 장에서는 유아가 정보를 수집하는 것과 핵심 개념 및 기술 발달을 촉진할 수 있는 지속적인 평가 또는 기록을 계

〈표 3-2〉 초점을 맞춘 교육과정 계획 양식(Focused Curriculum Planning Sheet)

<table>
<tr><th colspan="2">초점/생활 주제/소주제:</th></tr>
<tr><td colspan="2">핵심 개념:</td></tr>
<tr><td colspan="2">핵심 어휘:</td></tr>
<tr><th>교육과정 계획</th><th>수행 표준 및 행동 지표</th></tr>
<tr><th colspan="2">집단 활동 시간</th></tr>
<tr><td>시작 활동:</td><td></td></tr>
<tr><td>추후 활동:</td><td></td></tr>
<tr><td>책 읽어주기 및 함께 읽기:</td><td></td></tr>
<tr><td>음악/대근육 활동:</td><td></td></tr>
<tr><th colspan="2">자유 선택 활동 시간</th></tr>
<tr><td>흥미 영역 활동:</td><td></td></tr>
<tr><td>성인이 계획한 영역 활동:</td><td></td></tr>
<tr><th colspan="2">마무리 활동</th></tr>
<tr><td>가족과 다른 학급, 또 관심 있어 하는 성인과 공유하기:</td><td></td></tr>
</table>

* 이 표는 Teachers College Press 웹사이트(www.tcpress.com)에서 확인할 수 있다.

획하고 활용하는 것 간의 관련성을 살펴보고자 한다.

표준에 부합하도록 교과 내용과 기술을 강화하는 데 있어 본 연구의 핵심은 교육적으로 맞는 결정을 제공하기 위해 유아의 활동-기반 환경에서 나타나는 유아의 학습을 관찰하는 것이다. 유아의 학습을 촉진하기 위한 이런 결정의 대부분은 유아와 함께 하는 과정 속에서 나타나는데, 이는 순간 관찰을 통해 형성된 '즉각적 판단on-the-spot decisions'을 말한다. 이러한 관찰과 상호작용의 순간은 학급 전체뿐 아니라 개별 유아의 요구에 맞는 장기적 계획을 만들도록 계속해서 정보를 제공해 준다.

여러 번에 거쳐 수집한 관찰 자료를 유용하게 분석하려면 그 정보를 조직하는 계획이 필요하다. 가장 일반적인 방법인 일화기록은 서술식으로 작성되므로 유아가 교과 내용에 대해 이해한 것을 분석하기 어렵다. 또 다른 접근법은 정보를 미리 정해진 양식에 직접 기록하는 것인데, 이는 유아가 교과 내용 지식을 발달시키는 모습을 문서화하고 그 정보를 특정 과목에서의 유아의 탐구 기술과 맞춰 보는 데 도움이 된다. 미리 정해진 기록법의 장점은 수집된 자료가 명확하다는 것이다. 예를 들어, 물리 과학에서 물체를 다룰 때의 수행 목표를 생각해 보라. 물체의 속성과 변화에 대한 이해 및 지식을 증진시키고 있다는 것을 보여 주는 행동을 순차적으로 나열한 기록 양식을 사용하면 순서대로 정보를 모으는 것이 용이하다. 〈표 3-3〉은 우리가 몇몇 집단의 교사들과 시범적으로 사용해 본 관찰 양식 중 첫 두 항목을 예로 제시한 것이다. 유아가 물리 과학을 순차적으로 이해하는 모습을 관찰하기 위한 이 기록 양식의 전문은 부록 N에서 찾을 수 있다. 그 양식의 표에는 두 개의 열이 있는데, 하나는 유아가 활동 시간에 자연스럽게 나타나는 상황 안에서 교과 내용을 사용하는 모습을 기록하기 위한 것이고, 다른 하나는 이 내용이 교사가 계획한 활동 속에서 어떻게 사용되는지에 대한 부분이다. 우리의 목표는 유아가 자신이 이해한 것을 내면화하여 다양한 상황에 적용할 수 있게 하는 데 있으

〈표 3-3〉 관찰 기록: 물리 과학

유아의 이름:

	자연스럽게 일어나는 상황	일시	교사가 계획한 활동	일시
사물의 물리적 속성에 대해 관찰하고 이야기를 나눈다.	관찰의 초점: 사물과 속성		관찰의 초점: 사물과 속성	
사물의 속성을 비교하고 대조한다.	관찰의 초점: 사물과 속성		관찰의 초점: 사물과 속성	

므로, 두 번째 칸에는 더 발전된 수준의 이해와 기술이 나타나는 모습, 즉 유아가 교과 내용과 기술을 다른 사람이 만든 과제에 적용하는 모습을 적도록 한다.

교사들은 이러한 형태의 기록 양식을 활용하는 것이 도움이 된다고 언급하였다. 교사들에 따르면 이 양식은 관찰에 집중할 수 있고 추후 유아의 강점과 보완할 점을 확인하기 위한 자료를 분석하는 데 도움을 준다. 예를 들어, 어떤 유아는 물건의 속성을 말로 표현할 수 있도록 언어적 자극과 어휘를 늘려야 할 필요성이 있었고, 다른 유아는 물건의 속성이 어떻게 변화하는지, 무엇이 그들을 변하게 하는지를 실험하기 위해 더 다양한 교구가 필요하였다. 이 관찰 기록은 결국 활동의 시작과 제공에 대한 계획뿐 아니라 전체 학급을 위해 핵심 개념이 포함된 교육과정 활동을 이끌어 가는 지침이 되었다. 이 맥락에서 평가는 유아에게 관심이 높은 자료를 가지고 개별 활동이나 소집단 활동을 계획할 수 있는 근거가 되었고, 결과적으로 그 자료들은 유아의 인지, 언어, 사회정서 및 교과 내용과 기술의 발달 수준을 보여 줄 수 있다.

다른 평가 전략은 유아가 다양한 방면으로 학습한 것을 보여 주는 작품을 전시하는 과정을 포함한다(Chalufour & Worth, 2004). 전형적인 예는 다음과 같다.

- 유아가 학급 내 활동이나 현장학습에 적극적으로 참여하는 사진
- 유아가 주제를 가지고 활동하는 모습을 담은 사진
- 게시판이나 흥미 영역에 게시된 유아의 작품
- 유아가 주제와 프로젝트 활동을 통해 만든 공예품 수집
- 그림 도표pictographs 형태로 성인이 기록한 유아의 말
- 유아가 만든 교육과정 활동 계획 목록

유아와 성인은 높은 탑을 쌓거나 그 지역의 유제품 회사를 방문했던 사진과 이야기를 보고 읽으며 말 그대로 더 깊이 그 학습을 재경험하게 된다. 유아는 또래나 교사와 함께 경험을 이야기하고 다시 떠올리며 중요한 요소를 더 잘 알게 된다. 이런 형태의 기록은 유아에게 배우거나 획득한 기술에 대한 이해와 평가를 증진하는 기회를 제공한다. 즉, 본질적으로 유아는 평가 과정의 한 부분이다.

요 약

결론적으로, 교사와 유아가 자유 선택 활동 시간이나 집단 활동 시간에 하는 상호작용은 새로운 교육과정 경험을 소개하는 상황을 만든다. 교사는 유아가 알고 있는 것과 지금 경험하고 있는 것 간에 추가적 연결 고리를 만들도록 격려한다. 교사가 교육과정 활동에 내재해 있는 내용과 유아의 관심사를 계속해서 연결하면 점차적으로 교육과정의 교과 내용은 풍부해진다. 이 접근법은 다른 사람이 시작한 새로운 경험에 노출되는 것과 이러한 경험을 자기주도 활동 안에서 이해하려고 하는 개별 과정 간에 상

호 의존성이 있음을 보여 준다.

이 장에서는 활동-기반 프로그램 속에 내재한 교과 내용과 학습 능력의 발달을 촉진하기 위한 교사의 역할을 전반적으로 살펴보았다. 이러한 역할의 확장은 교과 내용의 핵심에 대한 이해와 유아의 자기주도 활동에 그러한 개념이 나타나는 것을 인식하는 전문적 기술이 능숙해지면서 시작된다. 교사가 잠재된 교과 내용을 확인하고 나면, 피딩(feeding, 정보, 어휘 또는 활동 제공해 주기)을 위해 유아를 관찰하면서 알아낸 흥미, 학습 양식, 지식, 기술에 근거하여 대화의 초점을 결정하게 된다. 대화는 확인 서술이나 생각한 것을 크게 말하는 것으로 시작한 후, 유아에게 '생각할 시간'을 잠시 주는 것으로 이어갈 수 있다. 이렇게 하면 대화는 유아의 반응에 맞춰 지속된다. 이윽고 대화는 성인에 의한 '조심스러운 마무리graceful exit'로 끝이 나고 유아는 하던 활동을 계속하게 된다.

대화를 시작하고 확장해 나가는 이 과정의 각 요소는 교과 내용을 더 잘 부각시키고 주제, 단원, 유아가 높은 관심을 보이는 주제 등을 반복적으로 계획하기 위한 방향을 제시해 준다. 성인이 유아의 학습을 피딩(feeding, 정보, 어휘 또는 활동 제공해 주기)하기 위해 계획할 때는 자신이 리딩(leading, 발전된 또는 관련 있는 개념으로 확장 · 연계해 주기)하는 활동과 새로운 경험을 재연하고 확장하게 하기 위해 제공된 씨딩(seeding, 환경 구성해 주기) 자원이 있는 흥미 영역에서 유아가 주도하는 활동과의 균형을 맞춰야 한다. 이어지는 장에서는 이러한 접근이 흥미 영역에서는 어떻게 실행되는지 자세히 다룬다.

제4장

블록 영역에서 교과 내용 강화하기

어린 아기는 아장아장 걸어 다니며 주변에 있는 아무 블록이나 조작 교구를 이용하여 쌓기, 포개어 올리기, 줄 맞추기, 짓기 등의 가능성을 끊임없이 발견하게 되고 이를 통해 블록과 조작 교구에 매혹되기 시작한다. 유아는 교사가 블록 영역에 놓아주는 블록과 소품을 가지고 여러 가능성을 탐색함으로써 교구의 속성을 발견하고 구조물을 만들어 본다. [사진 4.1]과 [사진 4.2]는 유아가 블록을 처음 수집하고 쌓으려고 행동하는 모습부터 드라마의 한 장면이 펼쳐지는 것처럼 점점 더 복잡한 구조물을 만들어 가는 모습까지 블록을 사용하는 다양한 모습을 보여 준다.

어떤 유아든지 목적 없는 쌓기에서 목적을 가지고 구조물을 만드는 모습으로 발전하지만, 발전의 속도는 유아마다 다르다(Johnson, 1933). 속도는 학습 유형과 기존 경험의 영향을 받는다. Roschelle(1995)은 많은 연구결과에 근거하여 유아가 이미 알고 있고 이해하고 있는 것은 새로운 경험을 통해 무엇을 학습할 수 있는지에 영향을 미친다는 것을 강조했다.

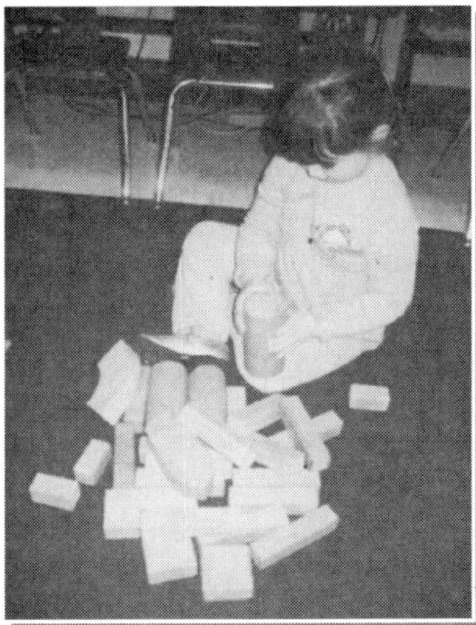

사진 4.1

사진 4.2

> Roschelle(1995)은 많은 연구 결과에 근거하여 유아가 이미 알고 있고 이해하고 있는 것은 새로운 경험을 통해 무엇을 학습할 수 있는지에 영향을 미친다는 것을 강조했다.

더 넓은 삶의 경험을 가진 유아는 블록을 훨씬 더 다양하게 사용한다. 자신이 사는 동네에 대한 경험이 적고 성인의 자극을 덜 받은 유아는 블록이 학습의 도구가 된다는 가능성을 발견하기 전까지 더 많은 시간과 자극을 필요로 한다. 그것은 풍부한 교육과정 활동을 경험하는 정도에 따라 속도가 달라질 수 있음을 의미한다. 이는 더 나아가, 이전 장에서 다루었듯이 우리가 더 이상 유아 자신만의 방법으로 교구를 사용하면서 배우고 학습하는 것에 의존할 수는 없다는 것을 의미한다. 이제 유아가 우리에게 보여 주는 모습을 기회로 삼아 그들이 발현하는 내용과 기술을 확장하여 학습할 수 있도록 도와주어야 한다.

수년 간 논의해 왔듯이 유아가 블록 영역에서 블록과 보조 교구를 함께 가지고 놀 시간을 주는 것은 그들에게 신체 · 사회정서 · 인지 · 창의적 특성의 네 가지 학습 영역을 발달시킬 수 있는 기회를 제공한다. 유아가 블록을 활용하여 수학적 관계를 탐구하고, 과학적인 개념을 실험하며, 극놀이를 통해 사회를 이해하는 다양한 방식을 다룬 연구 역시 많이 이루어져 왔다(Chalufour & Worth, 2004; Erikson, 1972; Hirsch, 1974, Lowenfeld, 1967).

하지만 여기에 중요한 질문이 남아있다. 블록 영역에서 유아가 보여 준 흥미에 따라 교과 내용 지식과 이해를 강화하고 학습 능력 발달을 지지하기 위해 교사는 어떻게 상호작용해야 하는가? 지난 수년간 유아 교사들과 유아의 행동에 내재해 있는 교과 내용을 찾아내는 작업을 해 온 결과, 유아가 사용하고 있는 교과 내용 관련 개념을 유아 스스로 인식하고 생각하도록 돕는 대화 방법에 대해 많이 이해할 수 있었다.

사진 4.3

유아가 블록을 능숙하게 사용할 수 있게 되면서 많은 양의 교과 내용을 직관적으로 다룰 수 있게 된다는 데에는 의문의 여지가 없다. 유아가 길, 좀 더 구체적으로는 차도를 만들고 있는 [사진 4.3]의 예를 보라. 이 사진을 살펴보면, 유아가 지리 교과 내용뿐 아니라 수학적 개념도 활용하고 있다는 것을 알 수 있다. 구부러지거나 반듯한 블록을 가지고 만든 길의 모형은 기하 개념을 반영하고 있다. 유아가 똑같은 길이의 블록을 사용해 우회로를 만들고 작은 정지 푯말로 향하는 길을 만든 것을 보면 측정과 수에 대한 개념이 반영되어 있음을 알 수 있다. 교사가 다가왔을 때, 유아는 길의 끝을 가리켜 정지 푯말에 주의를 기울이게 한 후 "길이 더 이상 없어요."라고 설명하였다.

유아는 이를 설명하면서 자신이 의미하는 것이 무엇인지 교사에게 보여 주기 위해 '운전하고 있었던' 차의 방향을 바꾸어 차도를 따라 돌아왔다. 이 활동에서 유아는 성인에게 구조물을 보여 주고 대화하는 것을 통해 자신이 정지 푯말의 기능과 그 표시가 전달하는 메시지에 대해 이해한 바를 공유하였다. 유아가 자신의 생각을 자연스럽게 나눔으로써 지리와 사회에 모두 해당하는 중요한 주제인 교통 통제 체계와 지역사회에서 지켜야 할 규칙에 대해 한층 더 발전된 대화를 할 수 있었다.

유아가 이해한 것은 부록 E의 '사회 교과 내용social studies content'에 나와 있는 사회학과 심리학에서 첫 번째로 중요한 교과 내용과 연계된다. 그것을 다시 표로 제시하면 다음과 같다.

사회학과 심리학		
핵심 교과 내용	수행 표준 및 행동 지표	
	수행 표준	행동 지표
민주주의 사회의 중요한 속성은 정책과 규칙이 개인의 권리와 집단의 권리 사이에서 균형을 이루게 하는 것이다.	집단 내에서 책임감 있는 구성원이 되는 것의 중요성과 집단이 성공적으로 기능하는데 필요한 표준을 이해한다.	학급 규칙을 세우고 따른다. 신호등에 초록불이 켜질 때까지 기다리는 것처럼 동네에서 지켜야 할 규칙에 대해 이야기 나눈다.

이 장의 앞에서 소개한 [사진 4.2]는 유아가 텔레비전에서 방영된 대통령 선거를 보고 영감을 받아 블록으로 쌓은 백악관을 보여 준다. 이 구조물은 역사 및 지리와 관련된 주제에 대해 더 다양한 대화를 할 수 있도록 한다. 즉, 역사 측면에서는 유아가 국가 지도자의 변화와 게임이나 특별한 학급 활동에서의 대표자의 변화 간에 연결 고리를 만드는 기회를 줄 수 있다. 중요한 공공건물에 국기를 게양하는 것 같은 문화적 관습은 유아가 사는 지역사회에도 그런 건물이 있는지 찾아볼 기회를 제공한다. 또한 지리 측면에서, 백악관과 주변 구조물의 위치를 살펴보는 것은 유아가 사는 환경의 지리적 특성에 대한 토론으로 이어질 수 있다. 이것은 다시 지역사회의 지리적 특성에 대해 더 많이 알아보는 활동으로 확대될 수 있다. 실제로 이 학급에서는 공공 빌딩과 지역 주변의 서비스에 대한 주제로 이어졌다.

[사진 4.1]에서 유아는 블록을 막 '알아가는' 시작 단계에 있었기 때문에 유아가 어떤 정보를 수집하고 있는지 알아내기는 어려웠고, 그래서 교과 내용에 대한 대화를 할 기회도 매우 적었다. 아마 쌓아 올린 블록의 형태에 대해 "네가 기둥 세 개, 구부러진 블록 한 개 그리고 반듯한 블록을

많이 모았구나." 정도로 말할 수 있을 것이다.

유치원에 있는 풍부한 나무 블록 세트와 다양한 소품으로 구성된 블록 영역은 유아가 구조물 짓기 활동에 참여하고 극놀이를 하며 그 모형을 사용해 경험을 재연하는 동안 그들의 생각을 증진시키는 수단의 역할을 한다. 교사가 자동차나 동물 소품을 추가해서 이 영역을 구성하는 것은 종종 유아가 생각을 발전시키고 활용하게 하는 데 영향을 준다.

블록 쌓기 단계

이 장의 도입부에 제시된 사진에서 볼 수 있듯이, 유아는 학습을 위한 수단으로 블록을 사용하는 데, 이때 단계를 거치며 진전을 보인다. 유아가 블록을 사용해 학습할 수 있는 것은 단계마다 다르기 때문에, 교사가 그 단계를 다 알면 유아의 교과 내용에 대한 인식을 강화하기 위해 그들과 상호작용할 때 어디에 초점을 둘 것인지 판단하는 데 도움이 된다. 일반적으로 유아는 교구의 속성에 대해 학습하면서 이 과정을 시작하며, 교구의 속성에 익숙해진 후에는 좀 더 복잡하고 기술적으로 발전된 방법으로 블록을 사용하기 시작한다. 궁극적으로, 블록은 주변 환경의 중요한 부분을 재구성하는 수단의 역할을 하고 이는 결과적으로 유아의 삶에서 익숙한 상황을 나타내거나 익숙한 역할을 하며 유아가 새로운 생각을 계속하도록 이끈다(Fromberg, 1995; Smilansky, 1968; Vygotsky, 1978).

〈표 4-1〉은 블록을 가지고 구조물을 만들어 가는 일반적인 과정과 유아가 각 단계에서 수집할 수 있는 중요한 사실을 보여 준다. 블록을 맨 처음 접할 때부터 유아는 그것의 속성을 비교 및 대조하고 그것의 무게, 모양, 크기의 유사점과 차이점을 발견한다. 그렇게 블록을 조작하면서 측정과 물리적 특성에도 관심을 보인다. 표의 왼쪽에 기술된 블록 쌓기의 각

〈표 4-1〉 블록 쌓기의 단계

블록 쌓기 단계*	학습 내용
블록을 사용할 때 유아가 보이는 행동의 발달	**유아가 블록 쌓기를 통해 수집한 사실**
Ⅰ단계. 모으기와 쌓기 • 블록을 형식에 구애받지 않고 조작하면서 탐색한다. 블록을 이용하여 구성물을 만들지는 않는다. • 모양, 크기, 무게, 밀도, 표면의 감촉과 같은 속성을 확인한다. [사진 4.1] 참조	• 나무로 된 블록은 크기, 모양, 무게가 다양하다. • 폼 블록(Foam blocks, 폴리스티렌질의 포말제 블록)은 나무로 된 블록과 밀도, 무게, 강도, 표면의 질감에서 다르다.
Ⅱ단계. 배열하기와 쌓아 올리기 • 평면에서 가로 또는 세로로 블록의 열을 만들어 본다. [사진 4.4] 참조	• 블록 면의 크기와 표면의 모양 및 그것의 정렬은 수직면의 균형에 영향을 주지만 수평면에는 영향을 주지 않는다.
Ⅲ단계. 울타리를 두르고 다리 만들기 • 옆으로 둘러싸기 • 두 개의 블록을 세우고 그 위에 세 번째 블록을 놓아 다리 만들기 [사진 4.5] 참조	• 다른 위치에서 블록으로 면적을 둘러쌓거나 연결할 때는 길이를 맞춰야 한다. • 낱개 블록의 직선 길이 비율은 1:2:4다. 한 길이의 두 배는 다음으로 긴 길이와 같다.
Ⅳ단계. 수평면과 수직면 위에 복잡한 구조물 만들기 [사진 4.6] 참조	• 모양, 크기, 위치 그리고 블록의 배열은 안정과 균형에 영향을 준다. • 대칭과 패턴의 건축학적 특징은 디자인에 영향을 미친다.
Ⅴ단계. 주변 환경과 유사한 속성 재현하기: 자동차 · 사람 · 동물 소품 사용하기 [사진 4.7]과 [사진 4.8] 참조	• 구조물은 또 다른 것과 구별되는 특별한 속성을 가진다(예, 차도, 집, 농장).
Ⅵ단계. 극놀이를 위한 도구로 구조물과 소품 활용하기: 동물원, 농장, 쇼핑센터, 자동차 등 [사진 4.2] 참조	• 구조물을 극화하고 그것을 이전의 경험을 재현하기 위한 실질적인 소품으로 활용한다. 사회나 과학 교과에서 생활 주제와 관련된 내용으로 활용한다.

* 출처: Hirsch (1974). *The block book*. Washington, DC: National Association for the Education of Young Children, pp. 101–104.

발달 단계는 탐구를 통해 수집할 수 있는 정보의 종류를 보여 준다. 수집한 블록의 속성에 대한 정보는 유아가 구조물을 만들 때 블록을 사용하는 방식에 영향을 미친다. 표의 오른쪽에 기술된 내용은 유아가 직접 해 보고 이해하며 수집한 사실을 보여 준다. 이는 교과 내용과 과정에 초점을 둔 대화를 시작하고 확장하기 위한 실마리를 제공한다.

1단계는 유아가 블록에 대한 기초 지식을 막 알아내는 단계이므로, 교과 내용에 대한 대화는 주로 모양과 크기를 비교하고 똑같은 블록과 맞춰 보는 것에 한정될 수 있다. "좀 더 큰 블록 두 개와 좀 더 작은 블록 두 개를 쌓고 있구나." 또는 "좀 더 큰 블록을 좀 더 작은 블록 옆에 놓았구나."와 같은 말을 예로 들 수 있다.

[사진 4.4]에서 보여 주는 것과 같이 2단계에서 유아는 호기심을 가지고 블록이 서로 어떻게 결합되는지 실험해 본다. 유아는 블록을 앞뒤 또는 양옆으로 나란히 이어 보면서 블록 면의 개수나 그 면적을 알게 되고, 면적의 크기에 따라 면의 개수가 달라진다는 것을 더 잘 알게 된다. 유아는 이미 사용할 수 있는 모든 블록을 다 활용해 보았고 위치를 달리하여 놓아 보기도 했다는 것에 주목해야 한다. 이때 교사가 시작할 수 있는 대화로는 바닥 위에 얼마나 많은 다른 종류의 도형이 배열되어 있는지 또는 도형들이 어떻게 서로 맞물려 있는지 등에 관한 것이 있다. 예를 들어, "아치 모양의 블록을 원기둥 모양의 블록 위에 올려 놓았구나."라고 말할 수 있다.

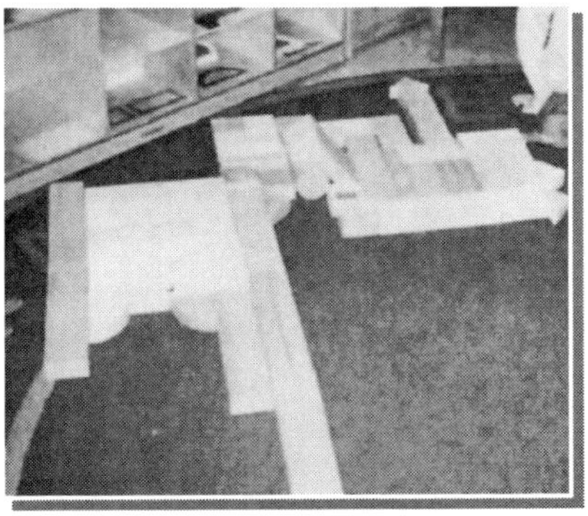

사진 4.4

3단계에서 유아는 위로는 공간을 채워 창문과 유사한 구조물을 만들고, 옆으로는 울타리 같은 모양을 만들었다. 이 단계에서는 동일한 길이와 공

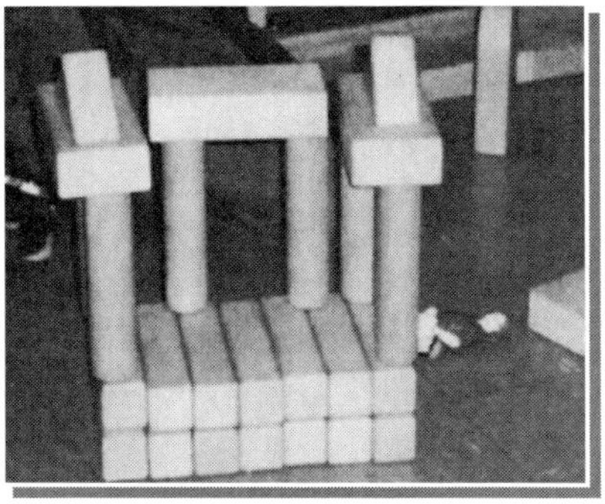

● 사진 4.5 ●

간을 사용하는 것이 훨씬 중요하다. [사진 4.5]는 초보 수준에서 만든 다리 모양의 예다. 이 수준의 대화에서는 양 기둥 사이의 공간이나 거리를 조절하여 다리를 만드는 방법에 초점을 맞출 수 있다. 예를 들어, "날개 블록을 올려놓을 수 있을 만큼 원기둥 두 개를 벌려 세워서 다리를 만들었구나. 세 개의 다리 중 두 개는 위에 또 하나의 블록이 있구나."라고 말한다.

4단계를 표현하는 [사진 4.6]은 잘 만들어진 구조물의 예다. 여기서 구조의 밑 부분을 연결하기 위해 둥근 모형을 사용한 모습을 볼 수 있다. 또한, 두 개의 다리 위에 중간 다리가 놓여 있다. 그리고 공간이 다 메워져 있지 않은 두 개의 울타리가 있고 부분적으로 둘러싸여 있는 듯 보이는 공간은 작은 블록으로 채워져 있다.

● 사진 4.6 ●

대화를 시작하는 도입 부분에서는 두 다리를 만들기 위해 기둥 모양의 블록을 사용한 것, 중간 다리를 만들기 위한 공간 요건 또는 두 개의 길이가 다른 블록을 사용하여 세로로 쌓은 구조물 등과 같은 구조적인 요소에 대해 언급할 수 있다. 유아가 구조물을 만들면서 문제를 해결하는 모습을 교사가 관찰할 수 있었다면, 대화의 시작 부분은 그 과정 및 결과를 언급할 수 있을 것이다. 예를 들어, "기둥 모양의 블록 위에 두 개의 다리를 만든 후 다시 이 다리들을 이용해 중간 다리를 어떻게 만들지 알아내야 했구나! 선생님은 네가 중간 다리를 만들기 위해서 블록들을 서로 가까이 이동시키는 모습을 보았단다."라고 말한다.

● 사진 4.7 ●

5단계에서 구조물은 더 복잡해지고 현실적이게 된다. 유아는 점차 소품 같은 액세서리를 활용하고 여기에 더 많은 의미를 부여한다. 5단계에서 나타나는 극놀이는 종종 유아가 대중매체에서 본 경험이 반영된다. 대중매체의 경험은 행동을 시작하기 위한 발판을 마련해 주지만, 그 이후에도 구조물은 빈번하게 수정된다. [사진 4.7]은 유아가 블록의 패턴을 만들고 나서 구조물 안에 인형을 놓은 후 패턴화시켜 수정한 마지막 단계를 표현한다.

유아는 인형을 놓을 때마다 특정한 가상 행동을 하면서 다른 인형 옆에 순서대로 놓았다. 처음에 유아는 각 칸에 인형을 하나씩 놓은 후 나중에 개수를 각각 두 개씩 더 늘렸다. 여기서 관찰할 수 있는 극놀이는 한정적이었으므로, 유아의 머릿속에 얼마나 많은 극놀이가 진행되고 있는지는 알 수 없었다. 결과적으로, 대화를 시작하는 가장 안전한 방법은 수량과 패턴에 대해 이야기하는 것이다. 즉, "각 칸에 세 개의 인형이 있네." 또는 그 인형과 블록의 배치에 관해서, "각 칸에 두 개의 인형을 놓고, 하나는 앞에 놓았네. 직사각형 블록 위에 하나의 삼각형 블록도 놓았구나."와 같이 말한다.

5단계에서 블록은 흔히 지역사회 빌딩 및 주변 환경과 관련된 현장을 재현하는 수단이 되는데, 이는 유아가 지역사회 내 건물의 관계를 더 잘 이해하는 데 관심이 있다는 것을 반영한다. [사진 4.8]에서 두 유아는 다른 종류의 자동차를 위한 주차장을 만들고자 울타리를 세웠다. 그 과정을 관찰하면 유아가 이 구조물의 상대적 중요도 및 그와 관련된 잠재적 극놀이를 한다는 것을 알 수 있다. 이것은 결과적으로 대화를 시작하기 위해 선택할 수 있는 내용에 대한 실마리를 제공한다. 예를 들어, "여기 둘러싸인 영역에 네 가지 종류의 자동차를 놓았구나. 모두 건설에 쓰이는 차 같아 보이는데, 선생님이 맞았니?" 하고 말하는 것이다.

건축물을 만들면서 균형과 안정을 유지하려면 유아는 수, 기하, 측정의 수학적 관계와 과학적 이해에 관심을 가져야 한다. 문제를 해결하는 과정을 보면 유아가 문제에 대한 직관적 이해와 이를 해결하고자 하는 능력이 있음을 알 수 있다. 유아는 종종 성인을 대화에 초대하는데, 이때 성인은 유아가 생각하고 있는 것을 명확히 해 주고 확장하는 데 도움을 줄 수 있다.

● 사진 4.8 ●

● 사진 4.9 ●

[사진 4.9]에서 볼 수 있듯이, 6단계에서 유아는 궁극적으로 극놀이를 하기 위해 건물을 계획하고 짓는다. 이 사진에서 유아는 쓰레기를 버리기 위해 쓰레기 트럭을 사용하고 구조물을 수리하기 위해 목공 도구를 사용하면서 '쓰레기 공장'이라는 주제로 극놀이를 하고 있다. 이 외에도 사회 교과 내용은 직업의 역할, 지역사회 봉사활동 그리고 빌딩 보수 관리와 같은 개념을 다룬다. 이 단계에서 유아는 실제의 건물보다 극놀이에 더 많은 관심을 보이고 있다. 즉, 간단한 구조물이지만 그것을 정교한 시나리오를 만드는 데 사용할 수 있다는 것이다. 교과 내용에 관한 대화는 사

회 교과 영역과 관련된 극놀이나 주제를 중심으로 이뤄질 수 있다(예, "존은 쓰레기 트럭을 몰고 있고 샘은 쓰레기를 담고 있네. 이건 환경 미화원이 우리 집 도로에 있는 쓰레기를 집어 갈 때와 똑같아.").

〈표 4-2〉 '유아의 블록 쌓기 활동에 내재된 교과 내용'은 유아가 각 블록 쌓기 단계에서 교과 내용의 개념과 학업 기술을 사용하여 탐구할 가능성을 강조한다. 이 표는 교과 내용을 다루는 데 있어 왼쪽 칸의 핵심 개념 및 관련된 어휘와 오른쪽 칸의 탐구 기술 간의 유사점을 보여 준다. 교사는 그 두 개의 블록이 길이가 같다는 사실(내용)을 말할지 두 블록을 나란히 놓아 보며 길이를 비교하는 활동(과정)에 대해 언급할 것인지 지속적으로 선택한다. 다음의 표에서 제시된 핵심 개념은 요약된 것으로, 부록 A-E의 표에서 좀 더 포괄적으로 제시하고 있다. 표에 있는 어휘는 각 단계에서 대화를 무엇으로 시작할지 상기시키는 역할을 한다.

〈표 4-2〉 유아의 블록 쌓기 활동에 내재된 교과 내용

핵심 내용 및 어휘 예시(형용사)	탐구 기술 및 어휘 예시(동사)
I 단계: 모으기와 쌓기 과학 교과 내용: 물건의 속성	
■ 블록의 물리적 특성은 다양하다. 속성: • 동일한 • 비슷한 모양: • 네모난 • 원통형의 • 세모난 • 둥근/납작한 면 측정: • 더 큰 - 더 작은 • 더 무거운 - 더 가벼운 • 더 긴/더 짧은 • 육면의	■ 비교와 분석은 동일하거나 비슷한, 또는 관련된 속성으로의 분류를 가능하게 한다. • 알아내기 • 만지기 • 분류하기 • 집단으로 나누기 • 쌓아 올리기 • 측정하기 • 들어올리기 • (숫자) 세기

<table>
<tr><th colspan="3">II 단계: 배열하기와 쌓아 올리기
과학 교과 내용: 균형과 안정성</th></tr>
<tr><td colspan="2">구조물의 균형과 안정에 영향을 주는 것:
• 다른 크기와 모양의 블록 배치 및 블록의 위치
• 바닥면</td><td rowspan="2">■ 탐색 활동을 할 때 교구를 사용하면 크기, 배치 그리고 균형과 안정성을 위한 위치의 관계를 발견할 수 있게 된다. 반복적인 실험은 일반화하고 예측할 때의 정확성에 도움을 준다.
• 배치하기
• 일렬로 세우기
• 균형 잡기
• 허물기</td></tr>
<tr><td>수학:
• 동일한 길이
• 길이 비율 1–2, 2–4
• 무게
• 모서리
• 가장자리
• 표면/면</td><td>과학:
• 중력
• 안정감
• 균형
• 직선
• 수평
• 수직</td></tr>
<tr><th colspan="3">III 단계, IV 단계: 다리, 울타리, 복잡한 구조물
과학 교과 및 사회 교과 내용: 건축학의 특징</th></tr>
<tr><td colspan="2">■ 구조물은 열린 공간의 개수와 크기가 각기 다르다. 구조물의 내부 공간도 길이, 넓이, 높이가 다양할 수 있다.</td><td>■ 측정 기술을 사용해 열리고 닫힌 공간을 창조해 낼 수 있다.
• 알아내기
• 문제 해결하기</td></tr>
<tr><th colspan="3">V 단계: 주변 환경과 유사한 속성 재현하기
사회 교과 내용: 환경에 있는 구조물, 극놀이를 위한 소품</th></tr>
<tr><td colspan="2">■ 구조물은 기능면에서 다르다.
■ 자연 지리학physical geography은 지역사회 내 땅의 사용을 개념화한다.
구조물의 예:
• 사람이 살고 있는 집
• 우체국
• 정원 용품 가게</td><td>■ 극놀이를 통해 관찰, 아이디어 및 이해한 것에 대해 의사소통하기
■ 이미지를 변화시키기 위한(극놀이를 위한) 도구로 블록과 블록 소품 활용하기
• 가족
• 우편배달부
• 정원사</td></tr>
</table>

<table>
<tr><th colspan="2">Ⅵ 단계: 극놀이를 위한 도구로 구조물과 소품 활용하기
의사소통/문해 및 사회 교과 내용: 극놀이의 발달과 역할 맡기</th></tr>
<tr><td>■ 다른 사람과 의사소통하기 위해서는 공통언어와 적절한 어휘가 필요하다.
■ 다른 사람과 상호작용하는 것은 생각, 인식 그리고 감정을 명확히 하는 데 도움이 된다.
■ 사진, 문자 언어, 그래픽 표상을 활용하는 것은 메시지를 원활하게 소통하는 데 도움을 준다.</td><td>■ 표현 및 수용 언어의 사용 늘리기, 느낀 것 공유하기, 생각 명확히 하기
■ 구조물에 대한 지식을 증진하기 위해 사진과 쓰인 문서를 활용하고 극놀이에서 이야기 늘려가기</td></tr>
</table>

자유 선택 활동 시간 동안 교과 내용 확장하기

우리는 블록 쌓기 단계에 대한 지식과 유아의 블록 쌓기 활동에 내재된 교과 내용을 인식하는 것이 유아의 행동이 포함하는 교과 내용을 확인하고 대화를 시작하는 능력을 향상시키는 데 도움이 된다는 것을 알게 되었다. 우리의 연구에 참여한 교사들은 자신이 교과 내용과 직접적으로 연결되는 대화에 필요한 전략을 사용하는 데 능숙하지 않다는 사실을 발견하였다. 관찰을 통해 유아의 생각을 이해하는 것도 쉽지 않았다. 더불어, 유아의 생각에 대해 이해한 것을 말로 연결하는 것 역시 어렵다는 사실도 알게 되었다. 이 문제를 해결하기 위해 교사들은 블록을 가지고 놀고 있는 유아의 모습을 담은 사진과 영상을 보며 분석하였다. 관찰을 통해 교과 내용이 풍부한 대화를 시작하는, 사용할 수 있는 여러 예시를 만들 수 있었다. 여기서 중요한 것은 유아가 블록과 상호작용하는 모습을 보고 매번 거기서 중요한 요소가 무엇인지 찾아낼 수는 없을 수도 있다는 것이다. 다음은 유아의 행동을 관찰한 후 여러 교과 내용을 연결하기 위해 대화를 시작하는 몇 가지 예다.

길이 측정

블록 쌓기 2단계:
"블록을 이 카펫만큼 길게 늘어놓았구나."

건축학적 특징과 길이 측정

블록 쌓기 4단계:
"말을 위해 만든 마당/축사/울타리가 오리를 위해 만든 것보다 더 크구나."
"빌딩 바닥에 있는 공간을 채우기 위해 모두 똑같은 길이의 블록을 사용했구나."
"빌딩 밖을 둘러싸고 있는 블록은 길이가 전부 같구나."

가족과 지역사회 역할 재현하기

블록 쌓기 6단계:
"이 차고 출입구는 큰 차보다 작은 차에 딱 알맞은 크기구나."

모든 학습과 마찬가지로, 블록 영역에서 유아와 교과 내용에 중점을 두고 대화를 시작하거나 유지하는 능숙함은 실제로 해 보면서 숙련된다. 교사는 이 접근법이 깊이 있는 논의를 불러일으킬 뿐 아니라 블록 쌓기 활동을 확장시킨다는 점을 알게 되었다. 또한, 쌓기 놀이를 하는 동안 교사가 유아의 사고thinking를 피딩(feeding, 정보, 어휘 또는 활동 제공해 주기)하는 데 적극적일수록 그 영역에 있는 교사에 대한 유아의 반응도 변화한다는 것도 발견하였다. 교사는 유아가 무엇을 하고 있었는지, 해결한 문제는 무엇인지, 이제 계속해서 무엇을 할 계획인지 등에 대해 얼마나 빨리 공유하고 싫어 하는지에 놀랐다. 상호작용 안에서 이러한 변화가 유지됨에 따라, 가능한 교과 내용을 어떻게 강화시킬지에 대한 방향이 더 분명해졌다.

블록 영역을 구성하고 이끌기

블록 영역에서 교과 내용을 확장하기 위한 한 가지 방법인 씨딩(seeding, 환경 구성해 주기)은 활동과 토론을 자극하기 위해서 더 많은 재료를 가져다 놓아 그 영역을 활성화시키는 것이다. 〈표 4-3〉은 특정 범주의 소품을 추가하여 얻을 수 있는 결과를 보여 준다. 왼쪽 칸은 구성 활동을 활발하게 하도록 도와주는 구체적인 소품 목록이다. 가운데 칸에는 이러한 소품이 제공될 때 나타나는 전형적인 활동이 제시되어 있다. 마지막으로 오른쪽 칸에는 토론의 한 부분이 될 수 있는 어휘와 더불어 활동 안에 내재된 핵심 개념을 제시하였다. 유아가 보이는 흥미에 따라 사진이나 책 같은 인쇄물 또는 그래픽 재료로 영역을 구성하는 것 또한 쌓기 놀이를 할 때 만들어 볼 수 있는 이미지를 확장하는 기능을 한다.

새로운 교과 내용을 블록 영역으로 가져오기 위한 다른 방법은 현재 진행되고 있는 쌓기와 관련된 새로운 개념을 시도해 보도록 성인이 제안하고 안내하는 형태로 이루어지는 이끌어 주는 활동 즉, 리딩(leading, 발전된 또는 관련 있는 개념으로 확장 · 연계해 주기)이다. 블록 영역에서 리딩 역할의 예로는 유아가 구조물의 안정성을 늘리기 위해 맨 아래 부분을 더 넓히거나 좀 더 안전한 곳으로 옮길 수 있도록 도와주는 것을 들 수 있다.

〈표 4-3〉 교과 내용과 연결된 소품으로 블록 영역 구성하기

I. 소품	II. 전형적인 활동	III. 핵심 개념
크기, 모양, 색깔, 무게가 다른 바퀴 달린 자동차	도로, 다리, 경사길, 터널 안에서 자동차 사용해 보고 만들기	속도, 거리, 방향 등에 영향을 미치는 원동력과 경사의 기울기 **어휘**: 힘, 기울기, 더 빠름-더 느림, 경사, 터널
도로 표지판이나 문과 같은 다른 소품	흥미로운 도로 만들기	교통정리 체제의 필요성 **어휘**: 자동차 이름, 거리, 차도, 도로, 인도(보도), 교차로, 교통정리 표지판
비행기와 선박	공항과 뱃길 만들기	운송수단의 종류 **어휘**: 공항, 활주로, 여객기, 화물기, 배, 예인선, 요트, 해양, 강
건설 중기	공사장 만들기	근로자의 유형 및 차량의 기능 **어휘**: 기중기, 불도저, 덤프트럭, 굴착기, 콘크리트 트럭
사람 모형: • 지역사회 봉사자 • 가족	여러 유형의 사람을 위한 건축 구조 만들기	지역사회 내 건축 구조의 형태 **어휘**: 우체국-우체부, 버스-버스기사, 집-엄마, 이모, 할아버지
동물 모형: • 애완동물 • 가축 • 동물원에 있는 동물	서식지 및 동물 우리 만들기 어미와 새끼 만들기 드라마 상황 만들기	동물의 독특한 속성 동물의 서식지 **어휘**: 외양간, 돼지우리, 개집

블록 영역을 넘어서 교과 내용 확장하기

블록 영역에서 주제를 중심으로 탄력이 붙으면, 이것은 종종 발전된 주제나 생활 주제를 다루는 대집단 활동으로도 이어진다. 활동–기반 프로그램 안에서 생활 주제를 발전시키는 아이디어가 수록된 문헌은 많이 있다(Fromberg, 1995; Katz & Chard, 2000; Scheinfeld, Haigh, & Scheinfeld, 2008).

정해진 생활 주제와 관련된 활동을 하는 동안 나올 수 있는 잠재된 교과 내용을 분석하는 것은 내용을 강화하는 데 있어 아주 중요한 단계다. 유아의 경험과 지식 기반을 확장시키고, 학업 기술을 사용하도록 하는 주제 관련 교육과정의 활동 유형은 현장학습이나 자원 인사에서부터 문헌, 새로운 교구, 프로젝트의 활용까지 다양하다. 유아가 교과 내용을 습득하고 기술을 발전시키는 데 가장 좋은 주제는 흥미 영역에서 다양한 방면으로 새로운 경험을 해 볼 수 있는 주제다. 유아가 어떤 지식과 기술을 내면화시킬지의 여부는 자신이 흥미가 있는 상황에서 새로운 정보를 습득하는 것과 이를 다양한 방식으로 사용하는 것 간의 균형이 결정적인 요인으로 작용한다.

[사진 4.10]은 다리에 대한 생활 주제에서 확장된 구조물의 모습이다. 유아가 다리에 흥미를 보이는 모습을 보고 교사는 2주에 걸쳐 일련의 집단 활동을 하였다. 이 활동에는 다리를 주제로 한 도서 탐색하기, 여러 구조의 다리를 보거나 사진을 찍기 위해 견학 가기, 유아가 만든 다리를 포

유아가 어떤 지식과 기술을 내면화시킬지의 여부는 자신이 흥미가 있는 상황에서 새로운 정보를 습득하는 것과 이를 다양한 방식으로 사용하는 것 간의 균형이 결정적인 요인으로 작용한다.

함하는 구조물 사진 찍기, 다리 구조를 재현하기 위해 미술 교구로 꾸며진 영역 만들어 주기 등이 포함되었다.

두 명의 유아가 다리, 뱃길, 도로 등에 대해 떠오른 많은 생각을 포함하여 구성하는 것을 끝마쳤을 때, “선생님, 보세요. 우리가 만든 다리 좀 봐주세요.” 하며 교사를 초대하였다. 유아들은 이 다리가 차를 위한 것이라고 설명하였다. 교사가 차도에 대해 좀 더 상세한 것을 물어보자, 유아들은 다리 위에 길이 없다는 것을 깨달았다. 그런 다음, 유아들은 다리 위에 있는 블록을 탑이라고 하기로 결정하였다. 다리의 한 쪽에는 강이 지나가고, 다른 쪽에는 길이 있다. 도로 표지에 대한 교사의 물음에 그 건물을 만든 유아 중 한 명이 도로 표지가 있는 이유를 차들이 멈추거나 다리로 돌진하지 않도록 하기 위한 것이라고 설명하였다.

이러한 상호작용에서 교사는 패턴, 숫자, 크기 등에 대한 다른 가능성보다도 유아가 인지적으로나 정서적으로 연결되어 있는 내용에 다가가는 것을 선택하였다. 여기에 나타나 있듯이, 그 내용은 사회 교과, 특히 지리에 대해 좀 더 자세히 다루고 있었다. 이 대화는 유아가 다리의 모습을 구성하는 여러 요소와 이를 만들기 위해 더 필요한 것은 무엇인지, 그 관계에 대한 생각을 명확하게 하는 데 도움을 주었다.

사진 4.10

요 약

유아가 블록 영역에 포함하는 교과 내용을 강화하기 위해서는 대화를 시작하기 전에 가능한 한 교과 내용을 확인하고 선정하는 것에 관심을 집중하도록 해야 한다. 대화를 시작할 때는 정답을 요구하는 단답형 질문을 피해야 하는데, 이는 유아가 자신이 원하는 답을 교사가 알아내려고 노력할 때 행동을 멈추는 경향이 있기 때문이다. 교사가 관찰한 것을 유아와 공유하는 것은 유아가 교사에게 접근하도록 요구하는 기능이 아니라 교사가 유아에게 다가가기 위한 기능을 한다. 일단 대화가 시작되면 그 대화는 유아의 흥미에 따라 흘러갈 가능성이 높고, 바로 이어서 혹은 추후에 교사가 기여할 여지를 주게 된다. 상호작용의 단계는 다음을 포함한다.

- 유아가 흥미 영역에서 스스로 시작한 활동이나 교사가 시작한 활동을 하면서 대화를 통해 사실을 수집하고 조직하도록 지원하기(피딩, feeding)
- 적시에 교구를 추가함으로써 교구 및 또래와의 참여 유도하기(씨딩, seeding)
- 경험과 상호작용을 통해 새로운 교과 내용을 소개하는 교육과정 활동 이끌기(리딩, leading)

유아의 학습 내용을 강화하기 위해서는, 경험을 확장시키는 교사 주도 활동과 이러한 경험을 의미 있게 하기 위해 유아가 스스로 하는 경험 간에 균형을 맞출 필요가 있다.

제5장

물 · 모래 영역에서 교과 내용 강화하기

> 나는 물을 주제로 지도할 수 있는 교과 내용에 대한 생각을 바꾸었다. 물을 탐색하는 과정에는 내가 생각했던 것보다 더 많은 교과 내용이 있었다.
>
> – 어떤 교사의 반성 내용

[사진 5.1]은 유아가 '물을 가지고 놀이하는' 동안 의식적으로 생각하지는 않아도 물과 관련된 교과 내용을 끊임없이 발견한다는 것을 보여 준다. 유아가 발견한 첫 번째 기본 아이디어big idea는 다른 힘이 가해지지 않는 이상, 물은 아래로 흘러내린다는 것이다. 그들이 붓고 또 부으면 물은 항상 아래로 흐른다. 만약 펌프기를 사용한다면, 펌프 통로를 통해 물을 끌어올리는 힘이 가해질 것이고, 힘을 없애면 물은 다시 아래로 흐를 것이다. 유아는 물이 움직이는 방향이 달라진다는 것에 대해 깊이 생각하지는 않지만 충분히 매료되어 있고 그것을 반복하여 경험하려 한다. 하지만 유아들은 펌프기를 통해 물을 끌어올리는 것과 빨대를 통해 물이나 다른 액체를 빨아올리는 것을 연관 짓지는 못한다.

마찬가지로, 유아가 깔때기를 통해 물을 부을 때, 비록 그것에 대해 생

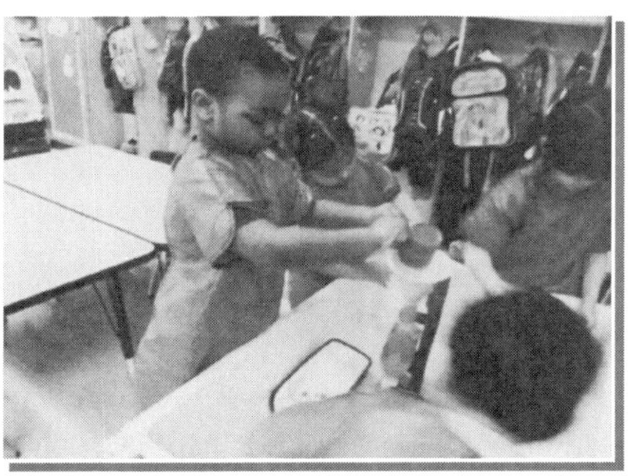

사진 5.1

각하고 있지는 않지만 물이 깔때기의 큰 입구에서부터 좁은 입구까지 이동하는 과정에서 모양이 어떻게 변화하는지 알아차릴 수 있는 기회도 있다. 여기에서 기본 아이디어는 물이 액체로 된 물질이며, 담기는 용기의 모양에 따라 그것의 모양도 달라진다는 것이다. 물이 깔때기 밖으로 흐를 때는 아무런 모양이 없지만, 깔때기 윗부분에 있을 때는 계속해서 변화하는 모양을 가지고 있고, 갈때기를 통과하면서 점점 작아지게 된다.

확실히, 이와 같은 과학적 개념을 성인의 언어로 유아에게 설명하는 것은 의미가 없다. 말로 설명하지 않아도 유아들은 그것을 이해하기 위한 충분한 정보를 발견하고 있다. 우리는 유아가 물체를 가지고 하는 행동과 그것으로 인해 일어나는 일 사이의 관계에 대해 스스로 사고할 수 있도록 격려하는 대화를 통해 이해하는 과정을 지원해야 한다. 이것이 교사가 교과의 핵심 개념을 잘 알아야 하고, 탐구 과정상의 발달 단계에 대해 명확하게 알고 있어야 하는 이유다.

물 · 모래 학습의 발달 단계

물놀이 영역에서 일어나는 학습은 과거에 물의 속성을 경험한 사건—목욕하면서 가지고 놀았던 물놀이 장난감, 손 씻기, 비가 온 뒤 빗물 웅덩이에서 뛰기, 혼합물 만들기—에 더해져서 일어난다. 모래에 대해서도 같은 방식으로 학습하지만 물에 대한 경험에 비해 모래에 대한 경험은 적게 일어나므로 다소 제한적으로 나타난다.

유아가 물이나 모래의 속성을 학습하는 발달적 단계를 정의하는 것은 제4장에서 설명하고 있는 블록 쌓기 단계처럼 정확하고, 연속적이지는 않다. 첫 번째 단계는 물과 마른 모래가 모양이 없다는 것을 발견하는 것을 포함한다. 물과 모래 둘 중 어느 것도 쉽게 손에 쥐고 있을 수 없으며,

아래로 흐르는 특성을 지닌다. 두 번째 단계는 물과 모래가 다른 물체에 영향을 주는 힘을 가한다는 것을 발견하는 것이다. 물과 모래를 움직이면 다른 물체 또한 움직이게 된다. 물에 어떤 물체를 놓으면 어떤 것은 뜬다–물은 부력을 가지고 있다. 모래 침대 위에 물체를 두면, 그 물체가 모래 안으로 조금 파고들어 자리 잡는 것을 볼 수 있다. 세 번째 단계는 제공되는 기회에 따라 각 물질의 독특한 속성을 발견하는 단계다. 예를 들면, 물은 표면 장력을 가지고 있기 때문에 공기 방울을 잠시 머금을 수 있다. 또한 다른 물질에 의해 흡수될 수도 있다. 물에 젖은 모래는 모양을 유지하고, 특정한 모양으로 만들어질 수 있다(Chalufour & Worth, 2005; Hill, 1977; Worth & Grollman, 2003). 물과 모래놀이 영역에서 일어나는 이러한 일들은 물질의 가변성에 의한 것으로, 이것은 다양한 종류의 실험을 가능하게 한다. 물질을 용기에 채우고 다시 비우는 과정 및 한 용기에서 다른 용기로 부어 보는 끝없이 계속되는 경험 이후에 가지게 되는 질문은 대개 탁자 위에 있는 사물이나 사회적 맥락의 영향을 받는다.

이러한 발견은 물과 모래놀이 영역이 어떻게 구성되어 있는지에 따라 큰 영향을 받는다. 물질의 유형에 따라 탐구의 방향도 달라진다. 이 영역에는 유동성 물질을 부어 보고, 담아 볼 수 있는 용기가 항상 구비되어 있다. 또한 물레방아나 뜨고 가라앉기와 같이 다른 것을 움직이는 힘으로 사용할 수 있는 자료 혹은 다른 자료와 결합하여(예, 물감으로 물들이기나 모래 적시기) 속성을 변화시킬 수 있는 자료에 관한 탐색을 유도하는 다양한 도구도 구비되어 있다. 만약 책상 위에 서로 다른 종류의 물질이 많이 구비되어 있다면, 유아가 명확한 목표를 가지고 어느 한 가지와 관련된 실험을 하는 것이 아니라 짧은 시간에 가능한 한 많은 물질을 탐색하고자 하는 모습을 볼 수 있을 것이다. 유아의 탐색 범위를 어느 정도 좁혀 주기 위해 자료를 잘 선정하면 유아는 그 자료에 대해 오랜 시간 탐색할 수 있고, 교사는 대화를 시작할 수 있으며, 유아의 이해가 확장될 가능성도 증가한다. 한편, 영역이 수용할 수 있는 것보다 더 많은 수의 유아가 참여하면 유아들이 자원과 공간을 확보하기 위하여 경쟁하기 때문에 주의가 산만해질 수 있다.

> 유아의 탐색 범위를 어느 정도 좁혀 주기 위해 자료를 잘 선정하면
> 유아는 그 자료에 대해 오랜 시간 탐색할 수 있고 교사는 대화를 시작할 수 있으며
> 유아의 이해가 확장될 가능성도 증가한다.

자유 선택 활동 시간 동안 교과 내용 확장하기

다양한 유아의 실험을 지켜보면서 교사가 주목해야 할 점은 그들이 무엇을 알아차리는지, 그들이 만들어낸 경험을 통해 어떤 이치를 파악하는지 등을 명확하게 알아내는 것이다. 예를 들어, 유아가 물질을 탐색하는 과정에서 깔때기를 바꾸어 붓거나 혹은 깔때기를 한 용기에서 다른 용기로 옮길 때, 입구의 크기를 고려하며 하는 것인지 아니면 깔때기나 용기의 종류와는 상관없이 물과 모래가 아래로 향하는 움직임을 보기 위해 하는 것인지를 알아내야 한다.

[사진 5.2]에 나와 있는 것처럼 한 유아가 물레방아 위로 모래를 붓고 있을 때, 유아가 주목하는 것은 무엇일까? 용기의 입구나 물레방아를 지나가는 모래일까? 아니면 우리가 모르는 다른 무엇을 주목하고 있을까?

무엇에 관심이 있는지 유아가 자발적으로 이야기하지 않는 한, 교사가 할 수 있는 가장 최선은 자신이 알아차린 것을 공유해서 유아가 대화에 참여하도록 하는 것이다. 이 경험과 관련하여 공유할 수 있는 첫 번째 정보는 다음과 같다.

● 사진 5.2 ●

> 무엇에 관심이 있는지 유아가 자발적으로 이야기하지 않는 한, 교사가 할 수 있는 가장 최선은 자신이 알아차린 것을 공유해서 유아가 대화에 참여하도록 하는 것이다.

"모래를 부으니까 물레방아가 돌아가는구나."

유아의 반응에 따라 이 관점은 모래를 붓는 속도와 물레방아가 돌아가는 속도가 비례한다는 개념으로까지 확장될 수 있고 혹은 모래를 붓는 행동과 물레방아가 돌아가는 행동 간의 관계를 '시작–멈춤'을 통해 볼 수도 있을 것이다.

"만약 모래를 더 빨리 부으면 물레방아가 더 빨리 돌아갈까?"

궁극적으로, 유아가 중요하게 여기는 정보는 오랜 기간에 걸친 반복된 실험을 통해 유아들이 이해하게 된 것이다. 관찰하고 정보를 교환하는 과정을 통해 활동에 내재되어 있는 교과 내용은 구체화 되고, 유아가 더 많은 정보를 수집하고 다른 방식으로 활용할 수 있도록 그들의 흥미를 지속시킨다. 『하나의 물방울(*A drop of water*)』(Wick, 1997)과 같은 책의 활용은 수집하는 새로운 정보와 현재 진행 중인 교육과정 경험 사이의 연계를 만드는 과정에서 이루어지는 교사와 유아 간의 대화를 풍부하게 한다.

〈표 5-1〉은 물과 모래놀이 영역에서 이루어지는 활동에 내재해 있는 핵심 교과 내용 개념과 그것과 관련하여 유아가 발견하는 범위 및 물과 모래 모두 액체라는 특성 때문에 나타나는 결과를 제시한다. 왼쪽 칸에는 핵심 교과 내용 개념과 이 개념의 기초에 대한 부가적인 설명이 제시되어 있다. 오른쪽 칸의 수행 표준을 보면, 유아가 이해하는 형태로 핵심 개념을 언급하고 있으며, 이어서 유아가 개념을 활용할 때 보이는 전형적인 행동 지표를 소개하고 있다. 이러한 행동 지표를 통해 교사는 유아가 발견하는 내용이 무엇인지 알 수 있으며, 그 내용을 강화시켜 줄 수 있는 대화를 시작하는 데 도움을 받는다. 또한 교사는 물체, 행동, 경험 간의 관계를 조사하는 유아의 탐구 기술을 증진시키는 데 도움을 받는다. 예를 들면, 교사는 용기가 점점 채워짐에 따라 붓는 양을 점점 줄이는 유아를 관찰할 때(〈표 5-1〉의 핵심 교과 내용 개념 1) 다음과 같이 대화를 시작할 수 있다.

> "그릇이 다 차서 물(또는 모래)을 천천히 붓고 있구나. 넘치지 않게 하려고 그러는 거니?"

관찰하고 정보를 교환하는 과정을 통해 활동에 내재해 있는 교과 내용이 구체화 되고, 유아가 더 많은 정보를 수집하거나 다른 방식으로 그 개념을 활용할 수 있도록 유아의 흥미를 지속시킨다.

〈표 5-1〉 물과 모래놀이 영역: 교과 내용과 표준

<table>
<tr><th colspan="3">물과 모래: 유동성과 움직임</th></tr>
<tr><th rowspan="2">핵심 교과 내용</th><th colspan="2">수행 표준 및 행동 지표</th></tr>
<tr><th>수행 표준</th><th>행동 지표</th></tr>
<tr><td>1. 물과 마른 모래는 고유의 모양이 없다.
■ 비록 모래는 고정된 모양을 지닌 입자로 만들어진 것이지만, 입자 자체가 너무나 작아서 마른 모래는 그것이 담긴 용기 모양에 따라 그 모양이 달라진다.
■ 용기가 가득 찼을 경우, 용기에 모래를 붓는 사람은 모래가 용기 밖으로 떨어지는 양상을 통제할 수 없다.</td><td>물과 마른 모래가 그 자체만의 모양이 없음을 이해한다.</td><td>물과 마른 모래를 서로 다른 크기나 모양의 용기에 차고 넘치도록 부어 본다. 이 경험을 통해 용기가 가득 참에 따라 붓는 속도를 늦춤으로써 물과 모래가 넘치지 않도록 한다.</td></tr>
<tr><td>2. 물과 마른 모래는 방향을 변화시키는 힘이 가해지지 않는 이상 아래로 흐른다.
■ 물과 모래를 위로 움직이기 위해 이동 통로 안의 공기를 빨아들이는 것처럼 직접적인 힘을 가할 수 있다. 물 또는 모래가 움직이는 방향의 길을 위로 향하게 함으로써 간접적인 힘을 가할 수도 있다. 공기를 불었을 때 그 공기는 물 또는 모래가 표면을 따라 수평으로 움직이게 하는 힘이 될 수 있다. 가해지는 힘이 클수록 움직임은 빨라진다.</td><td>물과 마른 모래가 움직이는 방향을 변화시키기 위해 특정한 행동이 가해지지 않는 이상 물과 모래는 아래로 움직인다는 것을 이해한다.</td><td>빨대, 스포이트와 같은 도구를 활용하거나 미는 것과 같은 행동을 함으로써 물과 모래가 움직이는 방향을 바꾸는 실험을 할 수 있다. 물 또는 모래가 움직이는 방향을 의도적으로 바꾼다.</td></tr>
</table>

3. 물과 모래가 움직이는 속도는 그것이 이동하는 통로의 크기와 가해지는 힘의 특성 및 방향에 따라 다르다.	물과 모래가 움직이는 속도는 이동 통로의 크기, 가해지는 힘의 강도 및 방향에 따라 다름을 이해한다.	물과 모래가 서로 다른 크기의 통로를 통해 움직일 때 그 속도를 비교하고 대조한다. 서로 다른 크기의 붓는 용기 또는 깔때기를 사용하거나 펌프를 사용할 때 가해지는 힘의 속도를 달리 함으로써 속도에 대한 통제를 시도한다.
4. 물 또는 모래를 움직이는 것은 다른 물체를 움직이게 하는 힘이다.	물과 모래를 움직이게 하는 힘은 다른 물체 또한 움직이게 할 수 있음을 이해한다.	물과 모래가 다른 사물(예, 물레방아)을 움직이는 힘이라는 것을 알 수 있는 실험한다.
5. 물과 모래가 섞이면 두 물질의 물리적 특성 중 일부는 변화한다.	물과 모래가 섞이면 두 물질의 물리적 특성 중 일부는 변화함을 이해한다.	젖은 모래를 만질 때, 젖은 모래와 마른 모래의 질감에 대해 이야기하고 조사한다. 마른 모래를 변화시키기 위해 물을 더하는 실험을 한다. 모래에 물을 더하는 실험을 통해 물과 모래의 모습이 변화하는 것을 알아차리게 된다.
6. 물과 모래의 부피를 측정하는 도구가 있다.	부피를 측정하는 도구가 있음을 이해한다.	계량스푼 혹은 계량컵, 계량 용기 등 측정할 수 있는 도구를 활용해 용량/부피를 비교하고 조사한다.

만약 교사의 말에 유아가 반응한다면, 교사는 유아에게 용기가 다 채워진 후에도 계속 부을 경우 물/모래가 옆으로 넘쳐흐르게 될 것이고, 그것이 정해진 모양 없이 탁자 위에 쏟아질 것이라는 개념을 계속 지도할 수 있을 것이다. 대화의 기능은 유아가 발견한 것에 대해 이야기할 수 있는 언어를 제공하는 것이고, 더 나아가 추후 실험을 통해 확인하도록 격려하는 것이다. 추후 소리 내어 생각해 보기나 질문하기에는 다음과 같은 내용을 포함할 수 있다.

대화의 기능은 유아가 발견한 것에 대해 이야기할 수 있는 언어를 제공하는 것이고, 더 나아가 추후 실험을 통해 확인하도록 격려하는 것이다.

> "그릇 밖으로 물/모래가 쏟아져 나올 때 그것이 항상 아래로만 떨어질까?"

물이 움직이는 방향을 바꾸는 도구를 가지고 실험하는 유아를 관찰할 때 사용할 수 있는 확인 문구의 예시는 다음과 같다(〈표 5-1〉의 핵심 교과 내용 개념 2).

> "펌프를 누르니까 물이 위로 올라간 후 수조의 입구로 나와서 아래로 떨어지네."

만약 유아가 더욱 상위 수준, 즉 펌프질의 속도와 물의 움직임 속도를 연결 짓기 시작하는 수준에서 실험을 하고 있다면, 대화는 다음과 같을 것이다(〈표 5-1〉의 핵심 교과 내용 개념 3).

"네가 펌프질을 빠르게 할수록 물도 더 빠르게 나오네. 너도 알고 있었니?"

유아가 물을 위쪽으로 움직이고자 할 때, 펌프에 비해서 스포이트는 사용하기 힘든 도구다. 물의 방향과 관련하여 유아의 행동을 조정할 때 가끔은 직접적인 교수 방법을 사용할 수도 있다. 교사는 다음과 같이 유아에게 도구를 소개하는 것으로 시작할 수 있다.

"스포이트를 물속에 넣어 보렴. 위쪽을 꽉 쥐었다가 힘을 빼면 물이 위로 올라오는 게 보일 거야. 스포이트를 물 밖으로 꺼내고, 다시 한 번 꽉 쥐어 보렴. 그러면 물이 떨어지는 것을 볼 수 있을 거야."

유아가 그 관계를 이해했다면, 교사는 물러서서 관찰을 하면 된다.

"와! 저것 좀 봐. 물을 위아래로 움직이게 할 수 있구나."

교사들은 물놀이대와 모래놀이대에서 교과 내용을 강화하기 위해 노력했던 경험이 블록 영역에서 교과 내용을 강화하기 위해 그들이 했던 경험과 유사하다는 것을 알게 되었다. 각 상황에 적절한 도입의 말이나 추후 대화를 위한 말을 만들어내는 것은 교사가 생각하는 것만큼 쉽지 않았다. 그것은 이 영역에서의 행동과 연결되어 있는 교과 내용 개념의 범위에 대해 교사가 잘 모르는 경향이 있기 때문이다. 대화를 시작할 때 사용할 수 있는 말을 미리 계획하는 연습을 하면 이런 접근법에 익숙해진다. 그러면 교사는 다양한 가능성 중에서 선택하고, 유아의 반응에 기초하여 대화를 수정할 수 있게 된다. 경험이 늘어남에 따라 유아가 만들어낼 만한 개념을 생각해 보고 실험해 보는 일이 보다 쉬워졌다. 〈표 5-1〉에 제시되어 있는 주요 교과 내용과 표준을 잘 알게 되면서 물과 모래 영역에서 대화를 시작하고 지속하는 능력이 생겨났다. 이 목록에 있는 항목들은 부록 A '물리 과학'의 교과 내용 표와 직접적으로 연관되어 있다. 교사들은 물과 모래를 주제로 한 교과 내용을 이해하는 과정에서 이미 알고 있었던 내용이라 생각했는데 모르는 것이 너무 많았기 때문에 계속해서 놀랐다.

교사들은 자신이 과거에 유아와 상호작용할 때 이미 축적하고 있었던 내용 지식을 그다지 많이 사용하지 않았음을 깨닫게 되었다.

교사들은 물과 모래를 주제로 한 교과 내용을 이해하는 과정에서 이미 알고 있었던 내용이라 생각했는데 모르는 것이 너무 많았기 때문에 계속해서 놀랐다.

구조화된 학습 기회

물과 모래 영역에 대한 유아의 관심과 관련된 대화를 통해 유아의 학습을 지원하고 교사가 계획한 학습 기회teacher-shaped learning opportunity를 제공하면 교과 내용을 강화하고 표준을 달성하는 데 도움이 된다. 다음에 소개하는 사례는 그와 관련된 가능성을 보여 준다. 첫 번째 사례는 환경 구성 전략(씨딩, seeding), 즉 탐구를 촉진하는 데 도움이 되는 자료를 소개하는 전략을 사용했다. 그 자료들은 물의 유동성을 더 잘 이해할 수 있는 정보를 발견하도록 자극을 준다. 두 번째 사례는 교실 안의 각기 다른 영역에서 일어난 구조화된 활동 및 용기의 모양대로 물이 담기는 것에 대한 개념과 관련이 있다. 세 번째 사례는 부록 A의 물과 관련된 교과 내용 표에서 자세하게 기술하고 있는, 물의 다른 속성 중 하나인 부력에 대해 유아의 생각을 자극할 수 있는 대화를 기술하고 있다. 네 번째 사례는 모래에 물이 닿으면 유동성이 떨어진다는 사실을 발견하는 것에 초점을 맞추고 있다. 그리고 다섯 번째 사례는 공기를 움직여서 물을 움직일 수 있다는 것과 물에 표면장력이 있다는 것을 다루고 있다. 또한 여섯 번째와 마지막 사례는 부록 A에서 제시하고 있는 혼합물에 대한 핵심 내용을 다룬다.

사례1

핵심 교과 내용: 물은 액체로서 그 자체의 모양을 가지고 있지 않다.

집단 활동 시간에 교사는 유아들에게 물놀이 영역에 추가될 네 개의 도구인 여과기, 구멍 뚫린 국자, 어망, 체를 보여 준다. 교사는 각각의 도구와 관련된 유아들의 사전 경험을 이끌어 냈다. 그리고 교사는 각 도구에 물을 부으면 어떻게 될지 유아들과 생각을 공유하고 그들이 호기심을 갖도록 유도한다. 그런 다음 교사는 물놀이 영역 내에 도구를 비치해 둘 것임을 알려서 유아가 그것을 활용해 실험할 수 있도록 한다.

물놀이 영역에서 두 명의 유아가 전형적인 '물놀이' 활동에 몰두하고 있다. 그들은 다양한 용기에 물을 넣었다 뺐다를 반복하다가 교사가 새로 내어 준 도구를 가지고 실험하기 시작했다. 유아들은 계속해서 어망, 구멍 뚫린 국자, 여과기, 체를 이용하여 물을 담아 보려고 했다. 그들은 새로운 물체에 물을 쏟고 난 결과를 시험하기 시작했다. 결국 한 유아가 여과기를 물속에 놓고 다음과 같이 말하며 자신의 활동을 극화하는 모습을 보였다.

"내가 수프를 만들었어."

근처에 있던 교사는 수프의 맛을 볼 수 있을지 질문하는 것으로 반응하였고, 유아는 교사를 향해 여과기를 들어올리면서 맛을 보여 주려 했지만, 체에는 수프가 없었다.

교사는 수프에 무슨 일이 일어났는지 질문하였고, 유아는 바로 여과기를 물에 넣은 뒤 손가락으로 가리켰다. 교사는 이 상황을 다음과 같이 정리하였다.

> "지금은 수프가 보이네. 그런데 네가 여과기를 들어 올렸을 때는 수프가 구멍을 통해 빠져 나간 것 같아. 넌 어떻게 생각하니?"

교사가 떠나고 난 뒤 그 유아는 여러 번 시험해 보았다. 그러는 동안에 교사는 여러 가지 색깔의 작은 나무 블록을 가지고 돌아왔고, 그것들을 물에 넣으면서 다음과 같이 말했다.

> "여기 수프에 넣을 채소 몇 가지를 가져왔어."

유아는 즉시 그것들을 사용하면서 다음과 같이 말했다.

> "나는 야채수프를 만들고 있어요. 이제 준비되었어요."

다시 한 번 유아가 여과기를 들어올렸을 때 물은 또다시 빠져나가고 말았다. 교사는 다음과 같이 반응해 주었다.

> "물은 어디 갔지? 야채만 보이는데?"

유아는 여러 번 물을 담으려고 노력했고, 물은 계속해서 여과기에 있는 구멍을 통해 빠져나갔다. 교사는 질문을 발전시켜 가며 다음과 같이 말했다.

"어떻게 하면 수프와 야채를 같이 담을 수 있을까?"

여러 번 시도한 뒤에 유아는 물을 병 안에 부으면서 교사에게 말했다.

"선생님, 수프가 준비되었어요."

물을 맛보면서 교사는 말했다.

"수프를 구멍이 나 있는 여과기가 아닌 병 안에 옮기니까 이제야 수프를 담을 수 있게 되었구나."

이 경우, 유아는 문제를 해결하였다. 그러나 유아가 물과 같은 액체와 그것을 담아둘 수 있는 용기 사이의 연결 고리를 일반화하기 위해서는 그와 관련된 더 많은 경험과 대화가 필요할 것이다.

사례2

핵심 교과 내용: 물은 그것을 담고 있는 용기의 형태를 띠는 액체다.

다음은 한 교사가 물의 유동성에 초점을 두고 시작한 새로운 활동을 소개하는 보고서다. 교사의 목표는 유아가 서로 다른 모양의 용기에 물을 부어 보면서, 물이 그것을 담는 용기의 형태를 띠게 된다는 것을 인지하도록 돕는 것이었다. 두 명의 유아가 물놀이 영역에서 이 활동을 시작하였다. 서로 다른 모양 및 용량의 용기, 물, 작은 병, 깔때기 그리고 교사와 유아가 만든 여러 가지 색의 물이 준비되었다. 두 유아는 별다른 말 없이 색이 있는 물을 서로 다른 모양의 용기에 붓기 시작했다. 첫 번째로 제이콥([사진 5.3]에는 나오지 않는 유아)의 결과가 관찰되었다.

제이콥: (원통형 용기에 물을 담으면서) "내 물은 키가 커."

이후 몇 번의 실험을 더 해 본 뒤 제이콥은 특정 모양을 가진 용기를 요구하기 시작했다.

제이콥: "네모 모양 주세요."
교사: "네가 물을 네모 모양 용기에 담으니까 물이 네모처럼 보이던걸."
마리아: (원통형 용기를 가리키며) "내 것은 꼭대기에 동그란 모양의 물이 있어."

유아들은 자신이 관찰한 내용을 공유하기 위해 교사가 제공한 언어를 점차 많이 사용하면서 물의 모양과 관련한 대화와 활동을 늘려 갔다.

사진 5.3

마리아: (앞에 있는 용기에 더 많은 물을 부으면서) “나는 네모 모양을 만들 수 있어.”

교사: “어떻게 물의 모양을 계속 바꾸었니?”

마리아: “네모 모양을 이용해야 해요. 그러면 그 물은 이제 네모 모양이 돼요.” (책상 반대편에 있는 용기를 가리키며) “저것으로는 동그라미 모양을 만들 수 있어요.”

교사: (제이콥에게) “물을 네모 모양으로 계속 둘 수 있을까?”

제이콥: (웃으며) “아니요. 물 모양은 변해요.”

교사: “그럼 어떻게 하면 네모 모양으로 계속 만들 수 있을까?”

마리아: “물을 얼음 덩어리로 만들면 되죠.”

제이콥: “냉동고에 넣으면 돼요.”

교사: “물을 책상 위에 놓아 두면 네모 모양으로 남아 있을까?”

마리아와 제이콥: “아니요. 물 모양은 계속 변해요.”

제이콥: “만약 선생님이 모양을 바꾸고 싶으면 그릇의 모양을 바꾸면 되지요.”

이 일화에서 교사는 물의 모양을 생각해 보도록 하였고 유아들은 이를 곧바로 받아들였다. 그들은 교사가 언급하기 이전부터 물의 모양에 대해 이야기하고 있었기 때문에 교사는 특별히 물의 모양에 대해 물어볼 필요가 없었다. 즉, 일화에 등장하는 두 유아가 물의 모양을 생각해 보는 것에 매우 빠르게 반응했기 때문에, 교사는 물의 형태를 바꾸기 위해서 어떻게 하는 것이 필요한지, 물이 담겨 있는 용기의 모양과 관계없이 물의 모양을 유지할 수 있을지에 대해 생각하도록 유아를 격려할 수 있었다.

교사는 그 경험을 떠올리면서 그러한 초기 활동이 유아가 모양에 대한 단어를 사용하는 데 변화를 일으켰음을 깨달았다. 유아는 자신이 만든 물의 모양에 다른 사람의 주의를 유도하였고, 모양이 바뀌는 것에 대해 이야기하기 시작했다. 학급 내의 점차 많은 유아들이 이 교구를 사용하는 경험을 갖게 되자, 유아들은 학급 내의 다른 곳에서도 물의 모양에 대해 이야기하기 시작했다.

이 경험 이후에 교사는 담는 용기에 따라 물의 모양이 변화한다는 개념을 동료 교사와 논의하기 이전에는 그것이 중요한 교육과정이 될 수 있다는 것을 전혀 생각하지 못했을 것이라고 회상하였다. 더 나아가 교사는 교구의 선택이 유아로 하여금 계획된 활동에 집중하도록 자극하는 데 매우 중요하다는 것도 깨달았다. 이 활동의 성공에 대한 자기 평가에서 그 교사는 물에 색을 타는 것, 제한된 종류의 용기를 선택하는 것, 활동에 참여하는 인원을 제한하는 것이 중요한 요인이라고 생각했다.

사례3

핵심 교과 내용: 물에는 부력이 있다. 어떤 물체는 물속에서 뜨지만, 다른 것들은 가라앉는다.

물의 부력에 매료되는 것은 어렸을 때부터 시작되며 수년간 지속된다. 유아는 사물 그 자체와 행동에 초점을 두지 물의 속성에 대해 생각하지는 않는다. 물에 뜨는 것과 물에 가라앉는 것에 대한 실험을 통해 어떤 물체는 뜨고 어떤 물체는 가라앉는다는 것을 발견한 유아는 아래로 향하는 힘의 정도를 다르게 하기 시작한다. 이것은 물에 떠 있는 물체를 바꾸어 보거나, 몇몇 물체를 더하고 빼 보거나, 하나는 뜨고 하나는 가라앉는 물체 두 개를 쌓아 보거나, 물체의 모양을 바꾸는 방법 등으로 시도해 볼 수 있다. 유아의 관점에서는 물체의 모양을 바꿈으로써 부력을 더하거나 줄이는 것이 무게를 늘리거나 줄임으로써 부력을 변화시키는 것보다 신기하게 느껴진다. 그러나 물체의 모양을 바꾸는 것은 스카프를 가지고 실험하는 것과 유사하다. 즉, 스카프를 펼친 뒤 허공에서 떨어뜨리면 천천히 떨어지고, 그 후에 스카프를 공에 묶어 떨어뜨리면 바로 바닥으로 떨어지는 실험에서 볼 수 있는 현상과 유사하다. 이번 사례는 교사가 물에 가라앉는 몇몇 물체를 뜨게끔 만들 수 있다는 개념에 주목할 때 어떤 일이 일어나는지 묘사하고 있다.

다양한 물체를 가지고 어떤 것이 물에 뜨고 가라앉는지 실험하기 시작할 즈음에 호세가 말했다.

> "제 생각엔 모든 큰 물건은 뜰 수 있을 것 같아요."

교사는 그의 예측이 맞는지 검증하기 위해 더 많은 물체들을 사용하여 실험을 계속하도록 격려했다. 호세는 큰 돌을 골랐고 그것은 가라앉았다. 그런 뒤 호세는 자신이 관찰한 경험을 공유했다.

> "어떤 것은 뜨고 어떤 것은 가라앉아요."

호세가 지난 몇 주 동안 이 개념을 가지고 수차례 고민하는 것을 보았기 때문에, 교사는 어떻게 하면 결과를 바꿀 수 있을지 생각해 보도록 옆에서 도와주었다. 그래서 그는 호세의 생각이 변하는 것을 지켜본 후 문제를 제기하였다.

> "큰 것들은 모두 뜰 것이라던 네 생각에 변화가 생겼구나. 어떻게 하면 그 큰 돌을 물에 띄울 수 있을까?"

호세는 여러 번 다시 시도해 보았고 다음과 같이 말했다.

"그냥 계속 가라앉아요."

이 시점에서 교사는 새로운 가능성을 소개해 주었다.

"그래? 저기 큰 블록과 사각형이 물에 떠 있네. 저것들을 이용해서 문제를 해결해 볼 순 없을까?"

교사는 유아 스스로 실험해 볼 수 있도록 자리를 떠났다. 유아는 블록과 돌멩이를 한동안 지켜보더니 머뭇거리면서 돌멩이를 블록 위에 올려놓았다. 그러고는 웃으면서 지켜보았다. 그는 이 행동을 여러 번 반복했다. 수 분이 지난 뒤 그는 교사를 부르며 말했다.

"내가 해냈어요."

교사가 대답했다.

"항상 가라앉던 그 돌멩이를 블록 위에 놓았구나. 블록이 돌을 싣고 있어서 가라앉지 않게 되었네."

호세는 교사를 보며 말했다.

"오, 예!"

교사는 호세가 계속해서 실험을 할 수 있도록 자리를 비켜 주었고, 호세는 가라앉는 다른 물건들을 가지고 와 떠 있는 블록 위에다 올려놓는 것을 반복하였다. 이후에 호세는 물건들을 '가라앉는 것'과 '뜨는 것'으로 구분 지었다.

교사는 자신이 준 정보를 가지고 문제를 해결해 나가는 유아의 능력에 감탄했다. 다음 단계로 교사는 유아들에게 서로 다른 재질로 만들어진 다양한 크기와 모양의 배를 제공하기로 하였다. 또한 교사는 색깔 찰흙과 같이 유연한 재질의 물체를 유아들에게 제공함으로써 물건의 형태 변화에 따른 부력의 변화를 실험해 볼 수 있도록 하였다.

사례4

핵심 교과 내용: 물은 모래의 물리적 성질을 변화시킨다.

유아는 젖은 모래와 마른 모래의 속성이 다르다는 것을 재빨리 인식한다. [사진 5.4]는 한 유아가 젖은 모래는 쏟아버릴 수 없다는 것을 발견하는 장면이다. 젖은 모래와 마른 모래의 속성을 비교하기 시작한 유아를 관찰한 교사는 그 상황에 대해 놀라움을 표시하면서 대화를 시작하였다.

"이것 좀 봐. 우와! 모래가 체에서 떨어지지를 않네. 여기 그냥 붙어 있어. 선생님 생각에는 만약 저것이 마른 모래였다면 저렇게 붙어 있지

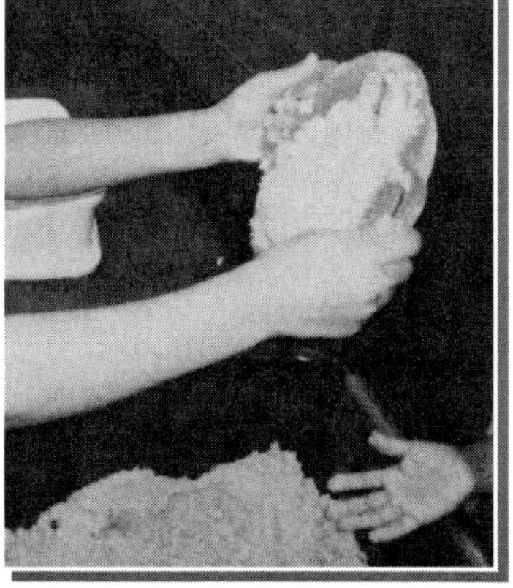

● 사진 5.4 ●

> 않을 것 같은데, 너는 어떻게 생각하니?"

유아가 손으로 젖은 모래를 그릇에서 떼어내려 할 때, 모래의 속성 변화에 주목하는 또 다른 시도는 다음과 같이 나타날 수 있다.

"네가 이 모래를 그릇에서 떼어낼 때 네 손에 모래가 묻어 있는 걸 보았단다."

만약 유아가 말로 혹은 손을 털어내는 동작으로 반응을 했다면, 젖은 모래와 마른 모래의 차이를 명확하게 보여 주는 대화는 다음과 같았을 것이다.

> "어제 네가 마른 모래를 만졌을 때 그 모래가 네 손에 묻어 있는 것을 본 기억이 없는데, 넌 혹시 기억나니?"

이 시점부터 교사와 유아는 젖은 모래와 마른 모래를 더 많이 비교하고, 모래가 흐르는 유체와 같은 특성을 지녔을 때와 아닐 때 유아가 무엇을 할 수 있을지에 대한 차이점에 대해서도 이야기한다. 어휘는 '끈적끈적한' '푸석푸석한'과 같이 질감을 표현하는 단어와 '모양 만들기' '반죽하기' '붓기'와 같이 동작을 의미하는 단어로까지 확장된다.

교사의 이러한 초기 대화는 유아에게 자신이 유체와 비유체 물체를 가지고 놀았던 경험을 통해 얻은 정보를 비교하고 대조하며 구조화하도록 자극하는 기능을 한다.

물 위에 떠 있는 구슬을 빨대로 불어 움직이게 하는 것과 같은 교사가 제공한 활동을 통해 유아는 다양한 종류의 새로운 발견을 할 수 있게 된다.

사례5

핵심 교과 내용: (1) 물은 표면장력이 있다. 물은 물방울 모양으로 뭉쳐진다. (2) 공기의 움직임은 곧 물체를 움직이는 힘이 된다.

한 교사가 물과 빨대를 이용한 실험을 하기 위해 네 명의 유아를 초대하였다. 교사는 각 유아에게 빨대를 준 뒤, 빨대 한 쪽을 입에 물고 공기를 불 때 공기가 반대쪽 끝으로 나오는지 손바닥을 대어 느껴 보게 하였다. 그런 뒤, 빨대를 세게 또는 약하게 불어 보고 나서 그 차이점을 느껴 보도록 하였다. 교사는 각 유아 앞에 기름종이를 두고 그 위에 물을 몇 방울 떨어뜨린 뒤, 빨대로 불어 물방울들을 움직여 보게 하였다([사진 5.5]). 유아들은 곧바로 결과에 흥분하였다.

> "이거 봐! 이거 봐! 움직여!"
> "이젠 더 빨리 움직여!"
> "내 물방울은 도망가 버렸어!"

유아들을 관찰하고, 그들의 대화를 들은 뒤에 교사는 자신이 관찰한 것을 공유하였다.

● 사진 5.5 ●

"모두가 빨대를 통해 공기를 부니까 물방울이 움직이네. 어떤 물방울은 굉장히 빨리 움직이고, 어떤 물방울은 천천히 움직이네. 어떻게 이런 일이 생길까?"

유아들은 빨대로 바람을 세게 부는 것과 약하게 부는 것에 대해 이야기했고, 무엇이 그렇게 만드는지 이야기하며 서로의 관심을 끌었다. 교사는 바람을 세게 불수록 물방울이 더욱 빠르게 움직인다는 것에 대해 유아들이 대화하는 것을 들을 수 있었다. 교사는 유아에게 속도를 얼마나 조절할 수 있는지, 얼마나 천천히 물방울을 움직이게 할 수 있는지, 점차 더 빠르게 움직이게 할 수도 있는지를 알아보도록 격려하였다. 한 여아가 빨대를 이용하지 않고도 물방울을 움직일 수 있는지 실험하기 시작했다. 공기를 움직이는 것이 물체를 움직이는 하나의 힘으로 작용한다는 이 개념은 유아의 경험상 새로운 것이 아니었지만, 힘과 속도, 거리 간의 관계를 공식화하는 것은 대부분의 유아에게 어려웠다. 부록 A에서 '움직임의 물리적 법칙'이라는 제목의 표를 보면 핵심 교과 내용과 행동 지표가 제시되어 있다.

실험이 계속되는 동안, 한 유아가 두 개의 물방울이 합쳐지는 것을 보면서 놀라움을 표현했다.

"어? 어디 갔지? 내 물방울이 사라졌어요!"

이 단계에서 교사는 유아에게 물방울이 사라져서 어디로 갔는지 알아보도록 격려하는 전략을 선택하였고, 다른 물방울도 같은 방식의 실험을 해 보도록 하였다. 교사는 왜 두 물방울이 합쳐져서 더 큰 물방울이 생기는지를 설명해 주는 것, 즉 물의 표면장력에 초점을 맞추는 것은 유아에게 너무 이르다고 결정하였다.

사례6

핵심 교과 내용: 물질이 물에 녹으면 물과 물질 모두의 물리적 성질이 변한다.

다음은 유아가 물질을 섞을 때 나타나는 결과를 발견해 가는 과정을 관찰한 사례다. 교사는 관찰 결과를 평가하여 대화를 시작하고 확장하기 위한 초점을 결정할 뿐만 아니라 추가적인 경험을 계획할 수 있다.

관찰 기록: 브렛([사진 5.6])

- 혼합물을 이용하여 실험할 수 있도록 마련된 책상에서 여러 가지 혼합물을 만들고 있다.
- 노란색 물에 파란색 물을 부은 뒤 그것을 저으며 "이것 좀 보세요. 초록색이 만들어졌어요."라고 말한다.
- 다른 물컵에다 기름 한 숟갈을 넣고 섞는다. 기름이 녹는 것처럼 보

● 사진 5.6 ●

이다가 표면으로 올라와 한 층을 만들자 "이것 좀 보세요. 기름이 위에 떴어요." 라고 말한다.

- 물컵에 소금 한 숟갈을 넣고 섞는다. 소금이 녹아 감에 따라 물이 약간 흐릿해졌고, 브렛은 "이것 좀 보세요. 소금이 없어졌어요." 라고 말한다.
- 또 다른 물컵에다가 모래를 한 숟갈 넣고 섞는다. 그리고 "여기요! 모두 가라앉았어요. 아직도 보여요!" 라고 말한다.
- 다른 물컵에 다양한 색의 가루 물감을 넣고 섞는다. 가루 물감이 처음에 잠깐 물 위에 뜬 뒤, 가라앉기 시작하는 것을 보고는 아무 말이 없다.
- 몇 분 뒤 자리를 떠나면서 변화를 발견한다. "이것 좀 보세요. 내가 물을 분홍색과 파란색으로 변하게 했어요."

이 관찰 내용을 분석해 보면 브렛이 어떤 물질들은 물과 섞일 때 사라진다는 사실을 발견하는 과정을 볼 수 있다. 다른 물질들은 그렇지 않은 것도 있다. 그가 수집한 사실은 다음과 같다. (1) 서로 다른 두 가지 색의 물을 섞으면 새로운 색이 나온다. (2) 기름을 물에 넣으면 섞이지 않는다. (3) 소금은 사라진다. (4) 가루 물감은 처음에는 뜨고 이후에 일부분 사라지면서 물의 색깔을 바꾼다. 이 시점에서 그는 용해에 대한 다양한 정보를 수집했다. 그는 아직 어떤 물질이 물에 녹으면 그 물질과 물 모두의 특성이 변화한다는 핵심 개념을 이해하지는 못했다. 이 분야에서의 추가적인 핵심 개념은 부록 A의 '물질' 부분에 제시되어 있다.

이후의 대화에서 교사는 다양한 혼합물을 서로 비교하고 대조해 보는데 초점을 맞추기로 하였고, 그중에서도 특히 물에 추가된 물질에 어떤 일이 일어나는지에 초점을 맞추기로 했다. 교사는 책상 위에 있는 다른 물질 중 '설탕'을 선택하고, 그것을 물에 섞으면 어떤 일이 벌어지는지 보기로 했다. 브렛은 설탕을 소금과 같은 것이라 생각했고 그것 역시 녹아서 사라질 것이라 예측했다. 브렛은 조약돌을 보고는 모래와 비슷하게-가라앉고 녹지 않을 것이라-예측했다. 교사는 열을 가하지 않는 요리 활동을 통해 이 혼합물에 대한 활동을 확장하기로 계획했다. 그 이유는 열을 가하지 않기 때문에 맛보는 활동을 안전하게 진행할 수 있고, 몇몇 물질이 섞임에 따라 맛 또한 변화한다는 것을 발견할 수 있기 때문이다.

요 약

모래와 물의 유동성은 유아의 관심을 오랫동안 끌며 지속시킨다. 유아가 물질을 조작하는 과정 중에 느끼는 매력은 교사에게 유아가 알아내는 교과 내용을 강화하도록 한다. 유아의 행동을 관찰하고, 그들의 대화에 귀기울이는 것은 교과 내용과 관련된 대화를 시작하는 데 필요한 정보를 제공해 주며, 유아가 유체의 속성에 대한 다른 조사를 할 때 이를 발전시킬 수 있는 추후 활동을 계획하는 데 도움이 된다. 유아가 쏟아붓고, 섞고, 형태를 만드는 활동을 함에 따라 무엇을 발견하는지에 대한 대화는 그들이 정보를 수집하는 것을 도와주고, 유체 물질의 모양과 움직임을 조절하는 방법에 대한 이해를 구성하게 하며, 그와 동시에 그들이 참여하고 있는 활동을 지원하는 역할을 한다.

제6장

조작 영역에서 교과 내용 강화하기

조작 교구의 범주

다른 방식으로 조작 교구 활용하기

교구 사용 수준의 발달

단일 목적의 교구 활용 시 내재된 교과 내용

분류하기와 패턴 만들기 교구 활용 시 내재된 교과 내용

구성하기 교구 활용 시 내재된 교과 내용

교사의 역할

성인 주도 및 유아 주도 활동 간 상호작용

교육과정과의 연계성

주제: 동물과 그것의 특성

요 약

두 살짜리 영아가 영아용 식탁의자에 앉아 그릇에 담긴 시리얼을 쏟고 다시 하나씩 집어 그릇에 담은 후 다시 쏟는 과정을 반복한다.

네 살짜리 유아가 지오스틱geosticks을 조립하고 해체하는 과정을 몇 차례 반복하다가 만든 구조물을 자랑스럽게 전시한다. 그러고는 다시 조립하고 해체하는 과정을 반복한다.

다섯 살짜리 유아가 작은 블록을 하나씩 포개어 위로 쌓다가 쌓은 블록이 쓰러지면 다시 쌓는 과정을 반복한다.

유치원 교실 내 조작 영역에서의 특별한 점은 유아가 교구를 가지고 특정 행동을 여러 번 반복한다는 것이다. 이는 교구가 가지고 있는 무엇인가가 유아의 흥미를 끌고, 지속적으로 반복되는 행동으로 유도한다는 것을 의미한다. 유아의 흥미는 교구의 속성을 발견하도록 이끌며, 교구를 활용하는 과정에서 많은 기술을 연습할 수 있게 한다. 앞의 예에서 두 살짜리 영아는 연습을 통해 소근육 기술을 발달시키고 있으며, 시리얼 조각을 한 곳에서 다른 곳으로 옮기는 경험을 통해 양의 변화에 대한 감각을 기를 수 있다. 또한 네 살짜리 유아는 어떻게 지오스틱을 조립하는지, 또 그 과정에서 어떤 모양이 나타나는지를 발견하고 있다. 다섯 살짜리 유아는 한 블록 위에 다른 블록을 얹는 과정을 통해 운동 조절 능력을 발달시키며, 높이와 균형에 대해 알 수 있다. 조작 영역의 다양한 교구는 유아에게 물체의 속성을 발견할 수 있는 기회와 기술을 연습할 수 있는 경험을 제공해 주며, 교사에게는 유아의 학습을 격려하게 하고 다양한 기술을 발달시키게 해 준다.

조작 교구의 범주

조작 교구는 기본적으로 세 가지 유형이 있는데, 각각은 특정한 목적을 가지고 있다. 단일 목적의 조작물이라 불리는 첫 번째 유형은 한 가지 특정한 방법으로만 사용하도록 고안된 것이다. 이에 대한 예로는 나무 퍼즐과 순서대로 쌓기 위한 교구를 들 수 있다. 이 교구를 가지고 놀이하는 유아는 어떻게 교구의 각 부분을 합쳐서 완성할지에 대한 도전에 직면하게 되고, 여기에는 대개 한 가지 정답만이 존재한다. 두 번째 유형은 분류와 패턴에 관련된 교구다. 이것은 사용자가 교구를 어떻게 조직할지 선택하도록 고안된 것이다. 이 유형에 속하는 전형적인 교구들은 끼우기 블록, 여러 가지 다양한 크기의 동물 및 사람 모형 등이다. 세 번째 유형은 구성과 관련된 교구이며, 교구를 활용하여 만드는 것에 대해 가장 많은 자율성을 제공한다. 이 유형에 속하는 조작 교구들은 맞물리는 블록 세트 및 책상 위에서 가지고 놀 수 있도록 고안된 다양한 모양의 작은 블록이다. 패턴이나 구성을 위한 교구, 즉 두 번째와 세 번째 유형의 교구들은 사용자로 하여금 무엇인가를 만들어내고, 조직화하며, 재조직화하여 구조물을 만들도록 유도하는 특성을 가지고 있다.

조작 영역 내에 비치되어 있는 다양한 범위의 교구들은 유아가 주도하는 여러 활동이 다양한 수준의 지식, 기술, 흥미를 포함하고 있다는 것을 보여 준다. 간혹 한 유아가 특정한 유형의 교구를 가지고 놀고 다른 유아는 다른 유형의 교구를 가지고 놀면서 둘 사이에 어떤 상호작용도 없는 경우가 있다. 때로는 이 영역에 제공된 교구의 양과 종류가 놀이하고 있는 유아들을 방해하는 요인으로 작용할 수도 있다. 만약 그렇다면, 유아가 조작 교구를 그것의 특성에 맞게 사용하는 데 필요한 집중력이 어느 정도인지 고려하여 교구의 종류와 수에 대한 결정을 다시 내릴 필요가 있다.

유아가 교구의 특성을 고려하여 그것을 선택하고 같은 교구를 다르게도 사용하는 모습을 관찰한다면, 그들이 자신의 흥미나 경험을 통해 쌓은 이전 경험과 그들이 교구를 조작하는 과정에서 발달시킨 기술 등에 따라 학습의 잠재력 및 한계점이 다양하다는 것을 알 수 있을 것이다. 나무 퍼즐 같이 단일 목적을 지닌 조작 교구의 경우, 활동의 성공 여부는 유아가 퍼즐의 각 부분을 맞출 때 그 관계성을 파악하는 능력에 따라 좌우된다. 이와 같은 단일 목적 교구의 특성으로 인해 다양한 수준의 난이도가 존재할 수 있으며, 유아는 점차 조각이 많은 퍼즐을 가지고 활동하면서 자신감을 경험할 수 있을 것이다. 반대로, 분류하고 패턴화하고 구성하는 목적을 가진 좀 더 개방된 유형의 교구들은 내용의 가능성을 탐색하는 데 더 많은 자율성을 제공한다. 우리는 유아의 흥미에 기초하여 그들이 같은 교구로 점차 더 어려운 활동에 참여할 수 있게 도울 수 있다.

요약하자면, 유아가 조작이라 불리는 교구를 가지고 놀 때 한결같이 적용되는 초점은 없다는 것이다. 따라서 유아를 관찰함으로써 얻어진 정보를 바탕으로 유아에게 어떤 교과 내용을 제공해야 할지 결정하는 것이 중요하다.

다른 방식으로 조작 교구 활용하기

어떤 교과 내용을 적용할 수 있을 것인가는 조작 교구의 특성에 따라 달라진다. [사진 6.1]은 같은 교구를 사용하는 방식이 유아마다 다양하게 나타날 수 있음을 보여 주고 있다. 이 사진에는 맞물리는 블록을 가지고 서로 다른 형태로 배열하는 두 유아가 등장한다. 한 유아는 블록을 일정한 색 패턴의 형식에 따라 줄로 배열하고 있으며 다른 유아는 색에는 관심이 적고 줄 배열 자체에 더욱 흥미를 가지고 있다.

그들은 각자의 결과물을 공유하면서 길이의 비교에 관심을 가지게 되었다. 수학적 내용 관점에서 보면, 이 두 유아는 다른 영역에 대한 이해를 보여 주고 있다. 자신이 원하는 색을 수집하는 것으로 보아 분류하기를 이해하고 있으며, 옆으로 잇는 과정을 보면 패턴을 이해하고 있고, 특정한 기준점을 활용하는 것으로 보아 측정의 개념을 이해하고 있다는 것을 알 수 있다. 이와 같은 경험 이후에 교사는 유아가 측정하는 동안 알아낸 것에 관해 대화함으로써 그들의 측정 기술 및 이해를 강화시키도록 도울 수 있다. 이후에 학급 프로젝트나 개별 활동과 연관된 다른 종류의 측정 활동을 소개할 수도 있다.

다른 흥미 영역과 마찬가지로 교사의 과제는 놀이하는 과정 중에 유아가 보여 주는 단서를 잘 포착하는 것이다. 이 단서를 통해 교사는 유아가 인지적으로 활성화된 방향으로 교구를 사용할 때 그들의 참여도를 높일 수 있으며, 그들이 행동과 생각에 대해 이야기할 수 있는 능력을 길러줄 수 있다.

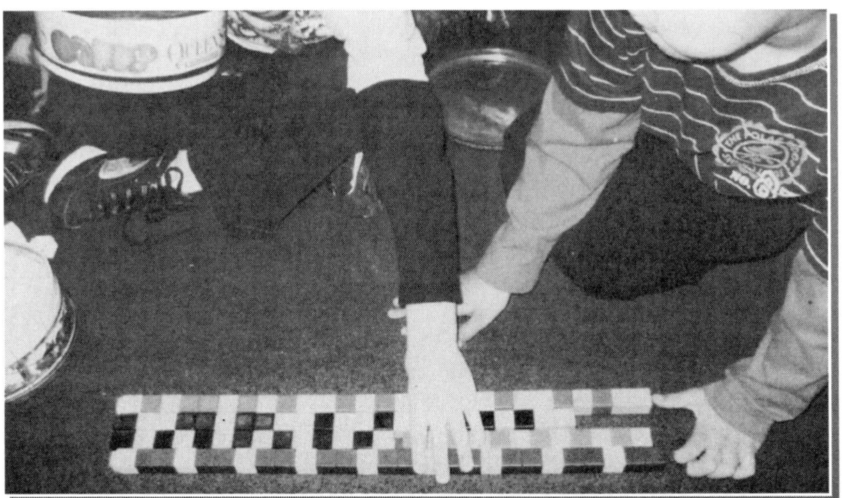

사진 6.1

교구 사용 수준의 발달

이전 장에서 논의하였듯이, 유아는 교구를 세 가지 다른 수준에서 사용한다. 탐색 단계에서는 교구를 관찰하고 만져보면서 어떻게 사용할 수 있을지 가능성을 탐색한다. 예를 들어, 레고 블록은 특정한 방법으로 맞추어져 있을 때만 그 모양을 유지한다. 이것을 발견한 뒤에, 연습 단계에서는 자신이 탐색한 것을 확인하기 위해 반복된 시도를 하게 되며, 이 과정 중에 운동 기술을 발달시킨다. 그 예로 레고 구조물을 만들고 부수는 과정을 반복하는 것을 들 수 있다. 마지막으로 적용 단계에서는 목적을 가지고 성이나 다른 구조물을 만들며, 그 속에 이야기를 포함시킨다(Schwartz, 2005).

가능성을 탐색하는 단계에서부터 적용하는 단계를 거치면서, 교구의 활용을 통해 제2장에서 다루었던 인지적 처리 기술이 활성화된다. 인지적 처리 기술에는 발견하기 위해 관찰하고 조사하기, 발견한 것을 입증하고 조직하기 위해 비교하고 대조하기, 다양한 맥락에서 적용하기 위해 일반화하기가 포함된다. 인지적 처리 기술은 자신이 관찰한 것과 생각하고 이해한 것을 이야기하는 것으로, 이 기술은 유아가 교구를 조작하는 동안 활성화될 수도 있고 그렇지 않을 수도 있다. 따라서 우리의 목표 중 하나는 인식한 것과 생각한 것을 공유하는 과정을 통해 유아의 말하기 능력을 발달시킬 가능성을 최대화하는 것이다.

활동의 종류나 교구의 사용 수준에 따라 교과 내용을 강화할 기회가 달라질 수 있기 때문에, 교사의 관찰 기록은 현재 사용되고 있는 교과 내용이 무엇인지 파악하고, 그 내용을 확인하거나 확장하는 대화 시작 진술을 선택하는 데 활용된다. 유아가 교구의 속성을 발견하고 확인할 때 교사가 할 역할은 피딩(feeding, 정보, 어휘 또는 활동 제공해 주기)이다. 이전 장에서 논의하였듯이, 피딩 역할은 유아가 사용하는 인지 능력을 언어적으로 확인하고 유아가 발견하고 있는 교과 내용에 대해 말해 주는 방식으로 진행된다. 예를 들면, "네가 세모 모양을 두 개 끼우는 것을 보았어. 이제는 네모 모양이 되었구나."라고 말할 수 있다. 연습 단계에서는 "만약 네가 두 개의 세모 모양 블록을 쌓기 영역에서 가지고 와 끼웠을 때, 네모 모양이 나올지 궁금하구나."와 같은 대화로 두 개의 세모 모양 블록을 끼울 때 항상 네모가 만들어지는지를 알아보도록 유아의 참여를 이끄는 것과 같은 다양한 시도를 함으로써 리딩(leading, 발전된 또는 관련 있는 개념으로 확장 · 연계해 주기)이 일어날 가능성도 있다. 유아가 자신이 새롭게 이해하게 된 내용을 다른 맥락에 적용하는 모습을 보일 때, 교사는 학급 내 다른 영역에 사용되는 교구를 제공하는 씨딩(seeding, 환경 구성해 주기) 역할을 할 수 있다. 즉, 두 개의 세모 블록이 합쳐졌을 때 어떤 일이 일어나는지 발견한 후, 교사는 유아에게 미리 잘라 둔 세모 모양과 정사각형 및 직사각형 모양의 그림을 제시해 주어 그에 대한 발견과 적용의 기회를 확장하게 할 수도 있다(Clements, 1999; Schwartz, 2005). 유아가 서로 다른 수준에서 조작 교구를 선택적으로 사용하는 것은 개별화된 학습으로 이어지며, 교사가 그 과정에서 일어나는 학습을 확장하고 교과 내용의 학습을 지원할 방법을 선택하게 하는 데 영향을 미친다.

단일 목적의 교구 활용 시 내재된 교과 내용

크기 혹은 범주에 따라 순서대로 정렬하도록 만들어진 교구나 퍼즐은 단일 목적 교구의 전형적인 예다. 퍼즐 조각을 원래의 자리에 맞출 때 유아는 크기, 모양, 일대일 대응 그리고 물체의 방향 등을 고려하게 되고, 이는 수학적인 내용과 연관된다([사진 6.2]).

유아가 점점 커지거나 작아지는 원기둥 모양의 교구를 쌓고 있다면 크

● 사진 6.2 ●

기 순서에 대한 개념을 다루고 있는 것이다. 유아가 연습을 하면 그러한 종류의 교구를 사용하는 속도와 정확성이 증가한다. 이런 활동에서 유아가 활용하고 있는 직관적 지식을 의식 수준으로 끌어올리기 위해서 교사는 다음과 같은 방식으로 유아가 사용하고 있는 교과 내용이나 문제 해결 전략을 확인해 줄 수 있다. "선생님이 보니까 퍼즐 조각을 넣기 전에 이리저리 돌려 보네! 그렇게 하다 보면 더 이상 돌릴 필요 없이 꼭 맞게 되지." 이 예에서 교사는 유아에게 과업 수행에 필요한 사고에의 인식을 증진시키기고자 그들의 인지 처리 과정을 강조하는 말을 한 것이다.

분류하기와 패턴 만들기 교구 활용 시 내재된 교과 내용

끼워 맞추기 블록, 구슬, 고리, 모형 자동차 및 모형 동물은 분류와 패턴 범주에 들어가는 전형적인 교구의 예다. 유아가 이 교구들을 크기, 모양, 색깔에 따라 분류하고 패턴을 만드는 동안 직관적으로 사용되는 수학적 내용은 (1) 수량(비교하기), (2) 대수(패턴 만들기), (3) 모양 기하, 모양 분류하기, 패턴 단위 안에 모양 만들기, (4) 위치 기하(조직화된 형태로 사물 놓아보기), (5) 측정, 직선 패턴의 길이 알아보기를 포함한다. 이후 분류된 집단 혹은 패턴에 대해 대화할 때 사용하는 수학적 내용과 관련한 어휘는 더욱 진전된 대화로 이어지게 하며, 이해 및 기술을 확장시킨다.

구분하고 분류하기

단순히 구분하기에서 분류하기와 같은 더 높은 수준으로의 발달 과정을 이해한다면, 교사는 유아의 교과 내용 학습을 확장시키는 계획된 활동과 대화를 할 수 있다. 구분하기와 관련된 예측 가능한 사고 과정은 〈표 6-1〉에 제시되어 있으며, 이것은 걸음마기에 모으기를 하는 것부터 시작한다. 즉, 구분하기는 유아가 사물의 유사점과 차이점을 알아차리기 시작할 때부터 가능해진다. 분류하기 사고의 시작은 유아가 구분하고 재구분하는 방법을 더 많이 인식하기 시작할 때 나타난다. 이때 교사는 다른 기준으로 구분하는 활동에 유아를 참여시킴으로써 구분하고 분류할 수 있는 방법에 대해 더 깊이 사고하도록 격려할 수 있다. 단순한 구분 행동 수준부터 복잡한 구분 행동 수준으로의 발달 과정은 〈표 6-1〉의 왼쪽 칸에 제시되어 있으며 각기 다른 발달 수준에서 분류하기 사고로 이끌어 주는

〈표 6-1〉 분류하기의 발달 과정

수준	포함된 교과 내용
모으기: 사물의 속성보다는 개인적 경험에 기초함	유아가 물체를 구분한 이유(예, "내 장난감")를 제시하지 않으면 포함되는 교과 내용은 없음
단순 짝짓기에서 완전한 구분하기: 물리적인 특성에 기초함	동일한 속성에 이름 붙이기(예, '두 개의 빨강 세모' 또는 '같은 크기' 또는 '같은 크기의 빨강 세모')
분류하기 1단계: 두 개의 변인을 포함한 집단으로 나누기(예, 한 집단 내 빨강 세모, 파랑 세모와 다른 집단 내의 노랑 세모, 초록 세모)	두 집단 내 공통점 및 차이점과 관련된 변인을 비교하고 대조하기 (예, '모두 세모 모양' 또는 '서로 색이 다름')
분류하기 2단계: 집단의 속성(예, 땅, 물, 공기 중에 떠 있는 것)이나 기능(예, 목공 혹은 요리 관련 도구)에 의한 집단으로 나누기	분류 기준 찾아보기 집단 내 공통점과 차이점 분석하기

출처: Good (1977). *How children learn science: Conceptual development and implications for teaching*. NY: Macmillan.

교사와의 대화와 관련된 내용은 오른쪽 칸에 제시되어 있다.

[사진 6.3]에서는 원래 색깔로 구분되어 있었던 곰 인형의 세트를 다시 바꾸어 보라는 요청을 받고 유아가 반응한 결과를 볼 수 있다. "색깔대로 곰 인형을 나누었네. 혹시 다른 방법으로도 나누어 볼 수 있겠니?"와 같이 교사가 색깔 구분에 대해 언급했을 때, 유아는 각 색깔 집단의 곰 인형을 크기별로 패턴화하였다. 이후의 상호작용에서, 유아는 교사에게 자신이 재분류한 결과물의 연속성을—크고, 작고, 크고, 작고—손짓으로 보여 주었다. 교사가 "아, 곰 인형을 크고-작고, 크고-작고, 크고-작은 순으로 놓아 두었구나."라고 반응해 주자, 유아는 고개를 끄덕였다.

분류하는 능력은 점차 발달해 나가는 것이기 때문에 시간이 흐름에 따

사진 6.3

라 더욱 복합적인 분류를 할 수 있게 된다. 유아가 분류를 하는 것은 당연한 것이기 때문에, 물리적 속성에 따른 단순 분류에서부터 집단 내 사물 간의 관계(예, 모두 농장 동물)에 대한 이해 또는 행동과 결과 간의 관계(예, 열을 가하면 얼어있는 물체가 녹음)에 대한 이해 같은 정교한 분류까지 유아의 수준이 어디쯤 속하는지 아는 것은 중요하다.

패턴 만들기

패턴 만들기 분야의 내용을 강화하기 위해서는 단순 패턴AB에서 이중 패턴AABB, 2-1ABB 패턴 그리고 그보다 더 긴 패턴 단위로까지 발달할 수 있다는 것을 먼저 이해해야 한다. 만들어진 패턴에 이름을 붙이는 것과 반복되는 패턴 단위를 의식하는 것은 다르다. 교사들과 함께 일하는 몇 년 동안, 우리는 그들이 유아가 만든 패턴 단위 안에 있는 사물의 이름은 말하지만 패턴 단위 자체를 명명하지는 않는다는 것을 알게 되었다. 하지만 교사들은 자신이 "선생님은 네가 만든 패턴에 세모-동그라미 패턴이라고 이름을 붙일 거야. 네 생각은 어떠니?" 와 같이 말하며 패턴 단위에 이름을 붙이면 그 후 유아가 친구와 교사에게 자신의 패턴에 대해 또는 그 패턴에 이름을 붙이면서 자연스럽게 이야기하기 시작한다는 것을 알게 되었다.

구성하기 교구 활용 시 내재된 교과 내용

구성하기 교구에는 책상 위에서 가지고 놀 수 있는 블록이나 레고 같이 구성하거나 끼우는 것이 포함된다. 나무 블록이나 플라스틱 블록 사용에서의 발달 단계와 교과 내용의 학습 및 기술의 발달을 강화하기 위해 개입할 시점을 고려할 때, 우리는 제4장 '블록 영역에서 교과 내용 강화하기'를 살펴보길 권한다. 끼우기 블록은 유아가 자신의 환경 속에서 익숙한 물체를 재창조해 볼 수 있는 가능성을 열어 준다. 유아가 끼우기 블록 사용에서의 가능성을 발견하면, 더욱 복잡한 여러 구성 활동에 적극적으로 참여하게 될 것이며, 종종 극화 활동을 도입하기도 할 것이다. [사진 6.4] 속의 유아는 극화 활동에 사용할 예정인 자동차를 만드는 과정에 있다. 극화 활동에 조작 교구를 사용할 때, 교사-유아 간 대화는 다소 다르게 전개될 수 있다.

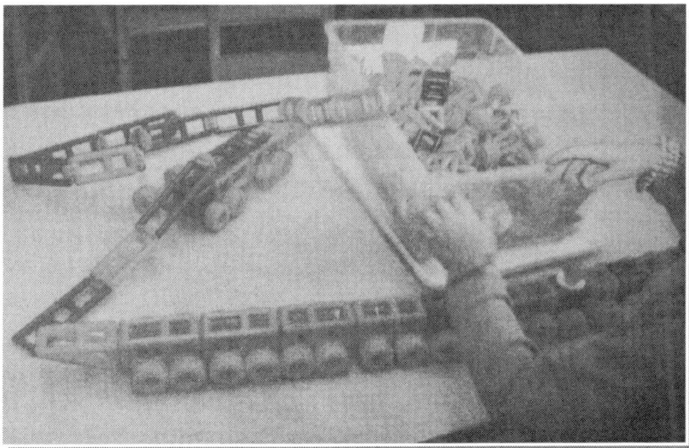

사진 6.4

교사의 역할

조작 영역에서도 교사는 제3장에서 설명하고 있는 **씨딩**(seeding, 환경 구성해 주기)과 **피딩**(feeding, 정보, 어휘 또는 활동 제공해 주기) 그리고 **리딩**(leading, 발전된 또는 관련 있는 개념으로 확장 · 연계해 주기)의 세 가지 역할을 할 수 있다. 즉, 교사는 교과의 특정 내용과 유아의 기술 활용을 활성화하기 위해 의도적으로 교구를 영역에 **씨딩**seeding해 둔다. 그리고 유아의 행동을 관찰하며 그 내용을 그들과 함께 이야기하는 것은 **피딩**feeding의 역할이다. 마지막으로 **리딩**leading 역할은 교구를 활용하는 방법에 대해 안내하고, 유아가 교과 내용과 기술을 발달시킬 수 있도록 그들의 관심을 확장하는 특정 집단 활동을 적용하는 것이다.

이전에 논의하였듯이, 조작 교구도 단순한 것부터 점차 복합적으로 활용할 수 있기 때문에 유아의 사고를 어떻게 자극할 것인지는 어떤 수준에서 어떤 내용과 기술이 사용되는지를 평가한 내용에 근거하게 된다. 예를 들어 속성 블록attribute blocks을 어떤 그림에 맞도록 그 그림 위에 놓아 볼 때, 유아가 블록을 사용하는 수준은 다음과 같다(Clements, 1999).

- 1수준–개별 블록의 모양에 맞추어 블록 모양 짝짓기
- 2수준–서로 다른 모양의 그림에서 맞는 모양을 찾고 맞추기
- 3수준–테두리 내의 공간에 모양을 맞추기 위해 조직화하기

각 활동의 수준을 파악해야 교사가 유아와 어떻게 대화를 시작할지 결정할 수 있다. 1수준에서의 교과 내용과 관련된 대화는 그림 속의 모양과 정확히 일치하는 모양의 면 갯수에 대한 것이다. 교사는 다음과 같이 말할 수 있다.

> "평행사변형 그림 위에 육각형을 올려놓으니 모든 면이 맞지 않아서 다시 빼내었구나. 그리고 그 블록을 육각형 그림 위에 올리니 여섯 면이 딱 맞네."

2수준에서는 유아가 그림을 재창조하기 위해 다른 전략을 사용할 것이기 때문에 교사는 가르칠 교과 내용을 확인하기 위해 다양한 방법을 사용할 수 있다. 교사의 대화는 다음과 같을 수 있다.

> "손에 한 조각을 들고, 그림을 본 후 정확히 어디에 놓을지 결정했구나. 어떻게 알게 되었니?"

3수준에서도 유사하게, 유아가 사용하는 전략이 무엇인지 관찰한 것에 기초하여 교과 내용 관련 대화를 다양한 방식으로 시작할 수 있다. 예를 들면 다음과 같다.

> "선생님은 네가 먼저 테두리를 따라 작은 조각들을 놓고, 가운데를 채우는 것을 보았단다. 그렇게 하는 것이 퍼즐을 위에서부터 시작해서 아래로 맞추는 것보다 더 쉬웠니, 어려웠니?"

성인 주도 및 유아 주도 활동 간 상호작용

유아가 조작 교구를 사용하면서 하는 활동을 관찰해 보면, 유아가 알고 할 수 있는 것과 계획된 집단 활동을 통해 유아의 이해를 확장하기 위한 교사의 노력이 어떻게 균형을 이룰 수 있는지를 결정할 수 있다. 이때 중요한 것은 상호작용이 지속된다는 것이지, 그 시작이 교사가 계획한 활동에서 비롯되었는지 아니면 유아의 영역 활동 참여에서 비롯되었는지는 중요하지 않다.

앞서 언급한 것과 같이, 패턴 만들기는 교구의 특성상 조작 영역 내에서도 자주 하는 활동에 속한다. 패턴 만들기에 큰 관심을 보인다면, 다른 영역에서의 활동과도 연계가 가능하다. 교사는 학급 잔치를 위해 장식을 하는 프로젝트를 하면서 식탁보 및 벽에 다양한 패턴을 이용하여 전시할 장식을 꾸미고 확장하도록 할 수 있다. 이러한 종류의 활동을 통해 유아는 패턴 만들기와 관련된 다양한 가능성을 경험할 수 있고 서로 다른 맥락 속에서 자신의 관심사를 다양하게 반영할 수 있게 된다. 이와 같은 참여는 유아에게 덜 익숙한 패턴(예, 1-2-2 패턴: 빨간색 하트 1개, 파란색 별 2개, 초록색 별 2개)을 포함하여 하나씩 바꾸어 패턴 만들기, 두 개씩 바꾸어 패턴 만들기 등의 견본이 담긴 책자를 만들게 하는 것으로 확장될 수 있다. 유아가 다양한 활동에서 새로운 이해력과 기술을 사용할 수 있는 기회를 갖게 되면, 그들은 더욱 많은 교과 내용과 관련된 개념 및 기술을 배울 수 있다.

다음의 프로그램 활동에 대한 설명은 교사 주도 및 유아 주도 활동 간의 상호작용이 어떤 의미인지를 잘 보여 준다. 이 사례에서는 다양한 교구를 가지고 하나씩 바꾸어 패턴을 만드는 집단 활동에 유아를 참여시킴으로써 패턴 만들기에 대한 관심을 자극하는 것을 볼 수 있다.

집단 환경에서 교구를 활용한 패턴 만들기에 대한 교사의 관심과 다른 영역으로 패턴 활동을 확장시키려는 유아 간의 상호작용은 이후 며칠 동안 자유 선택 활동 시간에 찍은 다음 몇 장의 사진에서 살펴볼 수 있다. [사진 6.5]는 한 유아가 어떻게 공룡의 색을 하나씩 바꾸어 패턴 만들기를 하였는지 보여 준다.

또한 [사진 6.6]은 유아가 패턴과 관련된 개념을 다른 맥락에서 어떻게 적용하는지를 보여 준다. 여기에서는 유아가 나무 블록의 모양과 상관없

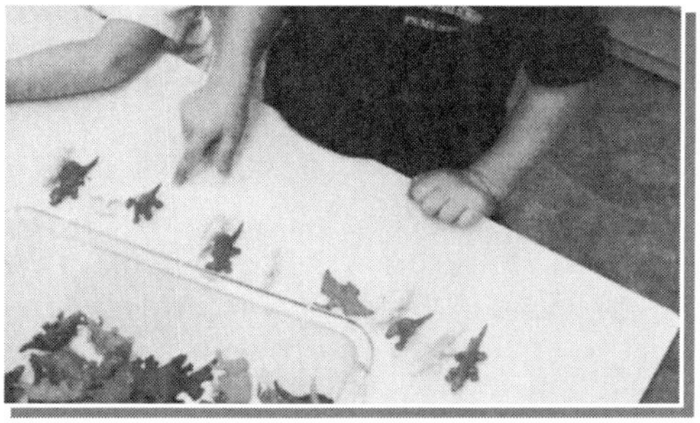

사진 6.5

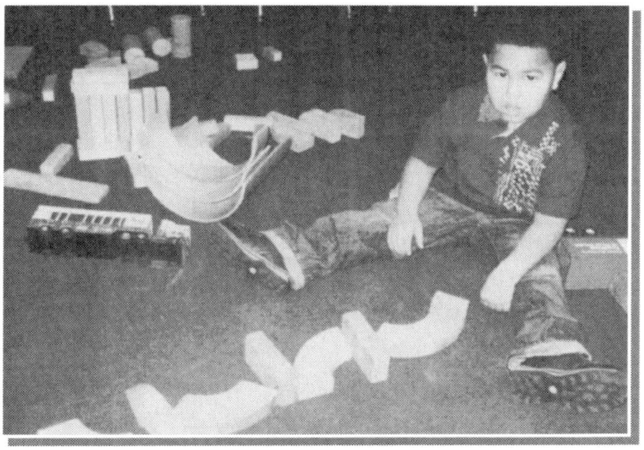

사진 6.6

이 블록의 위치를 기준으로 패턴을 만든 것을 볼 수 있다. 이 유아는 수평 또는 수직으로 블록의 위치를 바꾸어 가며 패턴을 만들었다.

다른 영역에서 패턴 활동이 나타났다는 것은 교사가 패턴에 집중할 수 있도록 준 자극이 유아의 흥미와 성공적으로 연관되었음을 의미하며, 이것은 유아로 하여금 더 많은 가능성을 탐색하도록 유도한다. 유아가 자신이 교구를 가지고 어떻게 조직화하고 있는지에 관한 대화에 참여하는 순간, 교사에게는 패턴에 대한 유아의 사고를 확장시켜 줄 수 있는 문이 열리는 것이다.

유아가 색을 가지고 자신만의 패턴을 만들면서 보여 주는 열정은 교사에게 색 이외에 모양과 같은 다른 기준에 근거한 패턴 역시 탐험할 수 있도록 유아의 경험을 계속해서 확장시키라는 신호가 된다. 현장학습을 간 곳에서 다양한 패턴 종류를 찾아보고 기록하며 동시를 낭송하면서 언어 패턴을 찾아내고, 음악 속에서 패턴을 탐색하는 등의 활동을 통해 교사가 계획한 활동과 유아의 흥미 간의 상호작용이 계속해서 일어났다. 이러한 추가적인 경험이 흥미 영역 활동에서 나타났을 때, 교사는 유아의 시각적 · 청각적 · 언어적 패턴의 인식과 활용을 증진시키는 데 도움을 줄 수 있는 대화에 참여할 수 있었다.

교육과정과의 연계성

앞서 언급한 것과 같이, 유아가 조작과 관련된 활동으로 어떤 것을 가지고 오는가에 따라 그것들을 활용해 무엇을 할지가 결정된다. 유아는 유치원 안과 밖에서의 경험을 지속적으로 연결시킨다. 다음은 교사가 주도한 활동이 유아의 조작 교구 활동으로 어떻게 전환되는지를 보여 주는 예다. 교사는 도서, 사진, 작은 고무 및 플라스틱 동물 모형을 활용하여 동물 주제와 동물의 특성에 대한 활동을 계획하였다. 다음은 동물원 모형과 동물 모형을 조작 영역에서 블록 영역으로 옮기면서 일어난 사례다.

주제: 동물과 그것의 특성

1단계: 상호작용 전의 관찰

블록 영역에서 두 명의 남자 아이가 작고 단단한 고무로 된 동물 모형을 가지고 상상놀이를 하고 있다. 한 남아가 작은 여우 모형을 코뿔소 모형에게 먹이는 시늉을 하면서, "이것 좀 봐! 코뿔소가 먹고 있어." 라고 이야기하였다. 유아는 그 말과 행동을 여러 번 반복하였다.

잠시 후, 그는 엄마 고무 코끼리를 들어 점토 영역에 앉아 있는 교사에게 가져가서, "이것 좀 보세요. 엄마 코끼리예요." 라고 외치며 자신의 활동에 관심을 보이기를 원했다.

점토 영역의 유아들은 다양한 물체를 활용하여 점토 위에 찍어 보면서 패턴을 만들고 있었다. 코끼리 모형을 들고 온 유아는 이 행동을 보고 점토를 조금 뜯어서 평평하게 만든 뒤 거기에 코끼리의 발자국을 찍었다.

유아: "이것 좀 봐! 이것 좀 봐! 내가 만들었어."

2단계: 대화와 추후 활동

교사: "그래, 코끼리의 발로 발자국을 만들었구나."

유아는 점토로 만든 발자국을 블록 영역으로 가지고 돌아와 학급을 방문한 다른 사람에게 보여 주었다.

유아: (발자국을 가리키면서) "이것 좀 보세요."

유아는 말없이 코끼리의 발자국과 점토에 난 발자국 모양을 맞추었다.

방문자: "그래, 코끼리 발로 발자국을 만들었구나."
유아: "네." (코끼리의 발을 점토에 찍힌 발자국 위에 놓았다.)
방문자: "딱 맞는구나. (더 작은 코끼리 모형을 가리키면서) 혹시 아기 코끼리로 발자국을 만들어 봐도 똑같을까?"

유아는 점토를 뒤집어서 작은 코끼리 모형을 가지고 발자국을 만들었다. 그는 몇 차례에 걸쳐서 점토의 양면을 살펴보더니 처음에 만들었던 발자국을 가리키면서, "이게 더 커요."라고 말했다. 그는 크고 작은 코끼리의 발자국을 여러 번 찍어 보고, 발과 발자국을 맞추어 보는 행동을 반복했다.

유아는 교사에게 되돌아가 자신의 새로운 발견에 대해 공유하였다. 유아는 점토의 앞면과 뒷면을 뒤집어 보여 주면서, 엄마 코끼리의 발자국을 가리키며 "이것 좀 보세요. 더 커요."라고 이야기하였다.

> 교사: (작은 발자국을 가리키면서) "그래, 이 작은 발자국은 아기 코끼리로 만든 거구나."
>
> 유아: "네."

이 상호작용이 일어났을 때, 블록 영역에서 조용히 큰 동물 모형과 그에 일치하는 작은 동물 모형을 짝지어 보는 활동을 하던 다른 유아가 기린 모형 두 개를 들고, 큰 기린의 목이 작은 기린의 목보다 더 길다고 관찰한 것을 학급 방문자에게 알려 주었다. 방문자가 유아가 말한 것이 맞다고 해 주자 유아는 계속 두 기린 모형의 목을 쓰다듬으며 반복해서 말하였다.

이 상호작용에서 유아는 크기 관계에 대해 자신이 이해한 것을 확인하는 방법을 스스로 알아가고 있다. 이 활동이 시작될 때 교사의 역할은 설명해 주는 것이었다. 첫 번째 유아의 반응은 발자국을 만들기 위해 사용된 물체와 발자국 사이의 관계를 탐색해 나갈 수 있는 길을 열어 주었다. 성인이 언어적으로 상호작용한 것은 유아가 언어를 사용하여 자신이 발견한 것을 공유하게 하는 데 도움을 주었다. 두 번째 유아의 말은 다른 유아의 학습이 일어나는 주변에 있을 때 그 유아의 학습도 자극을 받는다는 개념을 지지해 준다.

교사는 자신이 지난 몇 주 동안 동물의 다른 특성에 대해 논의하였지만, 이 두 유아는 크기의 비교에 집중하고 있었다는 사실을 알게 되었다. 여기에서 흥미로운 점은 교사 주도의 교육과정 주제에서 유아가 어떤 방향으로 나아갈지는 예측하기 어렵다는 점이다. 중요한 사실은 교사가 유아의 흥미를 이해할 수 있었고 따라서 유아들이 크기 관계를 더욱 의식적으로 인식하도록 도움을 주었다는 것이다.

요 약

다른 흥미 영역과는 달리, 조작 영역은 영역 내에서뿐만 아니라 학급 전체에 걸쳐서 넓은 범위의 활동이 일어나도록 자극을 준다. 교구를 반복적으로 사용함에 따라 운동 기술의 발달이 동반하며 문해 및 수학 학습 등 학문적인 내용과 연합된 기술도 함께 발달한다. 모양, 글자, 숫자, 구분하기 그리고 패턴 만들기의 시각적인 차이와 그 구성은 교구를 사용하는 과정에서 자연스럽게 학습된다. 이 교구들이 주제를 이끌어 내지는 않지만, 주제와 관련된 내용을 학습하는 데 활용된다. 교과 내용을 강화하고 기준에 도달하도록 해 주는 기회는 유아가 교구를 사용하는 한 항상 존재한다.

제7장

극놀이 영역에서 교과 내용 강화하기

극놀이 영역의 목적은 유아가 자신의 경험을 자신의 방법대로 재창조할 수 있도록 초대하는 장소를 제공하는 것이다. 극놀이 영역을 통해 유아는 자신의 일상적인 삶을 재현하거나 현실 및 가상 세계와 관련된 이야기를 만들어 낸다. 즉, 유아는 가족의 모습을 극놀이로 재연하거나 미디어 또는 다른 매체를 통해 접한 이야기를 토대로 상상하여 역할을 만들어 낸다. 유아가 만들어 낸 극은 그 극에 참여하는 유아 자신과 다른 유아가 맡은 역할에 상관없이 그들의 욕구를 충족시키고 그들의 생각이나 감정을 명료하게 해 준다.

극놀이 유형

극놀이는 유아가 혼자 놀이하는 형태와 또래와 함께 상호작용하는 사회극놀이 형태가 있다. 사회극놀이는 다음과 같은 잠재적인 장점이 있다.

1. 분절된 경험을 모으고 새롭게 조합해 만드는 과정에서의 창의성 발달
2. 놀이 상황에서 다른 사람의 경험에 비추어 자신의 경험을 재인식하는 과정에서의 인지 발달
3. 또래와의 상호작용을 통한 사회적 기술 발달(Smilansky, 1968, p. 12)

스밀란스키 연구의 흥미로운 점은 유아의 서로 다른 개인적 · 사회적 배경이 사회극놀이의 질에 영향을 미친다는 것이다. 삶의 경험이 제한적인 유아가 놀이하는 패턴을 관찰하면 정교함이 부족한 행동을 반복한다는 것을 알 수 있다. 이러한 연구 결과는 유아가 주도하며 특정한 경험을 제공하는 극놀이 활동에서 그와 같은 경험의 의미를 탐색하는 것이 중요

함을 시사한다.

성인 개입에 대한 관점

극놀이 영역에서 교과 내용과 관련하여 성인이 개입하는 것에 대한 세 가지 관점이 있다.

- 극놀이를 활성화하기 위한 가장 주요하고 보편적인 접근은 유아가 극놀이를 할 때 다양한 극놀이 자료를 씨딩(seeding, 환경 구성해 주기)하고, 성인은 개입을 최소화하면서 유아가 주도적으로 자유롭게 자료를 사용할 수 있도록 해 주는 방법이다. 이러한 접근에서 교사는 대개 놀이에 참여하지 않고 극놀이를 관찰한다. 관찰자의 역할을 선호하는 교사는 성인의 개입이 자칫하면 유아가 더 잘 이해하기 위해 노력하는 과정이나 극놀이 과정에서 유발되는 감정을 방해할 수 있다고 여긴다. 예를 들어, 만약 극놀이 영역에서 여러 명의 유아가 집과 같은 환경을 꾸며 놓고 자신의 삶에서 영향력이 적은 사람뿐만 아니라 권위자의 역할을 재연한다고 가정해 보자. 이때, 성인의 개입은 유아가 감정적으로 더 잘 이해하기 위해 시도하는 것을 방해할지도 모른다. 이러한 시각을 갖고 있는 교사는 유아가 자기 주도적으로 극놀이를 하고 있을 때 생산적으로 상호작용하는 방법을 찾는 데 어려움을 느낀다. [사진 7.1]에 나타난 유아들의 놀이 모습을 살펴보자. 한 유아가 저녁 식사 메뉴를 쓰기 위해 극놀이 영역에 앉아 있다. 친구가 뭘 쓰고 있느냐고 묻자, "나는 저녁 식사 메뉴를 쓰고 있어." 라고 말한다. 책상에 앉아 있는 또 다른 유아는 아기 인형에 옷을 입히면서 노래를 부르고 있다. 이러한 상황은 교사가 극놀이의 교과 내용을 확

장시키는 것을 고려하지 않을 때 나타나는 전형적인 놀이 양상이다.

사진 7.1

- 두 번째 접근은 유아의 경험을 확장시키기 위한 방식으로 병원과 같이 친숙하고 구체적인 놀이 환경을 마련해 줌(씨딩, seeding)으로써 극놀이가 이루어질 수 있도록 하는 방법이다. 이 과정에서는 극놀이를 시작할 때 주제와 연관된 자료를 제공하거나 전체 유아와 토의하는 것과 같이 중요한 교사 개입이 필요하다. 이러한 접근은 유아가 극놀이를 하면서 사회 내용과 연관된 역할에 대해 이해할 수 있게 하고, 교사가 주요 개념의 발달을 이룰 수 있는 새로운 교과 내용을 안내하면서 유아와 함께 극놀이에 참여할 수 있도록 한다.
- 세 번째 접근은 페일리Paley의 놀이에서 나타난 것처럼 극놀이로부터 이야기를 끌어내고 다른 유아와 함께 극을 반복하면서 그 이야기를 다시 할 수 있도록 하는 것이다. 여기에서 교사는 유아가 또래와 이야기를 재연할 수 있도록 이야기를 적거나 다시 읽는 활동을 통해 자신의 이야기를 만들어내고 말하는 능력을 지원하며 능동적으로 개입한다. 페일리의 사례 연구(Paley, 1981, 2004, 2010)에 의하면 유아는 환상놀이를 통해 자신의 사회정서와 문해 발달을 증진시킨다. 극놀이에서 유아가 만든 이야기를 포착하는 과정에 의해 문해를 발달시키는 방법이 더 자세하게 알고 싶다면, 페일리의 저서를 읽어 보길 바란다.

이 장에서 우리는 주제의 상황과 연관된 극놀이 활동을 통해 교과 내용을 강화하는 방법을 제시하는 두 번째 접근에 대해 중점적으로 논의할 것이다.

초점을 둔 프로그램 경험을 통한 교육과정 풍부화하기

극놀이 영역에서 유아가 자신의 경험을 재연하도록 흥미를 유발하기 위하여 특정한 것에 초점을 둔 교육과정 활동을 계획하는 방법은 다양하다. 쇼핑이나 소풍 등의 가족생활, 소방관 및 경찰관이 일하는 모습, 여러 종류의 교통기관을 이용한 여행, 의료시설이나 문화센터 방문처럼 유아가 이미 경험한 내용으로부터 극놀이를 전개하는 방법이 가장 일반적이다. 때때로 유아들은 소방관이나 트럭 등에 매료되는 것과 같은 우연한 경험으로부터 이야기나 주제를 이끌어 낸다. 교사도 주제를 소개할 수 있다. 유아가 지식과 교과 내용에 대한 이해를 증진할 수 있는지의 여부는 그들이 성인이 계획한 새로운 주제나 소재와 연관된 경험을 한 후 그 경험을 통해 얼마나 놀이 시간 동안 자신의 이해를 발달시킬 기회를 끊임없이 지속적으로 가질 수 있는가에 달려 있다.

교육 주제 개발 시 교과 내용의 초점

주제 중심의 접근은 듀이Dewey를 시작으로 수십 년간 유아교육에서 질 높은 프로그램의 대명사였다(Dewey, 1963; Dodge & Colker, 1992; Katz & Chard, 2000; Read, 1971; Thompson, 1991; Wien, 2008). 유아교육에는 개발

> 유아가 지식과 교과 내용에 대한 이해를 증진할 수 있는지의 여부는 그들이 성인이 계획한 새로운 주제나 소재와 연관된 경험을 한 후 그 경험을 통해 얼마나 놀이 시간 동안 자신의 이해를 발달시킬 기회를 끊임없이 지속적으로 가질 수 있는가에 달려 있다.

된 주제나 주제를 계획하는 방법에 관한 정보가 풍부하다. 그런데 그러한 주제 중심의 교육 실제는 발달적 적합성이 고려된 활동은 많이 포함하고 있는 반면, 교과 내용에 대해서는 관심을 갖지 않으며 거의 다루지 않는다. 교사가 교과 내용에 포함된 주요 개념을 염두에 두면서 친숙한 주제를 계획할 때, 유아들은 배워야 할 교과 내용과 필요한 학습 표준을 경험할 수 있게 된다. 이와 유사하게, 교사가 핵심 개념을 아는 것은 주제 활동을 하는 과정에서 유아와 어떤 대화를 해야 할지에 대한 계획을 세우는 데 도움이 된다.

이러한 새로운 관점은 유아가 놀이나 집단 활동을 하면서 지식을 형성해 가는 과정을 교사가 세심하게 관찰하도록 하고 주제별 활동에 대한 계획을 재구성하도록 한다. 주제에 대한 경험을 정리하고 이해하기 위해 유아 주도적인 시간을 제공하는 것은 주제를 개발하기 위한 필수적인 요소다. 새로운 경험이 유아의 이해에 어떻게 영향을 미치는지를 관찰해야만 생성되는 지식을 강화할 수 있는 경험을 계획할 수 있다. 제3장에서 언급했듯이, 교사와 유아 중 누가 시작하든지 간에 주제를 계획할 때는 주요 개념 및 관련 용어를 인식하는 것에서부터 시작해야 한다. 이는 대집단 활동이나 놀이 시간에 이루어지는 활동을 계획하는 것부터 사후 활동까지 계속해서 이루어지고 교실 내 경험으로 종결된다. 〈표 3-2〉에서 제시한 교육과정 계획 양식을 이용하면 도움이 된다. 또한 부록 G에도 주제를 계획하고 실행하는 것과 관련된 지침이 제시되어 있다.

다음에서는 교과 내용에 담긴 주요 개념을 연결 짓고 유아의 사회적 기술을 강화하며 지역적 · 국가적 학습 및 수행 표준이 반영된 행동 지표를 충족하면서 발달적으로 적합한 한 가지 주제 활동을 계획하는 과정이 담긴 사례와 그에 대한 분석을 제시하고 있다.

슈퍼마켓 주제

이 주제를 계획한 교사는 유아의 사전 경험이나 쇼핑 경험에 대해 생각하는 것부터 시작했다. 교사는 유아가 슈퍼마켓에 대해 이미 많은 정보를 갖고 있다는 것을 알고 있었다. 그러나 슈퍼마켓에서 일어나는 많은 일에 대해 생각하면서, 유아가 모은 정보가 무엇인지, 그들이 경험한 것을 어떻게 구성했는지 알기는 어려웠다.

교사는 식품을 사고 돈을 지불하고 포장하고 떠나는 것과 같이 슈퍼마켓에서 일어나는 눈으로 볼 수 있는 행동을 생각하면서 주제를 시작했다. 이러한 행동은 부록 E에 제시된 '경제' 교과 내용 중 '소비자–판매자'의 개념을 반영한다. 그러나 유아들은 슈퍼마켓의 기본이 되는 구조와 체계뿐만 아니라 물건이 소비자에게 팔리기까지 일어나는 일련의 과정도 직접 경험해 보지 못했다. 예를 들어, 유아들은 슈퍼마켓에 식품이 도착하는 시간부터 소비자가 구입할 수 있도록 식품이 진열되는 과정에서 일어나는 많은 단계를 알지 못했다.

따라서 유아들은 슈퍼마켓에서 일어나는 일을 보고 그것에 대해 이야

교과 내용 영역의 주요 개념을 사용하여 친숙한 주제를 계획하는 것은 유아가 배워야 하는 교과 내용과 달성해야 하는 표준에 초점을 맞추는 방법이다.

기할지라도 그 의미를 잘 모를 때가 많았다. 예를 들어, 상품을 특정 지불 방식과 교환하는 개념이 포함된 '계산대에서 지불하기' 단계를 생각해 보자. 이 단계는 식품의 가격을 기록하고, 가격의 총합을 이야기하고, 돈을 지불하고, 구입한 것을 포장하는 행동을 포함한다. 작은 가게에서는 구입한 물건의 가격을 금전 등록기에 직접 입력하지만 큰 가게에서는 바코드로 찍고 목록을 스캐닝하며 기계에 정보를 입력하는 방식으로 이루어진다. 가게에서 돈을 지불하는 과정을 유아가 이해하기는 쉽지 않다. 어떤 때는 현금만 내고, 또 어떤 때는 현금과 거스름돈이 오가기도 하며, 다른 때는 돈은 눈에 보이지도 않고 기계에 카드만 통과시킨다.

1단계: 핵심 교과 내용과 용어 확인하기

슈퍼마켓 주제를 전개하는 첫 번째 단계는 〈표 7-1〉에서 제시한 것처럼 슈퍼마켓 주제에 포함할 수 있는 여러 교과 영역 내의 핵심 교과 내용을 생각해 보고 선정하는 것이다. 교과 내용과 관련된 개념은 경제뿐만 아니라 수학, 과학, 언어와 문해에서도 도출할 수 있다. 핵심 개념을 확인함으로써 교사는 유아가 만들어내고 있는 개념을 인식할 수 있으며 유아가 이미 알고 있는 것과 관심을 가지고 있는 것에 기초한 경험을 제공할 수 있다. 슈퍼마켓 주제를 전개해 가는 데 있어 교사가 중점을 두고 선정한 핵심 교과 내용 개념은 〈표 7-1〉에 제시되어 있다. 표의 왼쪽 칸에는 네 가지 교과 영역으로부터 도출된 핵심 개념과 그러한 개념을 적용할 수 있는 방법에 대한 내용이 담겨 있고 오른쪽 칸에는 주제에 관련된 활동이 이루어질 때 관찰할 수 있는 행동 지표 목록을 소개하고 있다.

다음에서는 활동이 이루어지는 동안 대화에서 사용할 수 있도록 주제와 연관된 주요 용어 목록을 제시하고 있다. 이 목록에는 상품이 진열된 구역의 이름이나 슈퍼마켓에서 일하는 사람들의 역할 또는 명칭을 포함하여 구입, 쇼핑 카트, 쇼핑 목록과 같이 물건을 구입하는 사람들이 사용하는 용어가 포함되어 있다. 교사는 유아가 이런 용어를 유창하게 사용할 수 있게 하기 위해 또래와 극놀이를 하는 데 필요한 어휘를 익히도록 도울 수 있고, 가족과 함께한 경험에 대해 이야기하는 데 통로, 유제품 판매 영역, 야채 이름, 계산원과 같은 용어를 사용하게 할 수 있다.

주제와 관련된 활동이 전개되는 과정에 대한 다음의 설명을 통해 교육과정에 중점을 둔 활동이 어떻게 유아의 흥미를 이끌어내고 유지할 수 있는지 그리고 더 나아가 핵심 교과 내용 개념을 둘러싼 활동과 상호작용함으로써 교과 내용 지식 및 의사소통 능력 기술과 이해가 발달할 수 있을지에 대해 알 수 있을 것이다.

〈표 7-1〉 슈퍼마켓 주제에 포함된 교과 내용

사회		
핵심 교과 내용	수행 표준 및 행동 지표	
	수행 표준	행동 지표
경제: 경제사회에서의 핵심 기능은 다양한 직업을 통해 수행된다.	슈퍼마켓에서 각기 다른 직업은 다른 기술을 필요로 한다는 것을 인식한다.	슈퍼마켓의 역할을 수행하기 위해 요구되는 다양한 종류의 기술에 대해 이야기하고 극놀이를 한다.
경제: 경제사회에서 사람들은 물건과 서비스를 제공하고 돈이나 그것과 같은 가치를 지닌 물건 혹은 서비스의 지불 형태로 교환한다.	슈퍼마켓에서 소비자가 음식과 다른 물건을 사기 위해 판매자에게 지불한다는 것을 인식한다.	슈퍼마켓 내 다양한 상황과 연관된 직업 역할을 극화한다. 돈이나 물질로 상품과 서비스를 교환하는 것의 필요성을 인식한다.

수학		
핵심 교과 내용	수행 표준 및 행동 지표	
	수행 표준	행동 지표
대수: 하나의 세트는 특별한 목적을 가지고 물건, 사건, 개념을 모은 것이다. 하나의 세트는 선정된 기준에 따라 분류되고 유목화된다.	슈퍼마켓에서 음식과 다른 물건들은 그 상품이 속한 종류에 따라 분류되고 배치된다는 것을 인식한다(예, 식품, 냉동식품, 유제품).	슈퍼마켓에서 음식을 조직하는 기준에 대해 이야기하고 교실 내 흥미 영역에서 식품을 분류하기 위해 결정한 기준을 사용한다.
수: 수를 표현하기 위해 숫자를 사용한다.	쓰인 숫자가 물건의 가격을 표시한다는 것을 인식한다.	물건 포장지에 쓰인 가격을 살펴본다. 극놀이 영역에서 가격표를 만든다.
측정: 물건의 물리적인 특성을 측정할 수 있고 비표준 또는 표준 단위를 사용해 비교할 수 있다.	선반에 배치할 용기나 쇼핑백의 양은 그 크기 혹은 공간의 여유 정도에 따라 다르다.	선반 위의 음식을 크기 순서에 따라 놓고, 공간을 고려하면서 음식을 쇼핑 카트에 담는다.
기하: 평면과 입체 형태는 사물의 특성을 구별하는 독특한 특성이다.	슈퍼마켓마다 상자의 형태와 선반 위의 용기(쇼핑백)가 다르다는 것을 인식한다.	다른 형태로 포장된 식품을 찾고, 그것을 찾기 위해 사용한 모양 단서에 대해 이야기한다.
기하: 공간, 위치와 방향은 공간 관계를 이해하는 데 필수적인 요소다.	슈퍼마켓에 배열된 물건의 위치를 글자나 말로 설명하는 것을 듣고 찾을 수 있음을 인식한다.	슈퍼마켓에 있는 물건의 위치를 알고 옆이나 위, 맞은편 등과 같이 공간에 관련된 용어로 설명한다.

과학		
핵심 교과 내용	수행 표준 및 행동 지표	
	수행 표준	행동 지표
물질: 물질은 설명하고, 비교하고, 변화시킬 수 있는 속성을 지녔다. 물질은 동일하거나 유사한 속성에 따라 분류될 수 있다.	슈퍼마켓에 있는 음식들은 온도, 크기, 모양, 촉감 같은 특성 측면에서 다양하다는 것을 이해한다.	음식과 음식을 담는 용기의 특성을 설명하고 비교하는 언어를 사용한다. 냉동고, 냉장고, 야채실, 개방형 선반과 같이 물건을 저장하기 위해 필요한 조건에 대해 언급한다.

언어와 문해		
핵심 교과 내용	수행 표준 및 행동 지표	
	수행 표준	행동 지표
쓰기: 다른 목적을 위해 그림과 쓰기의 형태를 사용할 수 있다는 것을 안다.	슈퍼마켓의 여러 기호(표지판)는 식품을 찾는 데 필요한 방향을 알려 준다.	극놀이 영역에 슈퍼마켓을 만들 때 위치를 표시하기 위해 기호를 만든다.
	음식 포장지에 있는 가격표는 가격 정보를 알려 준다.	극놀이 영역에서 식품 영역을 찾을 때 표지판을 살펴본다.

2단계: 주제 시작하기

주제를 계획하는 것은 집단 활동 시간에 유아가 슈퍼마켓에서 한 경험에 대해 이야기를 나누는 것에서부터 시작되었다. 유아들이 경험을 회상하고 받았던 인상에 대해 이야기하자, 교사는 극놀이로 슈퍼마켓을 제안하였다. 유아들은 신이 나서 금세 극놀이에 필요한 자료에 대해 대화하였다. 극놀이에 대한 설명과 함께 가게에 쌓을 빈 음식 용기를 보내 달라는 요청을 부모님들에게 보냈다.

며칠 후 자료가 충분히 수집되었을 때, 교사는 대집단 활동 시간에 극놀이 영역의 가구를 어떻게 배열할지, 선반을 어떻게 놓을지 등에 대해 의논하였다. 유아들이 용기를 어디에 놓을지 이야기하는 것을 들으니 그들이 음식을 분류하고 그것을 저장할 때 필요한 것, 즉 우유는 냉장고, 박스나 깡통 음식은 선반 등에 대해 알고 있음을 이해할 수 있었다. 유아들이 영역으로 가 용기를 선반에 분류하기 시작하면서 유아들 간의 대화는 그 용기들을 특정 기준을 중심으로 배열하는 것으로 바뀌었다. 수학적인 크기에 관심이 있던 유아들은 크기를 기준으로 지정된 장소에 맞게 배열하고 재배열하였다. 어떤 유아들은 크기와 모양에 관계없이 음식의 종류에 따라 용기를 분류하려고 하였다. 이 두 가지 다른 관점은 대집단 활동 시간에 선반의 상자와 캔을 분류하고 범주화하는 다른 방식에 대한 대화로 이어졌다. 슈퍼마켓을 차리는 놀이가 시작되었을 때, 교사는 유아들이 가격표와 물건 값을 지불하는 것에 대해 생각해 볼 수 있도록 다음과 같은 질문을 했다. "사는 사람은 물건이 얼마인지 어떻게 알까?" 가격표를 만드는 과정이 소개되자 어떤 유아들은 '열림'과 '닫힘' 같은 다른 기호에 대해서도 관심을 갖게 되었는데, 결과적으로 그들은 쓰인 글자가 의사소통의 한 수단이라는 것을 알게 되었다.

3단계: 유아의 초기 행동 관찰

처음 며칠 동안 유아들은 어떻게 슈퍼마켓이 돌아가는지를 알아내고 그것에 대한 극놀이를 하는 데 흥미를 보였다. [사진 7.2]부터 [사진 7.5]까지는 계산원의 역할을 아는 것으로 시작해서 슈퍼마켓에서 일어나는 다양한 사건을 개별적인 것으로 인식하는 유치원과 유아원 수준 유아들의 전형적인 사례를 보여 준다([사진 7.2]). 유아는 점원 역할을 돌아가면서 맡

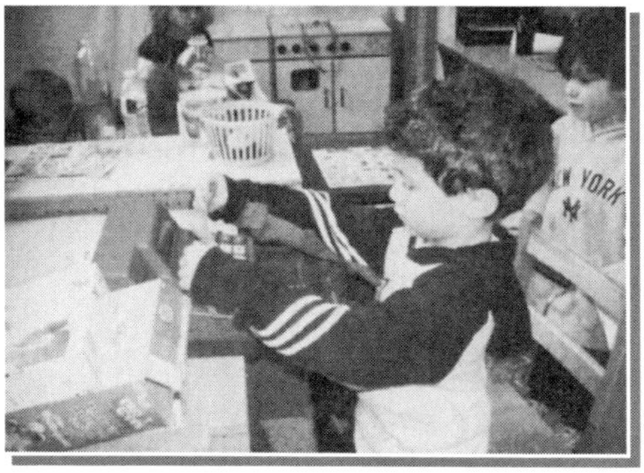

● 사진 7.2 ●

● 사진 7.3 ●

● 사진 7.4 ●

● 사진 7.5 ●

으며, 가게에서 돈을 지불하는 활동이 있다는 것을 인식하고 돈을 사용하기 시작한다. 유아들은 사는 사람과 파는 사람의 전형적인 역할을 극화하는 데도 참여한다. 아기와 함께 쇼핑을 하고 있는 유아는 물건 값을 치르고 있고, 계산원은 잔돈을 거슬러주고 있다([사진 7.3]).

교사는 다른 유아와 무엇을 살 것인지 이야기를 주고받는 유아를 관찰한 후, 유아에게 가게 전단지와 비어있는 구입 목록표를 주면서 전단지를 보고 사야 하는 목록을 작성하는 데 관심을 갖도록 하였다. [사진 7.4]는 구입 목록표를 작성하는 유아의 모습이고 [사진 7.5]는 목록표를 보며 물건을 고르고 있는 유아의 모습이다.

사진에서 실례로 소개된 모든 극놀이에서 유아들은 자신이 더 잘 알고 이해하는 방법으로 자신이 관찰한 것을 극화하였다. 교사는 유아가 극놀이를 하는 동안 나타낸 행동이 주로 사업체로서의 슈퍼마켓을 이해하는 영역에만 제한되었다고 생각했다. 그러나 한편으로는 극놀이가 진행되는 것을 관찰하여 얻은 정보를 활용해서 유아들의 놀이를 발전적으로 이끌 수 있는 가능성이 있다고 생각했다. 이를 위해서는 경제, 수학, 과학 그리고 언어와 문해 영역의 교과 내용 도표에 실린 핵심 개념을 다시 살펴볼 필요가 있었다.

대화와 확장된 경험을 통해 개념 발달을 강화하기 위한 목적은 주제 발달의 다음 단계를 위한 계획에 기초를 두고 있다.

4단계: 초점이 맞추어진 경험을 통해 교과 내용에 대한 이해 강화하기

〈표 7-1〉에서 제시하는 것처럼 슈퍼마켓과 연관된 핵심 교과 내용에 대한 유아들의 발현적 이해를 넓히기 위해 교사는 슈퍼마켓을 방문하기로 결정했다. 교사는 『팬케이크, 팬케이크!(*Pancakes, Pancakes!*)』(Carle, 1990) 동화를 읽으면서 방문의 목적을 세우고, 팬케이크를 만드는 데 필요한 음식 재료의 구입을 계획하였다. 계획하는 동안 유아들은 슈퍼마켓에서 무엇을 볼지 모두 기대감에 부풀어 있었다.

교사는 유아들에게 각자 찾아야 하는 음식 재료의 사진과 명칭이 적힌 카드를 주어 슈퍼마켓의 조직에 관심을 갖도록 유도하였다. 가게에 도착하자마자 매니저는 자신의 역할을 유아들에게 설명하여 주었다. 그는 각각의 통로에 위치한 음식들을 목록화한 기호를 가리켰다. 유아들은 슈퍼마켓을 둘러보면서 정육 파트를 제외하고 어떻게 음식이 가게에 도착하고 어떻게 선반까지 이동하는지에 대해 영역별 책임자와 말할 수 있는 기회를 가졌다.

교사와 부모는 소집단별로 유아들이 사야 하는 음식과 그것이 진열된 통로의 표지판을 연계시킬 수 있게 도와주면서 따라다녔다. 예를 들어, 계란 사진과 이름표를 가진 유아는 자신이 갖고 있는 계란 그림에 쓰인 단어를 유제품 영역에서 발견하였다. 팬케이크 시럽 그림을 갖고 있는 유아는 그 상표의 시럽을 찾을 때까지 그 영역의 표지판을 읽어봐 달라고 어른들에게 요청하였다. 유아는 시럽 영역을 찾은 후 갖고 있던 그림을 사용하여 특정 상표를 찾았다.

5단계: 교실 내 극놀이 활동에 미친 영향

유치원에 돌아오자마자 현장학습의 결과는 여러 측면에 반영되었다. 교사는 극놀이 영역에서 역할의 재연 수준이 더욱 높아졌음을 알 수 있었다. 유아들은 돈을 다루는 것에 대해 많은 정보를 요구하였고 역할에 맞는 다양한 복장도 달라고 하였다. 또한 유아들은 미술 영역에서 매니저의 모자와 같은 추가적인 소품을 만들었다.

이에 추가하여 교사는 더 많은 활동을 안내하기로 결정하였다. 교사는 유아들에게 현장학습 때 찍었던 사진을 보여 주고 슈퍼마켓의 진열 방식, 영역별로 일하는 방식에 대해 회상하고 토의하면서 슈퍼마켓 경험에 대해 떠올릴 수 있게 하였다. 교사는 이러한 경험을 토대로 유아가 핵심 교과 개념을 확장하도록 돕기 위해 매번 초점을 다르게 하여 한 번 이상의 현장학습을 해야겠다는 내년도 계획을 세워 보았다.

교사 평가

교사는 작년에도 유아들과 함께 여러 번 슈퍼마켓에 현장학습을 갔던 경험이 있었다. 그러나 교과 내용의 주요 개념에 대해 알기 전까지는 얼마나 많은 교과 내용과 개념이 적용되고 발달될 수 있을지에 대해 인식하지 못했다. 교사는 유아들이 경제적 사업체인 슈퍼마켓에서 직업의 역할과 상품의 구성 영역에 대한 개념에 관심을 갖자 무척이나 놀랐다. 현장학습 이후에 극놀이 영역에서 유아들의 행동은 더욱 새롭게 활기를 띠어 더 많은 유아가 여러 종류의 직업 역할을 맡았고 극의 내용은 더욱 복잡해지게 되었다.

〈표 7-1〉을 사용하면서 교사는 선정한 핵심 개념에 유아들이 주의를

기울이는 동시에 높은 관심을 갖고 참여하게 할 수 있는 방법에 대해 생각하기 시작하였다. 한 가지 가능성은 가정과의 연계 측면에서 이루어질 수 있다. 즉, 진행되고 있는 주제에 대한 교육 내용을 부모들에게 알리고 초대하여 활동을 보고함으로써 부모들이 유아와 함께 슈퍼마켓에서 장을 보면서 자녀의 대화나 행동의 변화에 대해 관심을 가질 수 있도록 하는 것이다. 교사는 또한 다른 종류의 가게를 방문하여 인력 배치와 물건 배열의 유사점이나 차이점을 알아보는 활동, 슈퍼마켓의 직원을 교실로 초대하여 어떤 일을 하는지 듣는 활동 등을 고려해 보았다.

교사에게 가장 중요한 것은, 활동-기반 교육 환경의 교육적 가치를 실현하면서 교과 내용 영역의 핵심 개념을 고려하여 주제별 활동을 계획하는 방법에 대해 새롭게 이해하는 것이다. 활동에 포함될 핵심 교과 내용 개념과 수행 표준을 먼저 밝히도록 하고 있기 때문에 이제는 새로운 관점에서 부록 G에 제시된 주제 계획 지침서를 보게 된다. 부록 I에는 주제를 발달시키는 일반적인 지침뿐만 아니라 신발 주제에 대한 주 계획 전반이 담겨 있다.

요 약

극놀이 영역은 유아가 자신의 경험을 재창조하는 장소이고, 유아는 그러한 극놀이를 통해 자신이 만났던 사람들과 연관된 역동적인 상호작용과 역할을 더 잘 이해하게 된다. 일반적으로는 집이나 가정생활 같은 역할 놀이를 가장 많이 하지만 그것을 하면서도 버스를 타는 것 같은 일상적인 경험이나 호박 농장으로 견학 가는 것 같은 새로운 경험을 통해 교육과정 개발을 지원할 풍부한 기회를 얻을 수 있다. 여러 주제들은 유아가 흥미와 관심을 갖고 활동에 몰입하면서 교과 내용의 핵심 개념을 발달시킬 수 있도록 하는 매개체가 된다. 또한, 극놀이 영역은 유아가 새로 접하는 주제 경험을 그들이 잘 알고 있는 것으로 통합시킬 수 있도록 하는 중요한 놀이영역이다. 즉, 유아가 경험을 자신들만의 극놀이로 재창조하는 기회는 교과 내용에 대한 이해를 쌓는 결정적인 계기가 된다. 교사가 극놀이를 관찰하는 것은 유아가 주제 경험에 집중하여 무엇을 알게 되고 교과 내용에 대한 지식을 어떻게 형성하게 되는지 파악하여 볼 수 있게 하는 창문의 역할을 한다.

제8장

표현 예술 및 문해 영역의 교과 내용 강화하기

문해 교과 내용

표현 예술 교과 내용

발달적 관점

언어, 문해 및 표현 예술의 표준

문해와 표현 예술 영역의 환경 구성 및 개선하기

매체 자료로 실험하고 발견하기

매체 자료를 이용한 발견에서 표현까지

교육과정 활동에서 의사소통 증진하기

창조적인 표현 자극하기

발달적 경험의 예

과학적 사건에 대한 반응으로 아이디어 표현하기

요 약

예술은 우리 삶의 경험을 상징적인 형태로 변형하여, 우리가 처한 현실로부터 한 발자국 뒤로 물러서서 그것을 관망하고 공유할 수 있게 한다.

—Robert Schirrmacher (1993).
Art and creative development for young children, p. 4

표현 예술 및 문해 영역의 교육 내용 강화는 유아들의 의사소통 능력 강화와 개별 유아의 창의적 잠재력 성장이라는 유아교육의 두 가지 목표를 달성하게 한다. 유아는 언어와 행동뿐만 아니라 다양한 매체와 자료를 사용하여 머릿속에 떠오르는 수많은 인상, 생각, 감정, 의견과 소망을 표현한다. 문어 및 구어를 통한 표현 또는 표현 예술 자료의 사용은 모두 사회 집단 내에서 유아 자신의 정체성을 확립하는 의사소통 능력의 강화를 목표로 한다. 유아들이 종종 문어와 구어보다는 매체 자료의 사용을 통해 좀 더 명확하게 자신을 표현하는 것을 보면 두 영역 모두에서 예술 영역의 교육 내용을 강화하는 것이 중요하다는 것을 알 수 있다.

문해 교과 내용

문해의 교육 내용과 기술의 초점은 그 문화의 구어와 문어 숙달을 통한 의사소통에 있다. 유아기의 문해 교육 내용과 문해 발달 과정에 관한 전문적인 서적(Beaty & Pratt, 2007; Ollila & Mayfield, 1992)은 많이 있다. 이 장에서는 어떻게 교육 내용을 강화할 것인가에 대한 논의를 목적으로, 문해에 관하여 대부분의 사람이 수용하는 연구 결과를 간략하게 요약하고자 한다.

듣기 · 말하기 능력은 다양한 맥락에서 개인적 · 사회적 요구를 충족시키기 위한 의사소통 방식으로, 언어를 수용하고 표현하는 다양한 기회를 통해 길러진다. 또한, 어휘는 의사소통을 위하여 언어를 듣고 사용하는 다양한 경험을 통하여 확장되며, 언어 체계의 규칙에 관한 유창성은 시간이 지나면 성장한다. 마지막으로, 말소리에 대한 점진적인 식별, 즉 음운 인식은 그것과 관련 있는 경험에 노출되면서 확대된다. 효과적인 의사소통을 이끄는 구어에 목표를 둔 교육 내용은 이러한 견해를 반영한다.

읽기와 쓰기 교육 내용은 구어 교육 내용에 기반을 두고 성립된다. 이러한 교육 내용은 말과 글의 관계에 대한 인식 그리고 의사소통의 수단으로서 말을 글로 전환하는 규칙에 중심을 두고 있다. 문해의 교육 내용과 기술 강화에는 다음의 광범위한 내용이 포함된다.

1. 리딩(leading, 발전된 또는 관련 있는 개념으로 확장 · 연계해 주기): 구어와 문어의 의미 있는 사용에 대한 모범 보여 주기, 표현을 목적으로 언어 사용을 자극하는 경험 제공하기, 흥미가 높은 맥락에서 구체적인 분절된 기술을 연습하도록 안내하기
2. 피딩(feeding, 정보, 어휘 또는 활동 제공해 주기): 유아가 참여하고 있는 활동과 직접적으로 관련 있는 진정한 대화하기, 유아가 의사소통 활동에 참여할 때 주의 깊은 경청자가 되어 주기
3. 씨딩(seeding, 환경 구성해 주기): 흥미 영역과 프로젝트에서 일어나는 유아-주도적 활동에서 유아의 문해 기술을 자극하고 지원하는 자료 제공하기

표현 예술 교과 내용

표현 예술 영역의 교육 내용에는 다매체 자료 사용을 통해 의사소통하기가 포함된다. 의사소통은 유아의 경험, 이해, 감정, 개인적 사건에 대한 반응을 표상할 수 있는 그림 그리기, 색칠하기, 모형 만들기 또는 다른 결과물 같은 도식적 미술 자료나 플라스틱으로 된 미술 자료를 사용하는 가운데 일어난다. 표현 예술의 교육 내용과 기술에 대한 생각에는 두 가지 접근이 있다. 한 가지 접근은 매체 자료의 사용에 관한 기술의 발달과 개인적 표현을 위한 기술의 사용을 모두 포함한다. 다른 접근은 유아가 표현하기 위해 이런 도구를 충분히 친숙하게 사용할 수 있을 때까지 필요한 것으로, 교육 내용을 제한하는 견해다. 표현 예술의 교육 내용을 강화하기 위한 교사의 가르치는 역할은 각 단계별로 독특한 형태를 갖게 된다.

1. 리딩(leading, 발전된 또는 관련 있는 개념으로 확장 · 연계해 주기): 유아가 도구 사용 방법을 학습할 때 유아의 흥미에 반응하여 적절한 순간에 시범을 보이고 모델을 제공하는 교수법을 적용한다. 유아가 도구를 사용하는 방법을 알게 된 후에는 표현을 위해 매체 자료의 사용을 자극할 수 있는 기회를 제공하거나 유아의 표현 예술 과정과 결과물에 대한 집단 토의를 이끌어 지도한다.
2. 피딩(feeding, 정보, 어휘 또는 활동 제공해 주기): 유아들의 표현 과정과 결과물에 관한 진정한 대화에 참여한다. 유아들이 결과물뿐만 아니라 자신들의 행동 또는 도구 사용에 있어서의 문제나 결정에 대해 의사소통하고자 할 때 경청해 준다.
3. 씨딩(seeding, 환경 구성해 주기): 흥미 영역과 프로젝트에서 일어나는 유아-주도적 활동에서 유아들을 자극하고 지원할 수 있는 자료를

제공한다.

언어 및 문해 발달의 교육 내용과 기술 그리고 창의적 표현 및 미적 발달의 교육 내용과 기술의 강화를 위해서는 성인 안내 활동과 유아 주도적 활동 간의 균형을 유지해야 한다.

발달적 관점

유아들은 표현 예술이나 내러티브 언어를 통해 상징적으로 의미를 구성하는 과정에 있을 때 다양한 범위의 정신적 이미지를 그린다(Arnheim, 1969; Lowenfeld, 1957). 학습의 과정이 진행되면 유아들은 예술적 · 언어적 성장을 위한 다양한 영역의 발달을 위하여 사전 지식, 기술과 경험을 사용하게 된다. 예술 및 문해 교육의 영역에서 유아의 예술 표현이나 의사소통 능력이 성장하기 위해서는 경험도 풍부해야 하지만 그 과정에서 유아가 받은 인상과 감정을 공유하기 위해 타인으로부터 받은 자극도 풍부해야 한다(National Board for Professional Teaching Standards, 2000). 이는 의사소통 방식으로서의 언어와 매체 사용을 강화하기 위해 유아가 의사소통 내용의 기반이 되는 경험을 풍부하게 생성하도록 지원하는 것임을 의미한다.

유아들은 표현 예술이나 내러티브 언어를 통해 상징적으로 의미를 구성하는 과정에 있을 때 다양한 범위의 정신적 이미지를 그린다.

구어 발달

구어 체계의 발달을 통한 의사소통은 영아기부터 점진적으로 발달하는데, 주변의 물리적 · 정서적 요구에 대한 표현으로 시작해서 점차 복잡한 종류의 메시지를 이해할 수 있게 되면서 언어 역량이 성장하게 된다. 유아는 언어로 실험하고 성인의 말을 들으며, 자신이 성장하는 문화의 표준어 습득 과정에서 따라하기making approximation를 통하여 의사소통 방법을 발견한다(Ruddell & Ruddell, 1995). 따라서 그들은 유치원에 입학하기 전부터 가정 문화를 통해 공통적인 구어 및 그것의 사용 경험을 갖게 된다.

문어 발달

유사한 방식으로, 유아의 문어 체계 사용 능력도 시간이 지나면서 발달하게 된다(Clay, 1991; Harste, Woodward, & Burke, 1984). 유아는 무작위로 끄적이기부터 어느 정도 정확성을 가진 조절된 끄적이기로 진보하게 된다. 많은 유아가 쓰기 도구에 대한 약간의 친숙성과 의미를 전달하는 쓰기 지식을 갖고 학교에 간다. 경험을 통하여 유아는 실험하고, 성인이 쓰는 것을 보며, 성인이 쓰는 동안 그들과 상호작용하면서 쓰기 도구와 쓰인 상징에 대해 지식 및 이해를 발달시킨다. 구어와 마찬가지로, 유아의 쓰기 시도도 표준화된 쓰기를 유사하게 따라하는 것으로 시작한다. 텍스트와 관련된 다양한 경험과 진정한 목적을 갖고 쓰는 기회는 표준화된 글자 형태를 구성하는 능력을 성취하도록 지원한다(Ferreiro & Teberosky, 1982).

표현 예술 자료 사용의 발달

유아의 구어와 문어 유창성이 증가하면 의사소통 능력이 증진되는 것과 마찬가지로, 매체 자료를 사용하는 능력이 증가하면 다양한 방식으로 의사소통하는 능력이 증가한다. 처음 유아에게 소개되는 조형, 회화, 색칠, 콜라주(뜯어 붙이기), 구성 자료가 포함된 대부분의 표현 예술 자료의 사용은 성인이나 또래에 대한 모방과 다양한 유형의 사용법에 대한 설명을 통하여 이루어진다. 이러한 실험은 주로 '이렇게 하면 무슨 일이 일어날까?'에 대한 발견, 가능성에 대한 실험, 유아 개인의 반응에 대한 결과를 인식하는 실험에 초점을 두고 일어난다(Brearley, 1970). 매체 자료를 통한 이러한 실험의 전형적인 사례는 [사진 8.1]에 제시되어 있다. 이 유아는 종이 위의 물감의 위치, 붓 움직임의 결과에 따른 다양한 모양의 출현, 색을 혼합할 때 발생하는 색 간의 관계를 실험하기 시작하였다. 구어와 문어에서도 표현을 위한 매체 자료의 사용 능력은 경험과 지원에 따라 점차 통제되고 세련되어진다.

● 사진 8.1 ●

언어, 문해 및 표현 예술의 표준

문해의 표준은 미국의 각 주별로 다양한 방법으로 진술되어 있지만, 핵심적으로는 동일한 내용을 전하고 있다. 또한 구어 의사소통 영역에서의 수행 표준은 다음의 일반적 용어로서 말하기와 듣기의 목표로 구체화되어 있다.

- 말하기를 통하여 생각, 의견, 개인적인 경험, 소망, 감정을 공유하고 정보를 요청한다.
- 지시, 운율, 이야기를 이해하며 듣는다. 여러 단계로 이어지는 간단한 지시를 이해하고 따른다.

읽기와 쓰기의 수행 표준 또한 매우 일반적인 용어로 서술된다.

- 말과 글의 관계를 찾고, 기호를 읽고 그리며, 약간의 텍스트를 읽고 쓴다.
- 목적을 달성하기 위하여 그리기, 차트 및 관례적인 쓰기와 같은 다양한 형태의 기록 방식을 사용할 필요성이 있다는 것을 이해한다.

표현 예술 영역에서의 표준은 예술 매체 자료의 사용뿐 아니라 음악(예, 음률, 노래, 악기 연주와 듣기)과 극화도 포함한다. 하지만 우리는 이 장에서 의사소통의 형태로서 매체 자료의 사용에만 초점을 두고자 한다. 시각 예술 자료 사용의 측면에서 표준은 앞서 설명한 두 수준의 역량을 다루고 있다.

- 다양한 사용 방법으로 다양한 매체 자료를 사용할 능력을 증진시킨다.
- 개인의 지각, 인상, 경험을 반영한 그리기, 색칠하기 그리고 다른 예술 조형물을 구성하는 능력을 확장시킨다.
- 다른 사람의 예술 작품을 이해하는 안목을 기른다.

문해와 표현 예술 두 영역의 표준이 의사소통 능력의 발달로 모아지는 것은 흥미로운 일이다(Cornett, 1998). 표현 예술의 표준에 대한 다음의 진술을 예로 살펴보고자 한다.

- 예술에 대한 묘사와 설명에 구어를 사용한다.
- 다른 사람의 예술 작품과 경험에 대한 의견을 이해하고 공유한다.
- 다른 사람의 예술 작품과 경험에 대한 다양한 설명을 들으면서 감상한다(Pennsylvania Department of Education and Department of Public Welfare, *Pennsylvania Learning Standards for Early Childhood*, 2009).

유사하게, 언어와 문해에 대한 표준은 모든 양식을 통한 의사소통을 강조한다.

- 말하기를 통하여 경험, 생각, 요구, 선택과 감정을 의사소통한다.
- 대화를 이해하면서 듣는다.
- 자신의 경험을 설명하고 공유한다.
- 쓰기를 시작하는 유아의 전형적인 행동을 보인다.

문해와 표현 예술 두 영역의 표준이 의사소통 능력 발달로 모아지는 것은 흥미로운 일이다.

- 시각적 상징의 의미를 찾는다(New York City Department of Education, *Prekindergarten Performance Standards*, 2003).

의사소통에는 메시지를 받고 전달하고 교환하는 공통의 언어 사용이 필요하다. 따라서 문해와 표현 예술 영역에 대한 교육 내용을 강화하기 위해서는 구어와 문어의 언어적 의미 및 표현 예술 작품에 포함된 메시지의 내용에 대한 상호 이해력을 확대하여 증진해 주어야 한다.

문해와 표현 예술 영역의 환경 구성 및 개선하기

문해 영역(도서 영역)과 표현 예술 영역(미술 영역)에서의 폭넓은 자료 선택은 유아에게 자신의 메시지를 만들고 다른 사람의 메시지를 즐기는 능력을 확장하는 기회를 제공한다. 특히 문해 영역 안이나 그 주변에 도서 및 듣기 영역과 쓰기 자료 영역을 설치한다. 도서 영역의 자료에는 다양한 분야의 도서와 이야기 재연을 위한 주제 및 소품이 포함되며, 듣기 영역의 자료에는 녹음기, CD 플레이어, 상품화되었거나 교사가 제작한 녹음 자료와 CD들이 제공된다. 그리고 읽기 영역에는 쓰기, 그리기, 도장 찍기를 위한 자료들이 포함된다. 표현 예술 영역에서는 주물러 만들기 자료(찰흙과 점토), 회화 자료(물감, 크레용, 매직펜)와 콜라주 및 종이 구성 자료를 제공한다. 이러한 각 영역의 자료는 일반적으로 현재 진행되는 교육과정에서의 흥미, 주제, 각종 기념일과 계절에 연관된 활동에 기반을 두고 바꿔 준다. 예를 들어, 밸런타인데이 즈음에 유아가 밸런타인데이 카드를 만드는 것에 관심을 보인다면 빈 카드와 봉투 그리고 참조할 유아의 이름 카드 세트를 제공한다.

매체 자료로 실험하고 발견하기

자료에 대한 학습이 활동을 지배하는 실험과 발견의 단계에서는 창의적이거나 표현적인 메시지와 관련된 공통 언어가 필요하지 않다. 그러나 유아가 발견하는 것이 무엇인지 명확하게 하도록 도울 필요는 있다. 찰흙의 속성을 변별하기 위하여 찰흙으로 작업을 하는 유아를 예로 들고자 한다. [사진 8.2]에서 우리는 찰흙을 조작하려면 어떻게 행동해야 하는지에 대한 정보를 수집하고, 찰흙의 모양을 변화시킬 수 있는 방법을 고안하는 데 초점을 두고 있는 유아를 볼 수 있다. 이때 유아는 교사와 함께 찰흙의 모양을 만들지만 다시 그 결과를 공유하는 데에는 관심이 없다.

[사진 8.3]에서, 젖지 않은 보통 상태에서 찰흙 형체를 실험한 유아가 찰흙이 젖으면 어떻게 되는지에 집중하고 있는 것을 볼 수 있다. 젖은 찰흙이 자신의 손에 달라붙는 것을 발견한 후, 그것에 매료되어 손으로 찰흙을 지속적으로 만져 보고 기쁨을 공유하고자 가까이 있는 교사를 찾아 "이것 봐요, 이것 봐요."라고 말했다. 이 시점에서, 교사의 의사소통 목적은 유아가 자료의 속성을 설명할 수 있도록 도와주는 것이다.

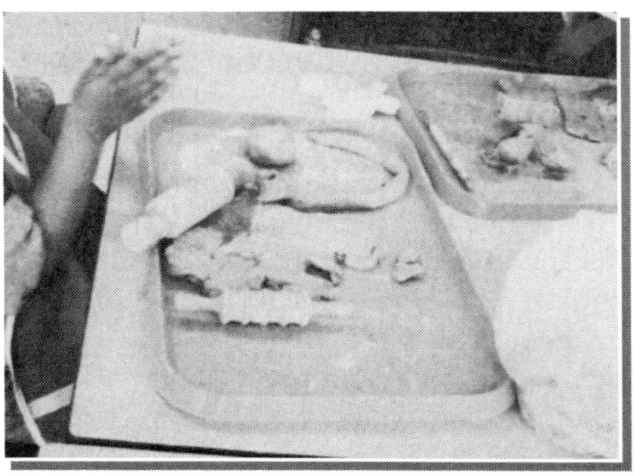

● 사진 8.2 ●

"그렇구나. 젖은 찰흙이 네 손에 붙어 있구나. 네가 물을 더 넣기 전에는 이렇게 끈적끈적하지 않았는데. 그렇지?"

표현 매체로서의 찰흙의 사용 가능성에 대한 이해는 찰흙을 가지고 형태를 만들 때 영향을 주는 요인을 이해하는 정도에 달려 있다.

이러한 실험과 발견의 초기 단계에서 유아는 좀 더 많은 것을 알아내기 위해 직관적으로 자신의 행동을 이렇게 저렇게 변화시켜 보지만 여전히 자신이 이해한 것을 표현할 능력은 없다. 성인이 발견한 것과 의사소통할 것을 연결시켜 주면, 유아는 무엇을 발견했는지를 또래 및 다른 사람과 공유할 가능성이 높아지고 자료를 사용하는 능력도 발달하게 된다. 다른 예로서, [사진 8.4]에서 유아가 빨대와 모루를 연결하는 방법을 알아내는 데 열중하다 우연히 기하학적 도형이 만들어졌다. "선생님이 보니까, 빨대 세 개를 이어서 삼각형을 만들었네. 그 다음에는 빨대 네 개로 사각형을 만들었구나."와 같은 교사의 말은 의도적으로 모양을 만들고 구성하는 방법을 알아가는 유아의 능력에 기여하게 된다.

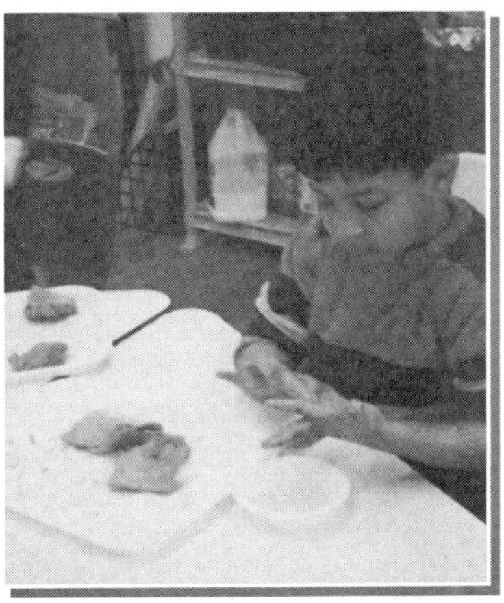

● 사진 8.3 ●

● 사진 8.4 ●

매체 자료를 사용하는 발견 단계에서 첫 번째 결과는 우연성, 즉 우연히 일어나는 것이다. 유아가 동일한 결과를 성취하려고 자료를 사용하는 과정을 계속 반복한다면 이것은 유아가 수집한 정보를 의도적으로 검증하는 것이다. 실제 우리는 유아가 자신이 하던 행동을 바꾸기 전에 같은 행동을 반복해서 같은 매체 자료로 같은 결과(예, 종이의 모서리를 반복하여 가위로 잘라 내거나 혹은 반복적으로 이젤 위의 종이에 붓에 적신 물감을 떨어뜨려 색칠을 하는 행동)를 얻는 것을 볼 수 있다.

이 발견의 단계에서 매체 자료에 대해 수집한 정보의 대부분은 과학과 수학 학습의 범주에 포함된다. 유아는 자료의 독특한 속성을 알아내고 자료에 특정 도구를 사용하면 어떤 결과(예, 찰흙을 밀대로 밀어 보는 것)가 생기는지 알아낸다. 유아가 발견할 수 있는 속성은 다음과 같다. 즉, 크레용을 강하게 누르면 약하게 누르는 것보다 더 진한 색이 나타나고, 길고 둥근 찰흙은 수평 위치에서는 모양을 유지하지만 수직의 위치에서는 유지되지 않으며, 한 번의 가위질로 자를 수 있는 종이의 길이에는 제한이 있어서 완전하게 자르려면 여러 번의 가위질이 필요하다는 것 등이다.

유아가 가능성을 발견하고 실험하는 단계에서, 교과 내용 학습을 강화하기 위해서는 말로 어떤 행동을 하면 어떤 결과가 나타나는지를 분명히 알려 주어야 한다.

> "선생님이 보니까, 그림을 그릴 때 붓을 옆으로 돌려서 넓은 선을 만들고, 그 다음 다시 붓을 돌려서 좁은 선을 만들더라."

매체 자료를 사용하는 발견 단계에서 첫 번째 결과는 우연성, 즉 우연히 일어나는 것이다.

이 상황에서 교사는 유아의 행동을 말로 표현해 줌으로써 매체를 의도적으로 통제하는 것과 관련된 대화를 추가적으로 하였다.

"더 넓은 다른 선을 만들고 싶으면 붓을 어떻게 잡으면 될까?"

확장된 경험을 통해 유아가 다른 두께의 선을 어떻게 만드는지 이해하면 교사는 유아가 일반화할 수 있도록, 즉 그림을 그릴 때 붓의 위치가 선의 두께에 차이를 만든다는 것을 알도록 지원할 수 있다.

매체 자료를 이용한 발견에서 표현까지

자료와 자료를 다루는 법에 대한 유아의 지식이 쌓이면, 유아의 흥미는 매체를 통제하는 방법을 발견하는 것에서 개인적 메시지를 표현하는 것으로 옮겨 간다. 의사소통을 위하여 유아가 선택한 다양한 메시지는 유아의 생활 경험, 특히 유아 자신의 경험에 대한 해석을 반영한다. '가족'은 유아가 그리거나 색칠할 때 활용하는 전형적인 주제다. 우리는 최근 유아가 가족을 그리면서 각 구성원에게 이름을 붙이는 것을 보았다. 유아는 그림을 그리고 나서 가까이 있는 교사에게 말하였다. "이건 우리 엄마지만 노란 머리예요. 왜냐하면 갈색 물감이 없었어요." 인물 주변의 초록색 배경을 가리키면서는 "벽은 원래 파란색인데요. 파란색 물감이 없었어요."라고 말하였다. 교사는 이러한 차이에 대하여 유아와 이야기를 나누었다.

이 유아는 자신이 재현하지 못한 것을 세부적으로 짚어가면서 자기 그림의 의미를 설명하였다. 유아는 자기가 그린 가족 그림을 집에 가져가 엄마에게 그것에 대해 말하면서 다시 한 번 자신이 사용한 색과 실생활의

● 사진 8.5 ●

색이 다른 이유를 설명하였다. 교사의 능동적 경청은 유아에게 매체 표상에 대하여 말하고자 하는 욕구를 증진시킨다.

그리기, 색칠하기, 구성하기, 붙이기를 하는 데 사용할 매체 자료가 주어진다면 우리는 광범위한 주제에 대한 유아의 표상을 기대할 수 있다. [사진 8.5]의 표현 예술 작품에서 유아들의 자기 주도적 작품에 나타난 광범위한 흥미를 볼 수 있다. 여기서 우리는 이 연령 집단의 흥미를 나타내는 전형적인 주제를 볼 수 있는데, 자기 자신과 다른 사람, 동물과 식물, 환경 주제, 콜라주 자료를 배열하여 구성한 디자인 등이 그것이다. 우리는 이러한 주제를 표상하는 능력도 유아마다 다르다는 것 역시 알 수 있다.

유아가 자료 사용법을 발견하는 단계에서 이미지와 인상에 대한 의도적 표상을 하는 단계로 발전함에 따라 교사의 역할은 변한다. 그때부터는 관찰한 행동에 대해 피드백을 주는 것에서 메시지의 의미에 대해 상호작용하도록 자극을 주는 것으로 역할을 전환하여야 한다. 유아가 자신의 머릿속에 있는 이미지를 표상하기 위하여 매체 자료를 사용하면, 그들이 의사소통하는 메시지와 연계된 구어는 새로운 기능을 하게 된다. 따라서 우리는 더 이상 유아를 자료 사용법의 발견에 대하여 말하는 것으로 제한하지 말고 그들이 메시지에 대해 말하는 데 언어를 사용하도록 돕는 것에 관심을 두어야 한다.

앞 장에서 설명한 바와 같이 유아는 교사와 말할 기회를 갖는 것을 중요하게 생각한다. 유아들은 공유하고 싶어한다. 즉, "내가 만든 괴물을 보세요." "내가 숲을 만들었어요." "내가 한 것을 보세요. 내가 뱀을 만들었어요."와 같이 말한다. 유아들은 "멋있구나."와 같은 칭찬도 물론 좋아하지만, 이러한 유형의 교사 반응은 대화를 이어지게 하지 못할 뿐 아니라 교과 내용을 도입할 기회도 제공하지 못한다. 대신에, "이것은 정말 긴 뱀이네. 네가 전에 만들었던 뱀보다 더 길다."와 같은 언급은 일련의 가능성을 열어 준다. 이러한 반응은 더 긴 뱀을 만드는 행동 반응을 유도할 수도 있고, 유아가 경험한 뱀에 대하여 대화도 할 수 있게 한다. 이것은 추후 뱀의 그림과 뱀의 생태에 대한 책을 찾아보게 하는 동기가 될 수도 있다. 이 사례에서 유아는 찰흙을 굴려서 길게 만든 것과 뱀의 유사성을 인식하였을 수도 있고 아니면 의도적으로 뱀을 만들었을 수도 있다. 중요한 것은 생각에 대한 표상을 통해 유아가 제공한 교과 내용을 학습할 기회를 확장하기 위해서는 발견하고 만든 것을 공유하고자 하는 유아의 흥미를 최대한 활용해야 한다는 것이다(Eisner, 1990; Scheinfeld, Haigh, & Scheinfeld, 2008).

교육과정 활동에서 의사소통 증진하기

유아가 자신의 세계를 의도적으로 표상할 수 있게 됨에 따라, 그들은 언어와 매체 자료를 사용해서 의사소통하기 위해 교사가 제공하는 자극에 점차 반응적이 된다. 계획된 교육과정 활동을 통해 제공된 자극은 새로운 교육과정 내용에 대한 이미지와 인상을 언어와 매체 작품으로 변형시킬 가능성을 높여 준다.

문해 관련 전문 서적에는 언어와 표현 예술을 통해 의사소통 능력의 발달에 기여할 수 있는 한 가지 이상의 활동이 수없이 많다(Garrison, 1979). 교사들은 할 수 있는 활동 목록을 늘리기 위해 지속적으로 이런 자료를 활용한다. 종종 이러한 활동은 통합 교육과정을 통한 주제 혹은 단원에 관한 연구로부터 도출된다. 통합 교육과정을 위한 설계는 레지오 에밀리아 프로그램(Scheinfeld, Haigh, & Scheinfeld, 2008; Wien, 2008)이나 프로젝트 접근법(Helm & Beneke, 2003)과 같은 이론적 관점으로부터 도입되었다. 이 활동들은 종종 구어와 문어, 매체 표현을 증진하는 풍부한 기회를 제공한다. 전형적인 활동의 예로는 현장학습, 문학 활동, 학급에 온 방문자 맞이하기, 축하 행사, 과학 프로젝트 그리고 개별 유아의 삶과 관련된 특별한 사건을 들 수 있다(Harlen, 1992; Kamii, 2000; Schickedanz, 2008; Williams, Rockwell, & Sherwood, 1987). 이처럼 교육과정 활동이 문해와 매체 자료의 사용을 촉진할 수는 있지만, 한편으로 교사는 교과 내용의 강화와 유아의 창의성에 대한 지원 간의 균형을 유지하는 데 어려움을 느낀다. 교사가 잘못된 순간에 개입하면 유아가 창조하기를 멈출 수도 있으며, 유아의 생각을 이해할 수 없으면 교과 내용에 대한 이해를 강화시킬 기회를 놓칠 수도 있다. 이것은 이 책에서 다루고 있는, 다른 흥미 영역에서 교과 내용을 강화하는 가능성의 극대화 방법을 논의할 때 언급한 '적절한 시기에 개입하는 것'과 동일한 과제다. 교사는 유아가 그들 자신만의 방법으로 경험하는 과정에서 지속적인 기회를 갖게 된다는 것을 확신해야 한다.

창조적인 표현 자극하기

우리는 유아의 흥미를 끄는 활동을 함으로써 새로운 교육 내용과 기술에 노출되는 것에 더해, 유아의 표상 능력을 증진시키고 궁극적으로 창의적 표현을 기를 수 있는 일련의 발달적 경험을 제공할 수 있다는 것을 이해하게 되었다. 이러한 발달적 경험은 유아가 관찰한 세부적 내용 혹은 유아가 사용하는 재료의 독특한 특성에 주의를 기울이게 한다. 예를 들어, 유아가 어떤 효과를 내기 위해 전문 예술가가 수채화 물감을 혼합하는 방식을 학습하면, 그 유아는 색을 조작하는 가능성에 대하여 민감해진다. 또한 유아가 신체 각 부분과 그 모양에 대해 학습하면 그림을 그릴 때 그런 모양을 나타내는 것을 알 수 있다.

새로운 생각을 적용하는 초기 단계의 결과물은 서로 비슷한 경향이 있다. 유아가 특정한 기법의 사용에 익숙해지기 전까지는 창의적이라고 할 만큼의 다양성이 풍부하게 나타나지 않는다. 이 때는 발달적 경험을 제공하였는지 여부보다는 어떻게 유아가 참여에 흥미를 느끼게 하는지 또는 어떻게 경험을 제공하여 유아가 자신의 작업에 기법을 통합할 기회를 갖게 하는지가 더 중요하다. 유아의 흥미를 존중하지 않고 예술가가 그런 효과를 내는 방법에 대해 일방적으로 알려 주는 것은 항상 비생산적이다.

유아에게 새로운 정보를 과잉 제공하는 것도 바람직한 장기 학습 결과를 가져오지 못하게 한다. 표현 능력을 자극하는 효과적인 방법은 유아의 의사소통 능력을 확대하는 방법으로, 흥미 영역 활동 속에 유아의 새로운 학습을 통합하는 것이다.

각 '개별' 유아가 의미를 창출하도록 이끄는 '발달적 경험'의 사용과 '모든' 유아를 위한 '과정'의 구성 간에는 미묘한 간극이 있다. 유아 고유의 방법으로만 경험을 해석하는 위험을 피하는 일반적 지도법은 다음의 둘 중 하나인데, (1) 자료를 보여 주고 유아가 자신의 작품을 창조하도록

유아의 흥미를 존중하지 않고 예술가가 그런 효과를 내는 방법에 대해 일방적으로 알려 주는 것은 항상 비생산적이다.

하는 방법 혹은 (2) 작품을 보여 주고 유아가 사용할 자료를 선택하도록 하는 방법이다. 자료를 미리 제시하는 방법의 예로는 찰흙을 사용하여 유아가 스스로 선택한 교실 내 경험과 관련된 사물을 만드는 것이 있다. 또한 작품을 미리 제시하는 방법의 예로는 교구장에 있는 매체 자료를 사용하여 교실의 행사를 위한 장식을 만들어 보게 하는 것이다. 이러한 접근은 대부분 정형화되거나 복사하여 모방하는 결과물을 피하게 한다. 그러나 만약 유아들의 작품이 매우 동일하게 보인다면, 그것은 자료 대부분에 대한 경험이 부족하기 때문이거나 자료 사용법의 가능성에 대하여 생각하게 하는 자극이 부족하기 때문이다.

연령에 적합한 접근 방법으로 유아를 위한 예술 교육과 시각 예술을 설명하는 많은 문헌이 있다(Althouse, Johnson, & Mitchell, 2003; Douglas & Jaquith, 2009; Lowenfeld, 1957; Mulcahey, 2009; Pelo, 2007; Schirrmacher, 1993; Thompson, 2005). 유아교육의 통합적 요소로 예술을 보는 견해를 가진 이러한 책들은 교사가 (1) 유아에게 예술가의 작품을 감상하도록 돕고 (2) 관찰 기술을 증진시키며 (3) 매체 자료를 사용하여 유아의 생각, 인상, 감정을 표현하는 능력을 정교화하도록 돕는 방법을 제시하고 있다. 이러한 모든 문헌에서 가장 중요한 내용은 창의적 표현 경험이 의사소통 능력과 예술에 대한 감상 능력을 어떻게 발달시키는가다.

발달적 경험의 예

교사는 유아의 흥미를 끄는 문해나 표현적인 예술과 연계된 생각에 대한 사고를 자극하기 위하여 종종 유아용 도서를 사용한다. 교사가 자주 선정하는 도서 분야는 기하 도형인데, 그 이유는 부분적으로 그 주제가 매체 자료를 사용한 활동 참여로 쉽게 전이되기 때문이다. 이 장의 후반부에 등장하는 네 개의 사례는 점진적으로 좀 더 복잡해지는 일련의 '발달적' 범주에 맞는 활동인데, 모양의 속성을 변별하는 유아의 능력을 교육하는 것에 초점을 둔다. 이 활동은 유아가 매체 자원을 사용하여 자신이 이해한 것을 나름의 방법으로 적용해 가는 과정에서 기하 도형에 대한 교육 내용을 강화시킨다. 첫 번째 사례에서, 교사는 유아에게 삼각형을 사용하여 붙이는 활동에 참여하게 한 다음, 수집한 다양한 모양으로 작업하는 여러 경험에 참여하게 하였다. 두 번째 사례에서는 유아가 『선을 구부리면 모양이 시작된다(*When a line bends-a shape begins*)』(Greene, 2001)라는 그림책을 보고 생각한 것을 말한 후 자신이 수행한 일련의 활동을 묘사하고 있다. 교사는 유아에게 『사물의 모양(*The shape of things*)』(Dodds, 1996)이라는 그림책을 읽은 후 일련의 다른 활동을 경험하게 하였다. 표현 예술 영역에 제공된 기하 도형 자료는 특별히 선정된 것으로, 유아가 그림책을 보고 생각한 것을 공유한 다음에 자신의 그림으로 창조하도록 하기 위한 것이다. 일련의 각 사건으로 극대화된 활동은 유아의 문해 발달을 강화하였는데, 그 이유는 유아가 자신의 작품에 대하여 말하고 교사가 유아의 작품 설명을 받아 적는 쓰기의 모델이 되었기 때문이다. 교사는 유아의 작품을 전시하는 게시판을 교실의 도서 영역에 추가하여 그곳을 유아의 작품을 책 형태로 묶는 활동을 전개하는 곳으로 발전시켰다.

주로 표현 예술 및 문해 영역에서 수행된 활동에 대한 다음의 사례들은 교육 내용에 명확하게 초점을 둔 경험 및 표상과 언어 간의 상호 관계를 설명하고 있다. 이 활동은 3~5세 유치원 교실에서 흔히 하는 것이지만, 진행되는 활동 맥락 속에 교육 내용을 포함하여 발전되는 대화에 강조를 두는 것은 흔히 볼 수 있는 것이 아니다.

사례1: 삼각형으로 그림 만들기

이 활동은 늦은 가을에 일어났다. 교사는 유아가 같은 모양끼리 맞추고 분류하는 활동을 통해 기하 도형에 대해 배워 왔다고 말했다. 교사는 표현 예술 영역에 다양한 색과 크기로 자른 삼각형을 제시한 후, 그것을 사용하여 모양을 구성하는 것에 흥미를 가진 유아를 초대하기로 결정하였다. 몇 명의 유아가 반응을 보였다. 유아들은 커다란 종이에 잘라 놓은 삼각형을 붙인 후 자신의 그림에 대해 이야기하고, 교사는 유아의 이야기를 녹음하였다. 다음으로, 교사는 다른 종이에 유아가 삼각형을 붙여 만든 것을 그림으로 그대로 그려 보도록 하였다. 그러고 나서 다시 유아에게 삼각형을 붙여 만든 그림과 모사한 그림을 비교하여 말하게 하였다.

[사진 8.6]과 [사진 8.7]은 유아가 유사한 자료를 사용하여 경험하면서 개인적으로 느낀 것을 어떻게 나름대로 독특하게 표현했는지를 보여 준다. 유아가 표상한 사물에 붙인 제목은 유아의 머릿속에 떠오른 이미지에서 온 것인데, 처음 제시한 자료의 제목은 그 자료로부터 성인이 유추할 수 없는 제목이었다. [사진 8.6]에서 유아는 자신의 그림이 나타내는 제목으로 '활처럼 생긴 리본'이라고 붙였다. [사진 8.7]에서는 '시속계와 경사로'를 나타낸다고 명칭을 붙였다. 다른 유아는 자신의 표상에 '악어 입(유

● 사진 8.6 ●

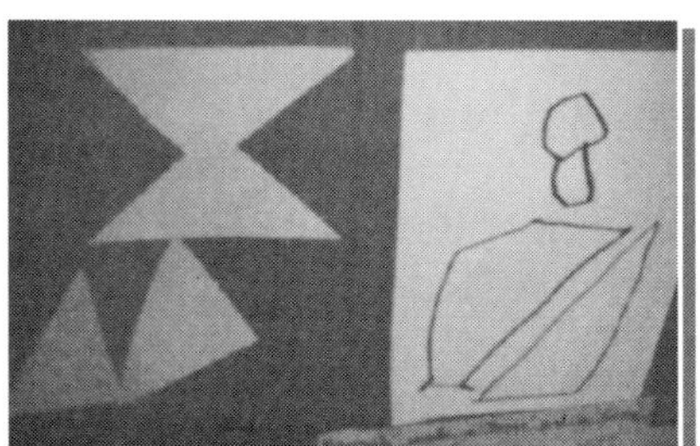

● 사진 8.7 ●

아들이 '악어의 물어뜯기[crocodile snap]'라고 부르는)과 배'라고 이름 붙였다. 유아 자신이 붙여서 만든 그림을 모사하여 그림으로 그리는 능력은 그림의 기본 형태로서 삼각형에 대한 이해력을 반영한 것이다.

종종 유치원 교실에서는 몇 유아의 작품이 다른 유아에게 동일한 유형의 활동을 하도록 흥미를 일으킨다. 교사는 유아들의 작품을 게시판에 전시한 후, 교실의 도서 영역에 비치할 책으로 만들었다. 유아들은 자신의 경험에 대해 회상하고 자신이 만든 것을 타인과 나누는 데 책을 사용한다. 이 경우, 도서 영역에 비치한 교실에서 만든 책을 사용하는 것은 책과 인쇄 개념 같은 문해 관련 개념에 유아들이 흥미를 갖게 해 준다.

- 앞표지와 뒤표지를 구별한다.
- 글이 왼쪽에서 오른쪽으로 쓰인다는 것을 이해한다.
- 글을 이해하는 단서로 삽화를 사용한다.
- 단어/철자를 변별한다.
- 글자는 의미를 전달한다는 것을 이해한다.
- 책에 진정한 관심을 보인다.

사례2: 선으로 실험하기

교사는 『선을 구부리면 모양이 생긴다(*When a line bends-a shape begins*)』(Greene, 2001)라는 그림책을 읽은 후 선의 모양을 비교하고 대조하는 것에 대해 유아들과 이야기를 나누었다. 또한 모양을 다르게 만든 선을 보여 주고 유아들이 본 것에 대하여 생각하고 말하도록 요청하였다. [사진 8.8]은 전시된 곡선에 대한 유아의 반응을 보여 주는 것으로, 유아들은 구부린 선에 대해 각기 다른 반응을 보였다. 각 모양으로 된 선과 선에서 연상되는 점을 유아들이 말하면, 교사는 각기 다른 종이에 그들의 말

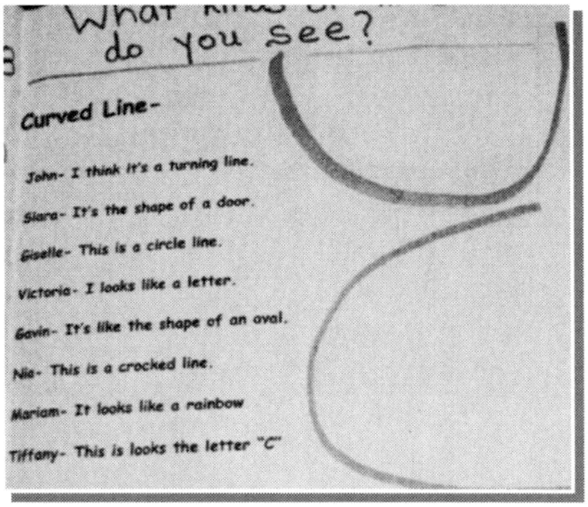

● 사진 8.8 ●

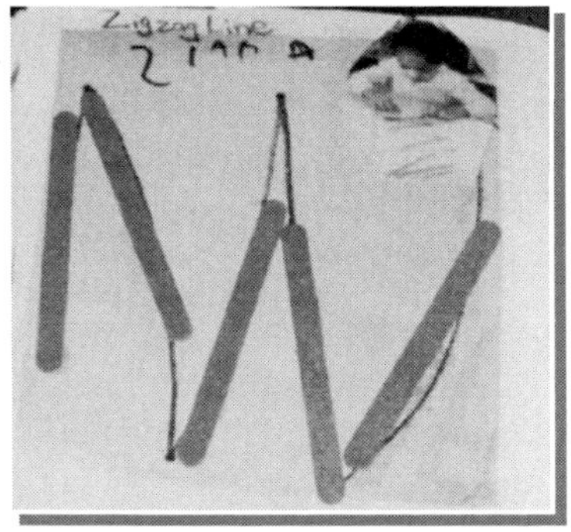

● 사진 8.9 ●

을 기록한 후 기록지를 책으로 묶어 도서 영역에 비치하였다.

확장 활동으로, 이 책을 교사가 읽어서 녹음하고 유아는 듣기 영역에서 녹음 내용을 들으면서 책을 보았다. 나중에 교사는 도서 영역에서 유아들과 다양한 모양으로 된 선에 관해 느낀 것을 추가하면 어떨지에 대해 이야기 나누었다.

그 다음, 교사는 작업하는 것에 흥미를 가진 유아들에게 선을 선택하여 그림을 그리도록 표현 예술 영역으로 초대하였다. 유아들이 선 구성을 완성하면 교사는 유아들에게 매체 자료를 사용하여 그들이 구성한 선을 덮어 보게 하였다. [사진 8.9]는 지그재그 선을 덮기 위하여 단단한 자료(즉, 나무 막대)를 사용한 유아의 사례를 보여 주고 있다.

유아가 흥미 영역에 참여하는 것을 중요하게 생각하도록 하기 위해 교사는 유아들이 자료를 가지고 작업하는 동안 사진을 찍었다. 교사는 집단 활동 시간에 유아들의 작품을 공유한 후 사진과 함께 그들의 작품을 게시판에 전시하였다. 마지막에 유아들은 자신의 작품을 묶은 학급 작품집을 만들고 '선을 구부리면 모양이 생긴다(When a line bends-a shape begins)' 라는 제목을 달았다.

교사는 유아들과 함께 이 활동을 돌아보면서 듣기 자료의 하나로 책을 녹음해서 도서 영역에 비치해 주는 것과 같이 다른 영역으로 발전될 수 있는 활동에 대하여 생각하게 되었다. 선으로 구성한 모양에 대한 교육 활동은 글자를 구성하는 직선, 곡선, 원 등의 다양한 선을 관찰하도록 이끌었다. 유아들은 자신의 이름 쓰기, 목록 만들기, 이름이나 신호 쓰기, 흥미 영역에서 노는 유아들의 이름 쓰기 같은 기능적 쓰기 활동을 하는 과정에서 자연스럽게 개별 글자를 구성하는 선의 종류를 변별할 수 있게 되었고, 그것은 그들에게 쓰기 기술의 출현으로 이어졌다.

사례3: 미리 잘라 놓은 모양 사용하기

『사물의 모양(*The shape of things*)』(Dodds, 1996)이라는 그림책을 읽은 후, 교사는 유아가 좋아하는 장소와 그 장소에 있는 사물의 모양에 대해 대화하기 시작하였다. 이 활동은 이전 활동과 유사한 방식으로 진행되었다. 표현 예술 영역에 미리 잘라놓은 모양 조각, 크레용, 콜라주 자료를 준비해 준 후, 유아들에게 사물의 모양에 대해 생각해 보도록 격려하였다. 그리고 유아들이 그림을 그린 후 자신의 작품에 대해 친구나 교사와 공유하도록 하였다. 그 다음, 교사는 유아의 작품을 게시판에 전시하고 유아들이 그림을 그릴 때 찍은 사진을 함께 붙여 주었다. 유아가 그린 그림의 일부는 책의 내용과 유사했지만, 모든 경우에서 유아들은 자신만의 해석을 덧붙였다. [사진 8.10]은 삼각형을 사용하여 산과 나무를 표상한 것인데 이것은 책의 어떤 그림과도 달랐다.

교사가 대화에서 사용한 세 가지 활동에 포함된 교육 내용은 다음의 순서로 진행되었다.

기하

- 모양의 속성, 모양의 위치/방향, 모양의 상대적인 위치
- 모양에서 선과 원의 부분과 전체의 관계
- 유사한 모양의 유사점과 차이점 변별

수와 측정

- 크기, 길이, 양의 비교

문해

- 어휘, 기하 도형의 명칭과 글자
- 작품에 대한 서술적 묘사
- 책과 완성된 작품 관련 경험에 대한 서술적 이야기

과학

- 다양한 형태의 선을 덮을 딱딱한 또는 부드러운 자료의 구별
- 원하는 효과를 내기 위해 서로 다른 속성을 가진 자료를 선택하는 것

마지막 두 사례는 책에 대한 경험이 문해와 표현 예술 영역 모두에서 구어, 문어와 매체 표현의 발달을 지원할 수 있음을 보여 주고 있다. 앞서

사진 8.10

언급한 바와 같이 의사소통 기술을 증진하는 다른 경험에는 현장학습, 행사, 주제 관련 활동, 과학 프로젝트 또는 교실 내 개별 유아의 삶과 연관된 특별 사건 등이 있다. 다음은 의사소통기술 사용의 증진을 이끄는 과학적 사건의 활동 사례다.

과학적 사건에 대한 반응으로 아이디어 표현하기

> 상상에 대한 실험적 작업은 그것이 모방이 아니라 첨가, 삭제, 왜곡이 포함되는 재구성이라는 것을 보여 주는데… 이미지는 경험의 필수적인 상징이다.
>
> –Sir Fredric Bartlett (1969). '*Art: representation and expression*', p. 40

과학적 사건에 대한 경험은 표현 예술과 언어의 발달을 자극하는 발달적 경험의 역할을 한다. 관찰은 개인에게 의미 있는 과정으로 진행되어 정신적 이미지로 전환된다. 정신적 이미지가 표상으로 전환될 때, 개인의 해석은 표상의 세부적 내용에 영향을 준다. 다음의 예처럼 관찰한 것에 대해 말하고 기록할 때, 유아는 지각한 것을 정신적 이미지로 변형시킨 다음 언어로 다시 표상한다. 유아가 한 시점을 포착하면 자신의 표상을 다른 유아의 표상이나 원래 사물과 비교할 기회를 갖게 되고 자신이 관찰했던 것에 대하여 추후 더 살펴보고 생각하도록 격려받게 된다. 나비의 생의 주기를 탐구하는 활동을 하면서, 교사는 과학 영역에 번데기가 담겨 있는 병을 제공하였다. 유아들이 전시물을 보려고 들르자, 교사는 유아들이 보았던 것을 그림으로 그리게 하였다. 여러 유아가 그림을 완성한 후에, 교사는 유아가 표상한 것의 유사점과 차이점을 비교하도록 격려한 다음 병 안의 번데기를 다시 보게 하였다. 과학 내용에 덧붙여 이 활동은 문해와 예술 표현 모두의 교육 내용을 강화할 수 있었는데, 왜냐하면 번데기를 표상한 것을 비교하고 대조하면서 언어를 사용하였고, 유아가 예술가적인 관점에서 같은 사물을 다르게 표상한 것을 찾아보는 과정이 포함되었기 때문이다.

다음의 사례에서 보듯이 유아가 시차를 두고 여러 번의 표상을 하면, 동일 사건을 기록했던 다른 유아의 표상과 비교하고 대조하는 데 이러한 표상을 사용할 수 있다.

사례4: 잔디 씨앗 심기

유아들은 잔디가 운동장에서 자라기 시작하는 것을 보았다. 교실에서 잔디 씨앗 심기 활동을 할 때는 스펀지에 씨앗을 놓고 물을 주도록 하였다. 교사는 그 다음 며칠 간격으로 씨앗을 조사하고 개별적으로 무슨 일이 발생하는지 묘사하고 설명하는 활동에 참여하도록 하였다. 유아들의 그림을 보면 의사소통 양식, 즉 표현 예술과 언어로 어떻게 자신들의 관찰을 해석하는지를 알 수 있다. 교사는 유아를 위하여 영구적 기록의 다른 방식인 쓰기 언어를 첨가시켜 주었다. 싹트기의 초기 단계에서 유아는 가시적인 변화가 없었다고 이야기하였다. “나는 오직 씨앗만 보았어. 잔디는 없던데.” 변화가 없는 이유에 대해서는 “우리가 물을 더 안 주니까 똑같은 상태로 있는 거야.”라고 설명하였다.

씨앗이 싹튼 후에, 유아의 그림과 관찰은 구어와 그림 표상 차원에서 매우 다양하였다.

스펀지와 약간의 잔디 그림: “내 스펀지는 잔디를 기르고 있다.”

스펀지 위에 길게 자란 잔디 그림: “내 잔디는 점점 더 커지고 커져서 하늘까지 닿을 거야.”

스펀지에서 자라난 열 개의 잔디 그림: "열 개의 풀이 자랐어."

많은 잔디 싹의 그림: "내 잔디가 자라나는 것은 기적이야."

이 활동에 포함된 교육 내용은 앞에서 제시한 활동과 유사하다. 여기에서 유아들은 구어와 매체 표상을 사용하고, 변화를 표상하고 설명하는 방법으로 이 변화에 대한 해석을 공유하면서 일정한 시간에 거쳐 나타난 변화를 관찰, 설명, 기록하는 반복적 경험을 갖게 된다.

이 두 가지 사례에서 보듯이, 과학 활동은 유아에게 발달적 경험을 제공하는 수단이며 이를 통해 유아의 관찰 기술을 증가시키고, 언어와 매체 자료를 사용하여 생각과 느낌에 대해 의사소통하는 능력을 정교하게 한다.

요 약

문해와 표현 예술 영역의 활동은 유아의 의사소통 능력 발달에 기여한다. 이 두 영역은 유아에게 말하기와 쓰기뿐만 아니라 다양한 매체 자료의 사용을 통해 이야기, 경험, 생각을 표상할 기회를 제공한다.

교육활동의 발달적 순서는 말과 글을 통한 실험뿐 아니라 매체 자료의 사용 방법을 발견하는 기회를 유아에게 제공하는 것으로 시작된다. 이러한 활동은 유아에게 인식의 지평을 넓히는 데 초점을 둔 경험을 제공하면서 지속된다. 발달적 경험은 유아의 관찰 기술을 증진시키고 언어와 표현 예술 매체를 통한 의사소통 능력을 강화하기 위하여 제공된다. 기능적 목적을 위해 유아가 발달시킨 기술을 사용할 기회가 지속적으로 제공되면, 유아는 구어와 문어 구문뿐만 아니라 매체 표상을 정교하게 사용하게 될 것이다. 유아가 표현 예술과 문해 자료를 빈번히 사용하는 환경이 조성되면, 우리는 풍부한 일련의 경험과 자신의 경험 과정 및 반응을 표현하려는 유아의 요구 간의 연계성을 만들기 위하여 문어가 출현하는 것을 볼 수 있을 것이다. 이러한 방법을 통하여 우리는 [사진 8.11]에서 보는 것과 같이 문해와 표현 예술 영역에 관한 학습 표준을 달성할 수 있을 것이다.

사진 8.11

제9장

유아의 학습 평가 책무성 점검 목적으로 결과 기록하기

평가의 진행

평가 자료로서의 자원

관찰 자료의 수집: 진행 과정 1

운영 관리와 교육 활동에 맞춰 평가 계획하기: 진행 과정 2

표준 달성을 평가할 수 있는 교사가 계획한 과제: 진행 과정 3

평가 정보 확산하기

요 약

이 책의 첫 장에서 논의하였듯이, 유아교육 정책 결정자들은 어떤 교육과정 혹은 교수 방법이 사용되었는지에 상관없이 학교, 지역사회, 시 또는 도 당국이 채택한 학습 표준 문서의 내용을 유아가 획득하였다는 증거를 원한다. 이것은 유아에게 의미 있는 맥락에서 교과 내용과 그 안에 포함된 학문적 기술을 의도적으로 함양시킨다는 우리의 목적을 달성해야 함을 의미한다. 더불어, 다음 학년에의 성공에 필요한 핵심 교과 내용과 학문적 기술을 유아가 습득했다는 것을 증명해야 함을 의미한다(Bredekamp, 1987; Shepard, Kagan, & Wurtz, 1998). 이 장의 목적은 풍부한 교과 내용과 활동-기반 학습이 제공되는 맥락에서 표준이라는 용어를 사용하여 유아 학습의 증거를 수집하고 기록하는 우리의 전략을 독자와 함께 공유하는 것이다. 우리는 이 장에서 문해와 수학에 초점을 두고자 한다. 물론 유아교육 프로그램 평가는 훨씬 더 광범위한 분야에 걸쳐야 하는 것이 당연하지만, 학교 프로그램의 성공을 평가하는 데 문해와 수학은 가장 주요한 영역이기 때문이다.

유치원의 3, 4, 5세 교실에서 책무성에 목적을 둔 평가가 '민감한 사안'인 것에는 의심의 여지가 없다. 지난 수십 년간, 유아 교사들은 제3장에서 논의한 것과 같이 유아의 발달과 학습을 지원하기 위한 목적으로 그들의 진보를 평가하여 왔으며, 따라서 '평가' 그 자체는 논란의 대상이 아니다. 논쟁이 되고 있는 것은 '책무성'의 목적을 위하여 유아를 적합하게 평가하는 방법에 관한 것이다(Wortham, 2001). 쟁점은 각 연령 집단에 적절하다고 간주되는 평가 도구를 선정하는 것으로 구체화되고 있다. 쟁점의 한 편에는 유아가 7, 8세가 될 때까지는 관찰 평가 이외의 모든 평가가 발달에 부적합하다고 판단되므로 배제하여야 한다는 입장이 있다(Almy & Genishi, 1979; Boehm & Weinberg, 1996; Bredekamp & Rosegrant, 1992; Cohen, Stern, & Balaban, 2008; McAfee, Leong, & Bodrova, 2004).

유치원의 3, 4, 5세 교실에서 책무성에 목적을 둔 평가가 '민감한 사안'인 점에는 의심의 여지가 없다.

이와 반대편에는 표준화 검사를 통해 학업 기술 숙달에 대한 개별 유아의 진보를 평가할 때, 표준화 도구가 그들의 학습에 대한 타당하고도 신뢰로운 정보를 제공하기 때문에 반드시 필요하다는 강한 신념이 있다.

이러한 논란에 대한 우리의 입장은 유아의 성장, 발달과 학습에 대해 우리가 이해한 것을 확인시켜 주는 동시에, 주 정책 결정자의 기대에 부응하는 결과를 보고할 수 있는 일련의 절차를 평가 과정에 포함할 필요가 있다는 것이다. 평가 과정은 자기 주도적 활동을 하는 유아에 대한 관찰로 시작하여 교사가 추가적인 평가 정보를 얻을 수 있는 다른 형태의 활동에 점진적으로 유아가 참여하도록 진행한다. 이러한 절차를 통해 평가 정보는 보고하기 위한 목적에 적합하도록 조직적이면서 쉽게 찾을 수 있는 형식으로 수집될 수 있다.

평가의 진행

유아가 자신의 흥미를 추구하는 동안 그들을 관찰하는 것은 유아교육에서 새로운 현상이 아니다. 반세기 이상, 유아교육 현장에서는 개별 유아의 발달과 학습을 좀 더 효율적으로 지원하도록 돕기 위한 정보를 모으고 이해를 높이는 방법으로 교사 관찰을 장려해 왔다(Beaty, 1986; Genishi, 1992; Good & Brophy, 2008; Hartley, Frank, & Goldenson, 1952; Jablon, Dombro, & Dichtelmiller, 2007; Meisels, Harrington, McMahon, Dichtelmiller, & Jablon, 2001; Wortham, 2001). 관찰을 통해 정보를 얻는 것이 중요한 이유는 정보의 많은 부분이 유아가 자연적 상황에서 활동하는 동안 얻어졌기 때문이며 이는 유아가 정교하게 만들어 낸 사건 속에서 자신의 흥미를 추구하면서 알게 된 지식과 행동을 보여 주기 때문이다.

유아의 행동에 대한 관찰이 유아의 사회정서 발달 뿐 아니라 유아가 자기 주도적 활동을 하는 동안 자신의 목적을 위해 사용하는 기술과 교과 내용 이해에 대한 자료를 제공한다는 사실은 문헌에도 잘 기록되어 있다(Ginsberg, Inoue, & Seo, 2008; Reynolds & Jones, 1997; Wann, Dorn, & Liddle, 1962). 이제 우리가 감당해야 할 도전은 유아의 기술 발달과 교과 내용 이해에 대한 관찰을 좀 더 계획적으로 기록함으로써 정책 결정자에게 활동-기반 학습 환경이 풍부한 교육 내용을 제공하고 전통적으로 중시되어 온 학업 기술도 길러 줄 수 있다는 확신을 주는 자료를 마련하는 것이다.

관찰 노트, 유아 작품 분석, 녹음 및 녹화를 통해 수집된 정보를 기록하기 위한 잘 조직된 체계가 유아의 진보를 보고하는 기반으로 활용될 수 있다는 사실은 모두가 알고 있는 것이다. 그러나 우리는 자연적 상황에서 활동하고 있는 유아로부터 수집된 관찰 자료에만 의존하는 평가 체계가 유아의 지식과 기술 발달에 관한 충분한 정보를 제공하지 못한다고 생각한다.

한 흥미 영역에서 자발적으로 자료를 가지고 활동하면서 특정 능력(예, 조작 영역에서 블록으로 탑을 쌓으며 하나에서 여덟까지 소리 내어 세기)을 보

이제 우리가 감당해야 할 도전은 유아의 기술 발달과 교과 내용 이해에 대한 관찰을 좀 더 계획적으로 기록함으로써 정책 결정자에게 활동-기반 학습 환경이 풍부한 교육 내용을 제공하고 전통적으로 중시되어 온 학업 기술도 길러 줄 수 있다는 확신을 주는 자료를 마련하는 것이다.

이는 유아가 유사한 능력이 필요한 행동(예, 간식 시간에 간식을 나눠 주기 위해 빨대 여덟 개 가져오기)을 성인으로부터 요청받을 때에는 그 능력을 나타내지 못하는 경우가 있다. 그 이유는 이 두 과제에서 유아의 사고가 서로 다른 원천으로부터 나오기 때문이다. 첫 번째 과제는 유아가 자기 주도적 활동을 하기 위해 수를 활용하는 것이고 두 번째 과제는 다른 사람이 선택한 과제를 해결하기 위해 수를 활용하는 것이다(Donaldson, 1978). 그러므로 유아가 표준에 맞는 특정 기술을 숙달하였다고 선언하기 전에, 우리는 다음의 두 맥락 즉, 자기 주도적 활동인지 혹은 외부 요청이나 타인이 계획한 활동에 대한 반응인지를 보고 기술의 숙달을 확인할 책임이 있다.

평가 자료로서의 자원

앞서 논의한 것과 같이 평가 자료의 초기 자원은 흥미 영역에서 유아가 자신의 흥미에 따라 활동하는 것을 관찰한 자료다. 그 이후에는 (1) 교사의 지시에 의한 일상적 활동과 (2) 교사가 계획한 교육과정 활동을 하는 동안 유아가 보이는 반응으로부터 정보를 수집한다. 이러한 유형의 자료는 유아가 외부의 요구에 대한 반응으로 자신이 아는 지식과 할 수 있는 행동을 활용하는 능력에 대한 정보를 제공한다. 교사들은 오랫동안 일상적 활동을 평가 정보의 자원으로 활용해 왔다. 교사는 이름 인식과 모양 변별 같은 기술을 평가의 목표로 삼을 수 있다. 예를 들어, 교사는 유아에게 자기 이름표를 찾아 이름표 판에 다시 붙이게 하거나 정리 시간에 조작 영역의 블록을 모양에 따라 분류하도록 요구할 수 있다. 교사들은 또한 표준에 맞는 평가 정보를 드러내는 과제가 포함된 교육과정 활동을 계획할 수 있다. 예를 들면, 학급에서 유아들이 함께 수집해 온 끝소리가 같

> **자연적 상황에서 활동하고 있는 유아로부터 수집된 관찰 자료에만 의존하는 평가 체계는 유아의 지식과 기술 발달에 관한 충분한 정보를 제공하지 못한다.**

은 단어들에 더하여 같은 소리로 끝나는 단어를 말해 보도록 요청함으로써 유아의 음소 인식에 대한 평가 정보를 얻을 수 있다.

교사의 지시로 하는 일상적 활동과 교사가 고안한 교육과정 활동 모두 명확하게 초점화된 방식으로 유아의 기술 사용에 대한 정보를 제공한다. 목표 과제 수행은 유아의 기술 획득에 대한 교사의 관찰을 확인시켜 주거나 아니면 그 기술이 아직 완전히 습득되지 않았음을 보여 준다. 이것은 특정 기술이 안정적으로 사용될 정도로 발달하기 위해서는 시간이 좀 더 필요하다는 것을 의미한다. 이러한 유형의 평가 과제는 과제 수행을 요청받은 모든 유아가 자모음 철자 인식에 대한 책무성 요구에 부합하는 능력을 보이는지에 대한 신뢰성 있는 정보를 제공한다.

유아가 자신이 이해하는 맥락에서 다양한 목적에 따라 능숙하게 기술을 사용할 수 있다면, 그들이 이해할 수 없는 상황에서 기술을 보이도록 요청하는 과제를 평가의 목적으로 제시할 수 있다. 예를 들어, 일과 마무리 시간에 부모를 기다리는 유아에게 "네가 다섯 개의 구슬을 가지고 있는데, 내가 세 개를 더 주면, 너는 모두 몇 개의 구슬을 가지게 될까?"라고 질문하는 것이다. 이처럼 뜬금없는 과제에 익숙하게 만드는 것은 유아가 규준화되고 타당화된 표준화 평가 도구 형태로서의 '시험'을 치르게 될

> **유아가 자신이 이해하는 맥락에서 다양한 목적에 따라 능숙하게 기술을 사용할 수 있다면, 그들이 이해할 수 없는 상황에서 기술을 보이도록 요청하는 과제를 평가의 목적으로 제시할 수 있다.**

미래를 준비시키는 것이다. 우리가 평가 자료를 수집하는 과정에서 처음의 두 단계를 성공적으로 따랐고, 목표로 삼은 학업 기술을 유아가 안정적으로 사용할 수 있음이 확인되었다면, 맥락과 관계없이 교사의 요구에 의한 평가 결과는 유아가 교실 밖의 세상에서 가치 있다고 믿는 방식으로 유아가 표준에 도달했다는 확신을 줄 것이다.

관찰 자료의 수집: 진행 과정 1

관찰한 것을 기록하는 작업은 투자한 시간과 효율 측면에서 교사들에게 어려운 일이다. 역사적으로 유아교육 분야는 유아의 언어 혹은 사회정서 발달과 같은 발달 및 학습에 관한 광범위한 영역을 포함하는 프로파일을 구성하는 데 있어서 일화기록의 사용을 강조해 왔다. 즉, 초기 단계의 목적을 위하여 표준을 달성했는지 확인할 수 있는 효과적이고 정확하며 사용 가능한 자료를 생성함으로써 기록한 것을 정리하려고 해 왔다.

이러한 목적 달성을 위하여, 평가는 절차상 세 단계를 거쳐야 한다. 1단계는 유아가 자료를 가지고 활동하는 동안 정보를 관찰하고 기록하여 증거를 수집한다. 2단계는 관찰을 통해 수집한 정보를 체계적인 방법으로 조직함으로써 다른 목적을 위해서도 쉽게 찾을 수 있도록 한다. 3단계는 책무성의 목적에 따라 학교나 지역사회에서 가치 있다고 제시한 교육 내용 표준 혹은 기술 목록의 범주에 대해 우리가 수집한 정보를 평가함으로써 그 과제를 종결한다.

1단계: 증거 수집

표준에 포함된 학업 기술을 유아들이 자발적으로 사용하는 것을 관찰하여 기록한 노트 이외에도 다음과 같은 다양한 증거를 자원으로 사용할 수 있다.

- 작품 결과물, 예를 들면 흥미 영역에서 자발적으로 적은 물품 목록과 같은 쓰기 자료
- 유아 활동 사진, 예를 들면 블록 영역에서 유아가 구성한 농장에 각 동물의 어미와 새끼의 짝을 지어 놓은 사진
- 유아가 익숙한 이야기를 재연한 것을 녹음하거나 녹화한 자료

위에서 목록으로 제시한 관찰 기록과 다른 증거 자료가 추후 분석과 책무성 목적에 유용한 자료가 되려면 관찰한 지식도 포함하여 기록할 필요가 있다. 덧붙여, 각 관찰에는 관찰이 이루어진 맥락에 대한 정보도 포함할 필요가 있다.

2단계: 정보의 조직

기록지, 작업 결과물, 사진을 효율적으로 사용하기 위해서는 관찰한 정보를 효과적으로 조직할 수 있는 체계를 만들어서 사용하는 사람이 쉽게 이용할 수 있고 그것을 관리하는 데도 시간이 적게 들게 해야 한다. '효율적'의 의미는 교사마다 다르다. 어떤 교사들은 개별 유아를 기록하고 학급 전체를 요약할 수 있도록 상업적으로 미리 인쇄된 기록 양식을 선호한다. 반면, 다른 교사들은 교사가 만든 기록 형식을 선호하기도 하는데, 모든 발달 혹은 교육과정 영역을 각 유아 당 한 장씩 기록하게 하는 방식이나 발달 또는 교육과정 영역별로 모든 학급 유아를 함께 기록하게 하는 방식을 사용한다(예, '수량을 표상하기 위해 숫자나 빗금 표시를 사용한다.', 부록 D 참조). 어떤 조직 방식을 사용하건, 성취 수준과 안정성을 알아내

기 위하여 교육과정 영역의 각 표준, 기술 및 핵심 개념을 일정 기간에 여러 번 수집하여 기록할 수 있는 공간을 제공할 필요가 있다.

자료의 일차적 자원으로서 관찰을 사용하는 상업용 평가 체제는 어떤 정보를 수집하고 어떻게 조직할지에 대한 지침을 제공한다. 대표적인 상업용 평가 도구는 '활동 결과물 수집 체제(The Work Sampling System, Meisels et al., 2009)'와 '유아 관찰 기록(Child Observation Record, High Scope Educational Foundation, 2003)'이다. 이 장의 후반부에서 우리는 교사와 함께 개발한 다양한 기록 형식을 제공하고 표준 책자에 있는 학문적 기술의 발전 과정을 기록하는 방식을 설명하고자 한다.

3단계: 정보 분석

체계적인 방법으로 관찰한 자료가 수집되고 조직되면 다음 단계는 유아가 평가되는 표준의 관점에서 자료를 검토하는 것이다. 이러한 단계가 없으면 우리가 시간과 노력을 들여 수집하고 조직화한 정보를 실제에서 활용하지 못한다. 덧붙여, 책무성과 관련된 요구에 부합하는 것 이외에도 분석 결과는 유아의 강점을 구성하고, 유아의 요구를 반영한 교육과정을 결정하는 정보로서의 기능 역시 해야 한다.

'수량을 표상하는 숫자를 읽고 쓴다.'와 같은 표준은 해석이 별로 필요하지 않기 때문에 관찰한 자료를 사용하여 분석하기 쉽다. 이런 종류의 표준은 '성취' 또는 '미성취'에 표시한 후 유아가 도달한 수준의 수(예, 12까지)를 옆에 기록하게 할 수 있다. 그러나 발달적 진보 과정의 최고점과 관련된 표준들은 진보 과정 중의 수행에서 유아의 행동을 살펴볼 필요가 있다.

표준에 부합하는 방법에 따라 단계들을 나타내는 루브릭rubric을 사용하면 일정 기간에 표준을 달성하는 유아의 발달상의 정확한 시점을 알아내는 데 도움이 된다. 〈표 9-1〉은 길이 측정을 위한 관찰을 기록한 루브릭 사용의 예다. 이 루브릭에 기반을 둔 수학 표준은 '사물의 물리적 속성은 비표준 혹은 표준 단위를 사용하여 측정하고 비교할 수 있음을 이해한다.'이다.

이 루브릭은 각 영역에서 달성해야 할 기술의 점진적인 숙달을 반영하는 행동의 순서를 제시하고 있는데, 이런 루브릭은 교사가 만들 수도 있고 다양한 교과서에서 찾을 수도 있다. 시각 변별, 청각 변별, 수감각에 관한 루브릭을 만들 때 사용할 수 있는 발달 순서의 목록은 각각 부록 J, K, L에서 제시하고 있다.

〈표 9-1〉 길이 측정을 위한 루브릭

기술(skills) 순서: 길이 측정	조지의 행동에 대한 관찰 기록
두 사물의 길이를 비교한다.	11월: 두 개의 길이가 다른 빨대를 비교하고 '더 긴'과 '더 짧은' 빨대라고 명명한다.
길이 측정에 똑같은 사물 세트를 사용한다: (비표준화된 측정) 도구	12월: 똑같은 고리를 연결한 다음, 자기 신발의 길이를 측정한다. 고리의 개수를 세어 보고 "이것은 길이가 고리 5개예요."라고 말한다.
표준화된 측정 도구를 사용한다: cm 단위의 정육면체 블록	3월: 식탁보에 사용할 똑같은 길이의 끈을 측정하기 위하여 정육면체 블록을 사용한다. 블록의 개수를 세어 보고 "이것은 길이가 30cm예요."라고 말한다.
표준화된 자를 사용한다.	5월: 유아 자신과 또래의 발 길이를 측정하는 데 자를 사용한다. "내 발은 180cm고 얘는 210cm예요."라고 말한다.

운영 관리와 교육 활동에 맞춰 평가 계획하기: 진행 과정 2

평가 과정의 다음 단계는 우리가 다른 상황에서 관찰했던 것이 유아의 자기 선택적 활동에서도 나타나는지 확인하는 것이다. 교실의 일상생활에서 우리는 유아에게 일상과 관련된 과제를 하도록 요청한다. 유아가 일상생활을 하면서 보이는 기술의 사용 수준을 보면 집단 활동 시간에 관찰된 학습이 어느 정도 안정되었는지를 확인할 수 있다. 따라서 여러 날 또는 여러 주에 걸쳐 모든 유아로부터 동일한 정보를 얻기 위하여 표준과 관련된 과제를 부여할 수 있다.

일상생활에서 의도적으로 유아의 학습을 평가하는 것에 더해, 우리가 책무성의 목적을 위하여 문서화할 수 있는 유아의 활동을 이끌어내도록 교육과정 활동을 계획할 필요가 있다. 일상생활 과제와 마찬가지로, 목표로 하는 표준과 관련해서 유아가 무엇을 알고 할 수 있는지를 개별적으로 볼 수 있는 방식으로 그들이 활동에 참여하게 하는 것이 중요하다. 예를 들면, 목표한 표준이 '패턴과 관계를 이해한다.'라면, 식탁보의 가장자리 패턴을 만들어 보는 활동에 유아를 참여하게 함으로써 각 유아의 패턴 이해의 수준을 파악할 수 있다.

교사가 설계한 교육과정 활동에서 수집한 평가 정보의 기록과 자연적으로 발생된 흥미 영역 활동에서 수집한 정보를 서로 비교해 볼 필요가 있다. 이러한 비교를 통하여 목표로 하는 기술의 안정성을 파악할 수 있다. 그리하여 안정성이 결여되었다면 안정성이 생길 때까지 추가적인 교육과정 활동을 제공해야 한다. 우리가 구성한 평가 기록 양식의 견본은 수학(수, 기하, 측정, 대수), 물리과학, 문자 지식, 시각적 변별의 평가 정보를 자연 발생적 활동과 교사 설계형 과제 모두에서 수집하여 입력한 것인데, 부록 M, N, O, P에 수록되어 있다.

교사가 고안한 과제를 다룬 다음 사례는 교과 내용 영역의 기술 혹은 핵심 개념의 숙달에 관한 발달 단계를 목록화한 루브릭 및 표준과 연계된 과제 간의 관계를 보여 주고 있다.

이야기 다시 말하기 능력의 발달을 평가하기 위해 교사가 고안한 활동

문해 영역에서 3, 4세 유아를 지도하는 유치원 교사들이 순서대로 이야기를 재연하는 유아의 기술에 관한 정보를 수집하고자 하였다. 이 교사들은 네 개의 사건 순서로 구성된 이야기를 이틀 동안 두 번씩 듣는 경험을 제공한 후 그것을 '다시 말하는' 수행 과제를 고안하였다.

교사들이 유아에게 이야기를 다시 말하도록 요청하고 그들의 경험을 기록한 후 비교하는 과정에서, 그들이 같은 조건 아래 이야기를 다시 말하지 않았으며 평가 기준도 같지 않았음이 드러났다. 조건은 '또래가 없는 상황에서 교사에게만 이야기 다시 말하기'부터 '대 · 소집단 상황에서 이야기 다시 말하기'까지 다양했다. 어떤 교사들은 이야기 다시 말하기를 위한 소품을 제공했고, 다른 교사들은 대사를 상기시켜 주는 말을 하였으며, 또 다른 교사들은 또래가 중간에 끼어들어 이야기 다시 말하기를 도와주는 협조적 분위기를 만들기도 했다. 이러한 사실을 기반으로 교사들은 평가를 표준화할 수 있도록 기록 양식에 세부 사항을 추가하였고, 결과적으로 루브릭이 만들어졌다. 〈표 9-2〉는 이야기 다시 말하기에 관한 루브릭의 최종본이다. 교사들이 유아의 기술을 분석하는 과정에서 함께 이야기 다시 말하기, 도움받아 이야기 다시 말하기, 혼자 이야기 다시 말하기의 순서로 발전한다는 것을 알게 되었다. 루브릭을 만들어 보는 이런 경험은 평가 과업이 수행되는 조건뿐만 아니라 발달적 순서에 대한 교사의 이해도 촉진시킨다.

〈표 9-2〉 이야기 다시 말하기에 관한 루브릭

유아의 이름: ____________ 날짜: ________ 이야기 제목: ________________________ 언어적 수준: 최소 구문의 언어 사용 ____________ 풍부한 구문의 언어 사용 ____________	교사 평가
1. 이야기가 시작되는 맥락이나 사건으로 이야기를 시작한다. 무반응 / 소품을 가지고 / 대사를 도와주는 말과 함께 / 혼자서 ☐ ☐ ☐ ☐	
2. 이야기 줄거리를 구성하는 순서에 따라 주요 사건/핵심 사건이 포함되어 있다. 무반응 / 소품을 가지고 / 대사를 도와주는 말과 함께 / 혼자서 ☐ ☐ ☐ ☐	
3. 주요 등장인물의 역할이 명료하다. 무반응 / 소품을 가지고 / 대사를 도와주는 말과 함께 / 혼자서 ☐ ☐ ☐ ☐	
4. 부수적인 사건이 포함되어 있다. 무반응 / 소품을 가지고 / 대사를 도와주는 말과 함께 / 혼자서 ☐ ☐ ☐ ☐	
5. 조연의 역할이 명료하다. 무반응 / 소품을 가지고 / 대사를 도와주는 말과 함께 / 혼자서 ☐ ☐ ☐ ☐	
6. 사건과 관련하여 적절히 이야기를 종결한 후 마무리한다. 무반응 / 소품을 가지고 / 대사를 도와주는 말과 함께 / 혼자서 ☐ ☐ ☐ ☐	

* 이 표는 Teachers College Press 웹사이트(www.tcpress.com)에서 확인할 수 있다.

기하 도형 이해의 발달을 평가하기 위해 교사가 고안한 활동

교사들은 기하 도형을 평가하는 수학 루브릭에 적합한 항목을 생각해 보았다. 표준에는 '기하 도형의 속성과 특성을 인지한다.'로 진술되어 있다(부록 D). 교사들은 표준에 맞추어 다음과 같은 발달적 진도를 반영한 행동 지표를 개발하였다.

- 동일한 모양끼리 대응시킨다.
- 유사한 모양을 함께 모아 놓는다(예, 원, 타원 등).
- 모양을 분류한다(예, 다양한 유형의 삼각형).

교사가 고안한 과제를 하면서 일정 기간에 걸쳐 수집된 정보는 다음과 같다.

10월 과제: 정리 시간에 섞어 놓은 모양들에서 삼각형을 모두 따로 모아 놓는다(동일한 모양 대응하기).

마틴: 정삼각형이 아닌 이등변삼각형을 따로 모아 놓는다.

2월 과제: 보관을 위해 섞어서 모아 놓은 모양들을 분류한다(유사한 모양끼리 모으기).

마틴: 큰 삼각형과 작은 삼각형을 함께 모아 놓고, 사각형과 원형도 같은 방식으로 모아 놓는다. 직사각형과 육각형은 무시한다.

5월 과제: 섞어 놓은 다양한 크기와 색의 모양들을 모양별로 모아 분류한다(모양 분류하기).

마틴: 모든 이등변삼각형, 정삼각형, 등변삼각형을 크기와 모양에 상관없이 동일한 집단으로 모아 놓는다. 원형도 동일하게 모아 놓는다. 사각형과 직사각형을 크기와 색에 상관없이 동일한 집단으로 모아 놓는다(사각형의 유사성 인식). 물어보면 각 집단별로 삼각형, 원형, 사각형이라 명명한다.

쓰기 능력 발달을 평가하기 위해 교사가 고안한 활동

유아 교사들은 일반적으로 쓰기 발달에 대한 평가는 개인적 쓰기의 맥락에서 이루어지는 것이 최선이라고 생각하는데, 쓰는 사람 고유의 내용이 중요하기 때문이다. 따라서 유아가 정확히 쓰는지 평가하기 위해 자신이 만든 작품에 이름을 쓰도록 하는 활동을 고안할 수 있다. 이 정확히 쓰는지에 관한 표준을 평가하기 위해서 교사는 다음 여섯 항목의 간편 행동목록표를 사용하여 쉽게 평가할 수 있다. (1) 무작위 긁적거리기 (2) 통제된 긁적거리기 (3) 자모음 글자 같은 상징체 만들기 (4) 관례적 자모음 글자 형태 구성하기 (5) 순서에 따라 자기 이름의 자모음 글자 쓰기 (6) 정확히 쓰기

교실에서 하는 다양한 경험에 대해 유아에게 그려 보고 써 보도록 요청하면 유아의 인쇄물 개념과 말소리-상징 관계에 대한 지식이 어떻게 변해 가는지 분석할 수 있는 견본을 얻을 수 있다. 중요한 것은 교사가 고안한 과제가 유아의 흥미를 끄는 것이어야 하고 그리기와 쓰기를 할 수 있는 안전한 환경을 제공하는 것이어야 한다. 예를 들면, 슈퍼마켓 견학 후 학급에 비치할 책을 만들기 위해 유아들이 선호했던 장소를 선택하여 그림으로 그리고 그것에 대해 써 보도록 하는 활동은 일반적으로 유아들에

게 열정을 불러일으킨다. 이후 유아가 쓴 것을 보고 앞서 제시한 기준에 비추어 정확히 쓰는지 분석할 수 있다. 또한 말소리-상징 관계(즉, 이러한 관계에 대한 지식이 거의 없거나 없는 단계 → 말소리-상징의 대응이 나타나기 시작하는 단계 → 자모음 글자는 특정한 소리와 연관되기 때문에 모두 함께 배치하면 특정 단어가 된다는 것을 이해하는 단계)에 대한 이해가 발달하는지도 평가할 수 있다. 쓰기는 또한 인쇄물에 대한 유아의 개념을 평가하는 데도 사용할 수 있다(예, 왼쪽에서 오른쪽이나 위에서 아래로 같은 방향의 개념, 띄어쓰기, 구두점).

구어 표현과 쓰기의 발달을 평가하기 위해 교사가 고안한 활동

다음의 사례에서 특히 구어 표현과 자모음 글자 형태, 인쇄물에 대한 개념의 발달을 평가하기 위해 표현 예술과 연계시킨 유아들이 선호하는 활동을 독자와 공유하고자 한다. 이 사례는 대부분의 유아가 높은 흥미를 갖고 참여하는 활동에서 광범위한 평가 정보를 얻는지를 보여 주고 있다. 『눈사람 이야기(*The snowman storybook*)』(Biggs, 1990)를 읽어 준 후, 교사는 유아들이 경험한 눈에 대하여 이야기 나누고 자유 선택 활동 시간에 표현 예술 영역에서 눈사람 그림을 그리도록 하였다. 유아들이 그림을 완성하자 교사는 유아들에게 각자 자신이 그린 그림에 대하여 말하게 하고, 유아들의 말을 받아 적었으며, 그 다음에는 받아 적은 글 밑에 줄을 긋고 자신이 한 말을 다시 적어 보게 하였다.

[사진 9.1], [사진 9.2], [사진 9.3]은 같은 책을 읽고 같이 눈에 대한 경험 말하기 활동을 한 4, 5세 유아들의 발달적 차이를 보여 주고 있다. 세 유아의 그림은 생각에 대한 회화적 표상, 구어의 사용 그리고 쓰기 기술의 사용이 발달 측면에서 연계가 되었다는 것을 잘 보여 주고 있다.

● 사진 9.1 ●

● 사진 9.2 ●

● 사진 9.3 ●

첫 번째 [사진 9.1]은 가장 덜 정교한 의사소통 기술을 보여 주는 것으로 유아는 눈사람을 가장 관습적인 방식(즉, 세 개의 원을 쌓아 눈사람 만들기)으로 표상하였고 '나는 눈사람을 만든다('만들었다'는 의미).'라고 작품에 대해 선언적으로 간단히 표현하였다. 유아는 자신의 그림을 설명하는 데 언어를 사용하였다. 유아의 설명은 문법적으로는 틀린 부분이 있었지만 작품에 대한 묘사는 정확했다. 유아는 구불구불한 선을 이용하여 쓰기를 했는데 선을 사용하여 쓰기를 한다는 것에 대한 약간의 감은 있었지만 낱글자의 중요성은 전혀 이해하지 못하고 있었다.

두 번째 [사진 9.2]는 얼굴과 몸을 좀 더 세부적으로 표현하였고 자신이 그린 것 그 이상을 설명하였다. 유아는 눈이 어디서 오는지에 대한 자신의 생각을 이야기했는데 이것을 통해 우리는 이 유아가 '눈은 하늘에서 온다.'는 날씨 현상에 대한 이해를 하고 있음을 알 수 있었다. 이 유아의 경우 언어는 유창하지 못했지만 문법은 정확했다. 유아의 쓰기를 보면 이 유아가 표준적인 자모음 글자 형태의 인식과 글자의 선으로 단어를 만든다는 개념을 이해하기 시작했다는 것을 알 수 있다.

마지막 [사진 9.3]에서 유아가 '눈사람과 내가 춤을 춘다.'라고 쓴 것을 보면 이 유아가 극화하는 것에 관심이 있음을 알 수 있다. 이 유아의 눈사람 그림은 좀 더 세밀하고, 유아가 마음속에서 만들고자 하였던 관계를 표현하는 언어를 사용하고 있다. 유아가 쓴 글을 보면 관례적 쓰기를 완전히 이해하고 있다는 것을 알 수 있다. 유아는 정확한 자모음 글자 형태, 단어와 단어 사이의 띄어쓰기를 사용했으며, 문장의 첫 단어를 대문자로 썼다. 이 유아는 쓸 때 교사가 써 준 것을 이용하여 따라 썼지만, 이 유아가 쓰는 방법과 첫 두 사진의 또래가 쓴 방법의 차이를 보면 이 유아는 학급의 친구들이 아직 성취하지 못한 쓰기에 대한 정확한 개념을 가지고 있다는 것을 보여 준다.

공간 기하에 대한 이해를 평가하기 위해 교사가 고안한 활동

다음은 '장소, 위치, 공간 관계를 이해한다.'라는 표준을 달성하기 위해 교사가 고안한 활동의 예다. 과제물은 큰 종이에 미리 잘라놓은 모양을 교사의 위치에 대한 언어적 지시에 따라서 전략적으로 놓고 붙이도록 하는 것이다. 교사는 활동을 다음과 같이 설명하고 있다.

> 나는 유아들에게 미리 잘라 놓은 각기 다른 여섯 개의 모양을 주고, 지시에 따라 큰 종이 위의 맞는 위치에 각자 모양을 붙이는 과제를 시

작하게 하였다. 유아들이 특정 위치에 모양을 붙이는 활동을 즐겁게 한 후에, 나는 유아들의 방향에 대한 이해를 평가하기 위해 그들의 작업 결과물을 살펴보았다. 그 다음 나는 각 팀의 유아들에게 자신이 한 것에 대해 말하도록 하였으며, 결과를 비교하게 하였다. "너희가 만든 그림들이 똑같아 보이니? 그 모양들은 같은 위치에 놓여 있니?"

[사진 9.4]는 두 유아의 작품을 보여 주고 있다. 다음은 유아들이 자신의 그림에 대하여 말한 내용을 기록한 것이다.

니콜라스: 내 직사각형은 위에 육각형이 있고, 빅토리아의 직사각형은 삼각형 옆에 있어. 내 삼각형은 구부러졌는데, 빅토리아의 직사각형은 그렇지 않아.

빅토리아: 그림들은 달라. 얘의 육각형과 직사각형은 나무처럼 보이고, 내 것은 똑같이 보이지 않아.

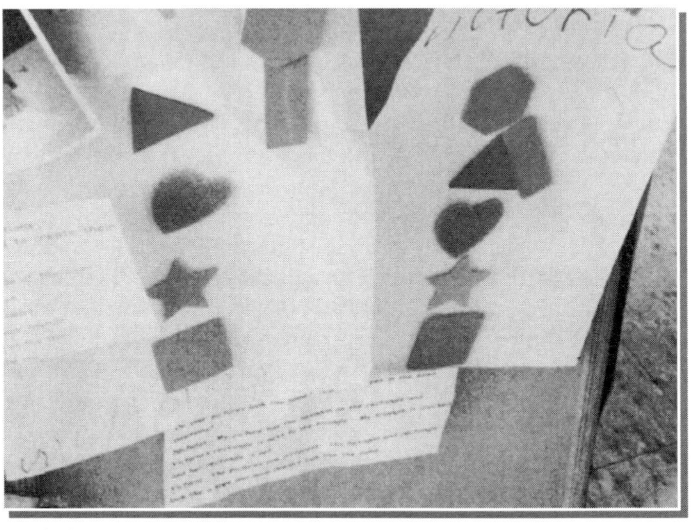

● 사진 9.4 ●

이러한 대화는 정확한 모양의 이름과 장소 및 위치 단어의 사용 능력에 대한 추가적인 평가 정보를 제공한다.

표준 달성을 평가할 수 있는 교사가 계획한 과제: 진행 과정 3

유아의 학습을 평가할 때 형식적 평가 도구를 사용하여 타당성과 신뢰성이 높은 정보를 수집하기는 매우 어렵다는 강력한 증거가 있다(Bredekamp, 1987; Shepard, Kagan, & Wurtz, 1998). 일곱 살 이하의 유아는 표준화된 검사가 시행되는 환경에 익숙하지 않기 때문에 종종 자신이 알고 할 수 있는 것을 보여 주는 데 실패한다. 덧붙여 유아는 자신이 이해한 것을 의사소통하고 학업 기술을 시범 보이는 데 일관성이 없기 때문에 그들에 대해 일회성으로 검사하여 얻은 결과는 신뢰성이 적을 수밖에 없다. 표준화된 검사는 교육청이나 학교장이 중시하는 기술이나 학습을 평가하는 데 부족함이 많다.

교사가 고안한 과제에 대한 유아의 반응을 관찰함으로써 우리는 유아가 자신의 능력이 향상됨을 인식하고 각기 다른 상황에서 자신의 능력을 성공적으로 사용하도록 도와줄 수 있다. 맥락에서 벗어난 과제에 대한 반응, 즉 "교구장에서 종이 20장을 가져오겠니?" 에 대해 유아가 정확하게 요청한 숫자를 가져오면, 교사는 "너는 20을 참 잘 세는구나, 집에 가서 네가 얼마나 20까지 잘 세는지 보여 주렴." 이라고 말할 수 있다. 핵심은 우리가 '유아가 알고 행할 수 있는 것을 자랑할' 힘을 준다는 것이다. 이것은 다시 유아가 힌트를 얻을 수 있는 맥락에 의존하지 않고도 다양한 방식으로 발달시킨 기술을 사용할 수 있는 힘을 주는 것이다. 이렇게 하면 유아는 표준화된 평가에서 자신이 아는 것과 할 수 있는 것을 보여 줘야 하는 상황이 와도 자신 있게 할 수 있는 자신감을 발달시킬 수 있다.

평가 정보 확산하기

책무성을 위한 평가는 각기 다른 집단의 정책 결정자에게 표준에 맞게 진행되는 유아의 진보에 대한 적절한 정보를 제공하도록 요구하고 있다. 각기 다른 집단은 다른 정보를 요구한다. 부모들은 일 년에 걸친 유아의 진보에 대하여 알고 싶어 하며 교원은 다음해 자신의 학급에 들어올 유아들의 학습 수준을 알고 싶어 한다. 또한 학교 관리자는 표준에 부합하는 유아의 진보에 대한 각 학급의 학년말 프로파일을 원하고 중앙 교육 행정가는 학교의 프로파일을 원하며 정책 결정자는 지역사회의 프로파일을 원한다. 우리가 부모, 관리자, 행정가, 공공 정책 결정자 및 주요 정책 결정자에게 적절한 정보를 제공하는 것에 성공하려면 유아들이 표준에 얼마나 잘 부합하고 있는지를 이해 가능한 쉬운 형식의 신뢰성 있는 문서로 제공할 필요가 있다. 이 목적을 위하여 사용되는 평가 정보는 어떤 방식으로든 표준화될 필요가 있는데, 그 이유는 교사가 고안한 활동에서 유아가 어떻게 행동했는지를 알면, 그와 유사한 상황에서 유아가 만든 작품에 대한 정확하고 신뢰로운 분석 정보를 줄 수 있기 때문이다. 행동 목록표와 루브릭의 사용은 이러한 정보를 기록하고 요약하는 가장 쉬운 방법이다. 비록 우리는 행동 목록표가 교육과정과 교수 방법을 결정하는 데 가장 적은 정보를 준다는 것을 염두에 둘 필요가 있으나 책무성 측면에서 볼 때 그것은 유아의 학업 기술이 발달 표준에 맞추어 진보하고 있는지를 알려 주는 가장 접근성이 높은 정보를 제공한다. 그렇다고 책무성 요구에 맞춘 양식을 사용하는 것이 프로그램의 의사 결정을 위한 정보를 얻기 위해 좀 더 포괄적인 평가 도구의 사용을 배제한다는 것은 아니다.

요 약

활동-기반의 학습 환경이 다양한 표준에서 유아에게 요구하는 기술과 개념에 대한 이해를 성취하게 하려면 우리는 의미 있는 맥락에서 활동해야 하고 목표로 한 표준이 달성되었는지를 공식적 · 비공식적 방법으로 기록해야 한다. 유아가 자발적으로 하는 활동이나 교사가 고안한 활동을 통해 체계적으로 관찰하고 작품을 수집하여 유아가 무엇을 배웠고 무엇을 할 수 있는지 알아낼 수 있다면 우리는 그들이 시간이 경과함에 따라 발달적으로 진보함과 이런 접근법이 효과적이라는 것을 증명할 수 있을 것이다. 활동-기반의 학교 환경에서 유아가 학습한 것을 기록함으로써 우리는 유아의 발달적 요구와 사회가 요구하는 학문적 기대 모두를 충족시켜 줄 수 있는 학습 환경을 부모 역시 지지하게 할 수 있다.

제10장

활동-기반 학습 환경에서 교과 내용과 교수를 강화하기 위한 다음 단계

도전에 맞서기

미래를 위한 우리의 도전

이 책에서 우리는 유아교육 분야에서 이미 시작된 작업, 즉 유아교육 프로그램에 풍부한 교과 내용을 접목시키려는 노력에 기여하고자 유아 교사와 함께 수행한 작업을 독자와 공유하였다. 지난 20년 동안 시행한 우리의 작업을 기술하고 기록한 목적은 활동-기반 학습 환경 맥락 내에서 유아교육과정을 강화하고 표준을 달성하려는 시도에 촉매가 되기 위함이었다.

우리의 주된 목표는 매일 자유 선택 활동을 일과에 포함하는 것을 중시하는 '유아 중심' 접근법을 유지하면서, 교육과정을 정의하고 유아의 학습을 기록할 당위성을 교사들이 더욱 분명히 인식하도록 돕는 데 있다. 지금까지 흥미 영역 시간을 전통적인 학문적 기술을 직접적으로 가르치는 시간으로 대체하라는 압력이 있어 왔다. 따라서 우리 및 우리와 함께 작업한 교사의 걱정은 그러한 압력 때문에 현재의 프로그램이 학습자인 유아에게 최선의 것을 제공하지 못하는 프로그램으로 바뀔지도 모른다는 것이었다.

활동-기반 프로그램 속에 교과 내용을 포함하고 학업 기술 발달로 이끌 수 있는 교육과정을 설계하려는 노력은 정서적 · 인지적으로 반응적인 환경에서 사람이나 사물과 상호작용하며 학습해야 학습이 잘 일어나고 유지된다는 신념에 근거한다.

이러한 견해에 기반을 둔 우리의 최우선 과제는 유아가 참여하는 다양한 활동 속에서 그들이 도출해 내는 핵심 교육 내용의 개념과 그들이 사용하는 학업 기술을 규명하는 것이다. 유아가 자신이 설명할 수 있는 것보다 많은 것을 직관적으로 이해한다는 것은 잘 알려져 있다. 따라서 유아가 흥미를 추구할 때 관찰하고 경청함으로써 그들이 이해하기 시작하는 것이 무엇인지 알아낼 수 있다. 유아가 구성하는 개념을 정확하게 알아내지 못할지도 모르지만, 직관적으로 이해하는 것을 명확히 하기 위해 대화나 적절한 언어를 사용하여 이해의 과정을 도울 수 있다. 우리가 적용할 수 있는 세 가지 방법은 다음과 같다. (1) 관찰해서 얻은 정보에 기초하여 유아가 흥미 영역에서 자기 주도적인 활동을 하는 동안이나 활동 후에 대화를 시도하고 (2) 유아가 교과 내용에 흥미를 갖게 하기 위해 흥미 영역에 자료를 제공하여 그들의 학습 환경을 풍부하게 하며 (3) 통합적 교육과정 모델에 부합하는 풍부한 활동을 제공하는 것이다.

도전에 맞서기

교육과정을 강화하는 첫 단계는 유아가 흥미 있게 참여하는 활동, 즉 유아가 주도하는 활동이나 교사가 유도한 활동 모두에서 나타나는 교과 내용 영역의 핵심 개념이 무엇인지를 정확히 알아내는 것이다.

- 이 책 전반에서 제시한 교과 내용 영역의 핵심 개념 목록은 계속해서 작성되고 있다. 우리는 이 목록을 사용하는 교사가 그 결과로 증진된 이해에 근거하여 지속적으로 핵심 개념 목록을 다듬고 수정할 것을 기대한다.

두 번째 단계는 유아의 활동에서 드러나는 핵심 개념과 관련된 수행 표준과 행동 지표를 관찰을 통해 알아낼 수 있도록 명확히 정의하는 것이다.

- 수행 표준과 행동 지표의 목록은 지역별로 다양하고 다른 방식으로 해석된다. 따라서 각 학교 공동체는 유아가 자기 주도적 활동을 통해 경험을 소화하고 기술을 사용할 기회를 가질 때 나타나는 행동의 순서로 교육과정과 표준을 전환해야 하는 도전에 직면한다.

세 번째 단계는 교사들에게 가장 어려운 단계로, 진행되고 있는 유아의 활동을 방해하지 않고 행동에서 드러나는 교과 내용에 대해 유아와 대화를 시도하는 단계다. 교육과정에 교과 내용을 포함하고 표준을 달성하기 위해서 교사는 유아가 활동에서 사용하는 개념을 명확히 해 주고 확장시켜 주는 역할을 해야 한다. 이 전략은 교사가 대집단 교육 활동 시간에 교과 내용이 풍부한 대화에 유아를 참여시키는 전략과 구별된다. 우리는 경험이 많은 교사일수록 집단 생활에 필요한 사회적 기술을 잘 지도하고 유아가 흥미 영역에서 수행한 활동의 결과를 인정하는 말을 많이 해 준다는 것을 알고 있다. 그러나 우리의 경험에 비추어 볼 때, 교사는 흥미 영역에서 교과 내용에 대한 대화를 시도하는 것에는 익숙지 않다.

- 유아가 직관적으로 이해한 지식을 의식적으로 인식하게 하고 그것에 기초해 지식을 쌓아 가게 하려면 교수 전략이 수정되어야 한다. 이 책에서는 흥미 영역에 관해 각 장에 제시된 시작 대화conversational entry를 예로서 제공하였다. 독자는 교과 내용에 초점을 둔 진정한 대화를 시작하는 자신만의 방법을 연습을 통해 찾아낼 것이다.

네 번째 단계는 유아가 보인 흥미를 바탕으로 생활 주제를 통해 교육과정을 확장하는 단계인데, 교사에게 가장 친숙하고도 쉬운 단계다. 주제 활동을 계획하는 데 사용할 핵심 교과 내용을 선정하고 관찰을 안내하기 위한 행동 지표를 확인하는 것은 신나고 의미를 느끼게 하는 과정이다. 또한 교과 내용을 확인하는 과정은 다양한 주제 관련 활동을 하는 동안 교사가 초점을 유지하게 도와준다. 이것은 또 흥미 영역에 새로운 자료를 제공하는 계획을 수립하는 데에도 관심을 갖게 한다. 유아 학습의 핵심은 새로운 경험과 기술을 접하는 자발적 행동을 통해 새로운 경험에 의미를 부여하는 것이 곧 지속적인 상호작용이라는 관점에 근거한다.

• 진행하는 주제의 범위 내에서 교과 내용 영역의 핵심 개념을 핵심 어휘와 연결해 보는 습관을 갖기 위해서는 계획에 더 많은 시간을 투자해야 한다. 계획한 것을 실시한 후 계획을 다시 살펴보고 수정하면 이런 기술이 점차 발달한다.

마지막으로 다섯 번째, 즉 최종 단계는 지역사회의 부모, 교육계 지도자, 정책 결정자들이 가치를 두는 방식으로 표준에 맞추어 유아의 진보를 기록하는 방법을 포함한다. 책무성 요구에 부합하기 위해 사용하는 평가 도구를 하나의 연속선continuum 상에 존재하는 것으로 이해한다면, 관찰을 통한 평가를 강조하는 입장과 객관적인 체크리스트나 표준화 도구를 사용한 평가를 강조하는 입장 간의 긴장을 줄일 수 있다. 평가는 유아들이 흥미에 따른 활동을 하면서 사용한 교과 내용 개념이나 전통적인 학업 기술을 기록해 보는 것으로 시작한다. 이후 더 광범위한 교육과정 맥락에서 다른 사람이 주도한 활동에 유아의 이해와 기술을 활용하여 유아를 몰두하게 하는 것으로 진보한다. 마지막으로, 유아가 다음 학년에서 꼭 필요한 것을 능숙하게 사용할 수 있을 때 더욱 초점을 둔 과제에서의 유아 학습을 기록할 수 있다.

• 신뢰성이 없고 타당성이 부족한 표준화 검사를 미숙하게 사용하지 않기 위해, 독자는 시간이 경과함에 따라 진보를 보이는 유아의 이해와 기술을 표준에 부합하게 기록하는 절차를 고안할 수 있어야 한다. 이 책에서 제시한, 유아의 행동 관찰 사례 및 교사가 고안한 활동에서의 유아의 수행을 기록한 형식은 활동-기반 프로그램에서의 책무성 요구를 수용하기 위해 만들어진 것이다. 우리는 교육계의 유아교육 분야 구성원으로서, 정책 결정자들이 유아의 학습 방식에 부합하는 정책을 결정하여 영향을 주는 것과 같이 유아가 학습한 것을 기록

하는 것이 중요하다.

미래를 위한 우리의 도전

유아가 자신의 발달적 학습 패턴과 욕구를 충족할 수 있는 기관 경험을 하도록 그들의 권리를 성공적으로 보호하기 위해서는 활동-기반의 학습 환경에서 '유아가 어떻게 학습하는지' 뿐 아니라 '유아가 무엇을 학습하는지' 에 대해 좀 더 효율적으로 적용 · 기록 · 의사소통할 필요가 있다. 우리는 지난 20년간 교육과정을 강화하기 위해 노력하였으며 유치원 아동이 표준을 달성하게 하기 위해 노력하였다. 이러한 노력은 유아를 평생 학습하는 존재로 키울 수 있는 환경을 만들고 그것을 보존하려는 우리의 목표를 달성하는 데 크게 기여할 것이다. 이러한 중요한 시도가 지속될 수 있는지의 여부는 우리 모두의 노력에 달려 있다.

부 록

유아가 발달하고 확장하기 시작하는 교육 내용의 목록(부록 A–F)은 수학, 과학, 사회, 문해와 읽기 영역을 전문적으로 다루고 있는 국가와 주의 전문 단체가 각 영역의 전문가인 학자들을 위해 출간한 전문 문헌에서 발췌하였다. 교육 내용과 연관된 수행 표준과 행동 지표는 다양한 주 및 지역에서 유아교육 표준에 대해 발표한 자료로부터 발췌하였고, 저자가 그 내용을 좀 더 활용할 수 있도록 조정하였다.

* 비고: 교육 내용 부록과 양식(부록 A–F, 부록 H, 그리고 부록 M–P)은 Teachers College Press 웹사이트(www.tcpress.com)에서 확인할 수 있다.

물리과학 교과 내용

움직임의 물리적 법칙		
핵심 교과 내용	수행 표준 및 행동 지표	
	수행 표준	행동 지표
물체를 움직이기 위해서는 힘이 필요하다. 힘에는 밀기, 당기기, 중력, 바람이 있다. 지렛대, 기어, 도르래와 같은 간단한 기계는 물체를 움직이기 위해 필요한 힘의 양을 줄여 준다.	• 다양한 힘이 물체를 움직인다는 것을 인식하고 그 힘에 대한 질문을 한다. • 간단한 기계를 이용하면 물체를 움직이는 힘을 줄일 수 있음을 이해한다.	• 밀기, 당기기, 굴리기, 미끄러뜨리기, 끌기와 같은 행동을 하여 물체를 움직이는 방법을 의도적으로 실험해 보고 결과를 비교해 본다. • 바퀴와 도르래 같은 간단한 기계로 실험해 보고 물체를 움직이는 것이 어떻게 쉬워졌는지에 대해 이야기한다.
움직이는 물체의 속도, 거리, 방향은 물체의 모양과 표면, 물체가 움직이는 지표면 그리고 힘의 강도에 따라 좌우된다.	• 힘뿐만 아니라 물체의 모양 및 물체와 표면 모두의 질감은 물체의 속도, 거리, 방향에 영향을 준다는 것을 인식한다.	• 속도, 거리, 움직임의 방향을 제어하기 위해 의도적으로 힘을 조절하거나 움직임을 어떻게 제어하고 바꾸는지에 대해 이야기한다. • 결과에 도달하기 위해 적절한 표면과 물체를 선택한다. 예 밀고 있는 모형 자동차의 속도를 높이기 위해 깔개에서 마룻바닥으로 이동한다.

물질		
핵심 교과 내용	수행 표준 및 행동 지표	
	수행 표준	행동 지표
물체는 다른 물체와 구분되는 독특한 특성을 가지며 각각의 용도가 있다.	• 물체의 독특한 속성에 따라 물체를 구별하고, 그 용도를 안다.	• 오감을 사용하여 물체의 속성을 발견하고 각 속성에 기초하여 의도적으로 용도에 맞게 물체를 선택한다. 예 도화지 위에 쏟아진 액체를 닦을 때, 도화지를 치우고 목적에 맞게 스펀지를 선택한다.
온도, 물리적 활동, 혼합 등의 힘은 물체의 속성을 변화시킬 수 있다.	• 변화와 결과를 만들어 내는 여러 힘 간의 관계를 인식한다.	• 크기, 모양, 색깔, 농도 같은 물체의 물리적 속성을 가지고 실험해 보며 의도적으로 변화시킨다. 예 점토가 너무 젖으면 밀가루를 더 첨가한다. 모양을 변화시키기 위해 점토를 꽉 쥐어 본다.
물체는 물리적 속성에 근거하여 묶고 분류할 수 있다.	• 물체는 같거나 비슷한 혹은 관련된 종류/속성에 근거하여 나누어질 수 있음을 이해한다.	• 동일하거나 비슷한 혹은 관련된 물리적 · 기능적 속성에 근거하여 자발적으로 물체를 분류 · 재분류한다. 예 종이 클립을 크기와 상관없이 한 무더기 수집한다. 예술 프로젝트를 준비하기 위해 여러 가지 찍기 도구를 수집한다.

물질은 고체 · 액체 혹은 기체 상태로 있다. 물질의 온도가 변하면 상태가 변화한다.	• 고체 · 액체 · 기체 상태 사이의 차이점을 이해한다. • 열과 같은 힘이 작용하면 어떤 물체는 상태가 변화함을 인식한다.	의도적으로 온도를 이용해 상태를 변화시키고 어떤 일이 일어나는가 말해 본다. 예 삶은 계란과 날계란의 상태를 비교하고, 액체가 모두 사라진 경도의 차이에 대해 이야기한다. 얼음이 녹는 방식과 눈이 녹는 방식을 비교한다. 예 오렌지 아이스크림을 만들기 위해 오렌지 주스를 냉동실에 넣어 달라고 요청한다. 예 창틀에 물을 담은 유리컵을 놔두었을 때 물이 사라지는 방법에 대해 이야기한다.

물리적 구조		
핵심 교과 내용	수행 표준 및 행동 지표	
	수행 표준	행동 지표
구조의 안정성은 사용된 재료 및 구조물의 디자인과 균형에 의해 영향을 받는다.	• 구조의 안정성은 사용된 재료 및 구조물의 디자인과 균형에 의해 영향을 받는다는 점을 이해한다.	• 구조물의 아랫부분을 확장시키거나 블록의 위치를 바꾸는 등 재료, 균형, 디자인을 선택하여 의도적으로 구조물의 안정성을 제어해 보고 실험해 본다.

물		
핵심 교과 내용	수행 표준 및 행동 지표	
	수행 표준	행동 지표
공기 움직임 등의 힘 또는 펌프, 물레바퀴, 호스와 같은 도구가 영향을 주지 않는 한 물은 위에서 아래로 흐른다.	• 물이 흘러가는 방향을 제어할 수 있다는 것을 인식한다.	• 도구를 사용하여 물의 움직임을 의도적으로 제어해 보고 실험한다.

물은 그것을 담는 용기의 모양을 따른다.	• 물은 그 자체의 모양이 없다는 사실을 이해한다.	• 다른 용기에 담으면 물의 모양이 변한다는 것을 알고, 의도적으로 용기를 바꾸어 물의 모양을 바꾸어 본다.
물은 기름지거나 왁스칠한 표면 위의 물방울 모양에서 알 수 있듯, 표면장력(응집력)을 가진다.	• 물방울은 모양을 유지하고, 왁스칠한 표면에서 이동할 때 그 모양을 계속해서 유지함을 깨닫는다.	• 서로 다른 표면 위의 물방울을 모양, 크기, 움직임을 조절하면서 실험하고, 물방울이 '피부를 가지고 있어서' 뭉쳐질 수 있음과 관련된 이야기를 한다.
물은 다른 물질에 들러붙는다(접착력). 물질마다 물을 흡수할 수 있는 양이 다양하다.	• 물을 흡수하는 물질과 그렇지 않은 물질이 있음을 인식한다. • 물질에 따라서 흡수하는 물의 양이 다르다는 것을 인식한다.	• 흐른 액체를 닦아내기 위해 의도적으로 액체를 흡수하는 물질을 선택한다.
물체의 부력은 그것의 질량, 무게, 모양, 물체가 담길 액체의 밀도에 따라 달라진다.	• 물체가 물이나 다른 종류의 액체 위에서 뜰지 가라앉을지 부유할지를 결정하는 요소에는 질량, 무게, 모양이 있음을 이해하기 시작한다.	• 뜨는지 가라앉는지 실험해 보고 그러한 물체를 의도적으로 선택한다. • 물체가 뜨거나 가라앉게 만들기 위해 의도를 가지고 그 물체의 한 가지 속성을 변화시킨다. • 다양한 밀도의 액체(예, 기름과 토마토 주스)를 사용하여 물체의 부력을 비교한다.
물은 어떤 물질과는 섞이지만 어떤 다른 물질과는 섞이지 않는다. 물과 다른 물질을 섞으면 대개 혼합물에 포함된 모	• 물과 섞일 때, 물질에 따라 섞이는 양상이 다양함을 이해한다. • 물이 다른 물질과 섞일 때, 혼합물 속에 포	• 의도적으로 물과 섞을 물질을 선택하고 물과 물질 모두에서 일어나는 변화를 확인한다. 또한 되돌릴 수 있는 변화를 실험해 본다. 예 점토를 축축하게 한 후 말린다.

든 물질의 속성은 변화한다. 어떤 변화들은 되돌릴 수도 있다.	함된 모든 물질이 어떤 방식으로든 변화함을 인식한다.	
자력		
핵심 교과 내용	**수행 표준 및 행동 지표**	
	수행 표준	**행동 지표**
자력은 끌어당기고 밀어내는 힘이다.	• 자석은 어떤 물체는 끌어당기지만 다른 물체는 끌어당기지 않는다는 점을 이해한다. • 금속처럼 보이는 모든 물체가 자석에 의해 끌어당겨지지는 않는다는 것을 인식한다. • 자석은 다른 자석을 밀어내지만 다른 물체를 밀어내지는 않음을 인식한다.	• 자석이 물체를 끌어당기는지 아닌지에 따라 물체를 분류해 본다. • 물체를 묘사할 때 자석, 금속, 금속을 닮은 것 이라는 용어를 사용하기 시작한다. • 어떤 금속과 금속을 닮은 물체는 자성을 가지고 있지 않음을 안다.
자력의 세기는 다양하며 크기와 직접적으로 관련이 없다.	• 자석은 물체를 끌어당기거나 붙들고 있을 때 다양한 양의 힘을 가함을 인식한다. • 자석의 크기가 끌어당기는 힘을 결정하는 데 꼭 필연적이지는 않다는 점을 인식한다.	• 다양한 자석의 힘을 실험하고 이야기해 본다. • 자석의 크기는 물체를 끌어당길 때 필요한 힘을 결정하지 않는다는 것을 알고 있음을 입증한다.
자력은 공기, 물, 종이 및 금속으로 된 물체는 통과	• 자석은 공기와 종이, 물과 같은 장벽을 통	• 다양한 물질을 가지고 자력을 실험해 보고 자석이 어떻게 그

하지만 다른 물질은 통과하지 못한다.	과하여 물체를 끌어당김을 이해한다.	물질 중 몇몇을 통과하여 물체를 끌어당기는지 이야기한다.
자석은 남극과 북극이 있다. 각 극이 가까이 있을수록 자력은 세어진다.	• 자석은 다른 자석을 밀어내거나 끌어당길 수 있지만 다른 물체를 밀어내지는 못한다는 것을 인식한다.	• 자석 사이에 밀어내고 끌어당기는 힘을 실험하고 그에 대해 이야기한다.
일상생활에서 자석은 다양한 쓰임새가 있다.	• 우리 삶에서 자석을 활용하는 몇몇 방법을 인식한다.	• 금속 표면에 작품을 전시하기 위해 일부러 자석을 선택한다.

소리		
핵심 교과 내용	수행 표준 및 행동 지표	
	수행 표준	행동 지표
소리는 다양한 종류의 행동에서 일어나는 진동에 의해 발생한다. 소리는 근원지에서부터 이동을 시작한다.	• 소리는 다양한 사건에 의해 발생하고 다양한 거리에서 들을 수 있음을 이해한다.	• 물체를 치고, 흔들고, 서로 문지르거나 입으로 불어 보는 등의 행동으로 소리를 내어보고 바꾸어 보는 실험을 하면서 그 차이에 대해 이야기한다. • 익숙하거나 익숙하지 않은 소리의 근원지를 찾아 본다.
소리는 크기, 높이(고저), 음질, 공명(삐걱이는 소리, 긁는 소리) 등에 따라 다양하다.	• 소리를 크기, 높이, 음질, 공명에 따라 구분해 보고 어떤 물체가 그러한 소리를 내었는지 연결시킨다.	• 친숙한 소리를 구분한다. • 크기, 높이, 음질, 공명에 기반을 두어 익숙한 소리를 내는 물체를 인식한다.
소리 패턴은 음악과 언어에서 나타난다.	• 소리 패턴은 확인될 수 있고 음악과 언어 속에서 생성됨을 인식한다.	• 자발적으로 노래를 부르고, 챈트를 하며, 음악적 리듬과 운율 및 또 다른 구어 패턴들을 만들어 본다.

핵심 교과 내용	수행 표준	행동 지표
소리는 메아리처럼 표면에서부터 튀어 오른다.	• 메아리를 다른 근원지의 소리를 반복하는 소리로 인식한다.	• 메아리를 처음 울리는 실험을 한다.

빛		
핵심 교과 내용	수행 표준 및 행동 지표	
	수행 표준	행동 지표
빛은 여러 가지 근원지에서부터 생성된다. 어떤 상황에서는 빛줄기를 볼 수 있으며, 그 근원지를 추적할 수 있다.	• 빛은 다양한 근원지에서부터 나옴을 인식한다.	• 손전등을 가지고 빛줄기를 실험하고 빛의 방향에 대해 이야기한다.
빛은 어떤 표면에서는 반사될 수 있다.	• 빛은 어떤 표면에서는 반사되지만 다른 표면에서는 반사될 수 없음을 인식한다.	• 거울이나 다른 반사할 수 있는 물질을 사용하여 빛을 반사시키는 실험을 해 보고 관찰한 내용을 묘사한다.
빛은 다양한 물질을 통과하면서 그 색깔이 변할 수 있다.	• 빛이 어떤 물질을 통과할 때에는 색깔이 변화함을 인식한다.	• 빛의 근원지를 조작하여 '무지개' 효과를 내는 실험을 하고 그 효과를 발견한다.

그림자		
핵심 교과 내용	수행 표준 및 행동 지표	
	수행 표준	행동 지표
그림자는 빛의 근원지와 표면 사이에 위치한 불투명한 물체에 빛이 비추어질 때 생기는 어둠이다.	• 빛의 근원지와 표면 사이에 불투명한 물체를 놓으면 그림자가 생성됨을 인식한다.	• 빛의 근원지와 표면 사이에 다양한 물체를 놓아 그림자를 만들어 보고, 그림자를 보고 그 그림자를 생성한 물체를 인식한다.

그림자의 모양은 그림자를 드리우는 물체의 모양과 위치, 표면에 비추는 빛의 각도에 따라 달라진다.	• 빛의 근원지와 표면 사이에 있는 물체나 물체의 위치를 바꾸어 그림자의 모양을 변화시킬 수 있음을 인식한다.	• 그림자를 드리우는 물체의 위치를 계속하여 바꾸어 보고, 그림자의 변화에 대해 이야기한다. 물체의 방향을 바꾸기 전에 그림자가 어떻게 변화할 지 예측해 본다.
그림자의 크기는 빛의 근원지와 물체 사이의 거리, 물체와 표면 사이의 거리에 따라 달라진다.	• 물체나 빛의 근원지를 움직여서 그림자의 크기를 변화시킬 수 있음을 인식한다.	• 물체와 빛의 근원지 사이의 거리를 변화시켜서 그림자의 크기를 바꾸어 보고 그 원인에 대해 설명한다.

바람		
핵심 교과 내용	수행 표준 및 행동 지표	
	수행 표준	행동 지표
바람은 물체를 움직일 수 있다.	• 바람은 다양한 방법으로 물체를 움직일 수 있음을 이해한다.	• 빨대와 같은 도구를 사용하거나 도구 없이 물체를 불어보는 실험을 한다. • 물체를 움직이기 위해 부채질하여 바람을 일으키는 실험을 한다.
바람에 의해 물체가 움직이는 속도는 공기 움직임의 속도와 각도, 물체의 크기와 모양, 물체가 움직이는 표면에 따라 좌우된다.	• 물체가 움직이는 속도에 영향을 미치는 변수에는 힘의 강도와 방향, 물체의 무게, 움직이는 물체의 표면, 물체가 움직이는 지면이 있음을 인식한다.	• 빨대를 불어 물체를 움직일 때 힘과 방향을 변화시켜 본다. • 움직이는 공기의 힘을 제어하여 물체의 방향, 속도, 움직이는 거리를 의도적으로 제어한다. 예 빨대를 불어 솜뭉치를 움직인다. • 같은 공기의 힘에 의해 움직이는 다른 물체들의 움직임을 비교해 본다. • 폭풍 후 자연물이 움직인 경로를 추적해 본다.

부록 B 생명과학 교과 내용

식물		
핵심 교과 내용	수행 표준 및 행동 지표	
	수행 표준	행동 지표
식물의 특성은 구조와 형태, 생존을 위해 필요한 것, 생애 주기 등 여러 가지가 있다. 겉모양, 성장 패턴, 생존 욕구, 구조와 같은 특성에 있어서 식물에는 유사점과 차이점이 있다.	• 식물의 특성과 관련하여 유사점과 차이점을 안다.	• 식물의 생김새와 성장 방식, 구조, 생존을 위해 필요한 것을 묘사하고 비교한다.
식물의 생애 주기는 발아, 성장과 변화, 번식, 죽음의 과정을 거친다. 식물의 생애 주기 단계는 형태와 지속 기간이 다양하다.	• 식물은 씨앗에서부터 자라나고 성장하면서 변화함을 인식한다. • 식물의 생애 주기에서 성장하고 변화하는 사건은 비슷하기도 하고 다르기도 함을 인식한다.	• 씨앗에서 싹이 나서 묘목이 되고 성숙한 식물로 자라나는 변화를 관찰하고 묘사하고 기록한다. • 다양한 씨앗이 발아하는 데까지 걸리는 시간이 다르다는 것을 묘사한다.

핵심 교과 내용	수행 표준	행동 지표
식물이 생존하기 위해 기초적으로 필요한 것에는 일반적으로 물, 양분, 빛, 공기, 공간이 포함된다. 하지만 이러한 필수 요소를 구하는 방식과 필요로 하는 양은 각기 다르다.	• 식물은 생존하기 위해 물 · 빛 · 온도 제어가 필요함을 인식한다.	• 식물을 돌보는 것을 돕고, 식물이 생존하는 데 필요한 것을 설명한다. • 물, 빛에 대한 식물의 생존 요구의 유사점과 차이점에 대해 이야기한다.

동물		
핵심 교과 내용	수행 표준 및 행동 지표	
	수행 표준	행동 지표
동물은 다양한 기준에 따라 분류할 수 있다. 그중 한 가지 기준은 생존에 필요한 환경(땅, 바다, 하늘)이다.	• 동물은 다양한 부류로 분류할 수 있음을 이해한다.	• 동물이 사는 장소(땅, 바다, 하늘)에 따라 한 부류의 동물을 다른 부류의 동물로부터 구분한다.
동물의 생애 주기는 탄생, 성장과 발달, 번식, 죽음의 단계를 따른다. 각 단계별 지속 기간은 다르다.	• 동물의 생애 주기에서 발달 시기를 인식한다.	• 다른 종류의 동물의 새끼와 성체의 차이에 대해 이야기한다. • 다양한 종류의 동물들의 성장과 변화의 속도 및 시기의 차이점을 인식한다. • 다양한 동물과 사람의 성장률을 비교한다.
동물 몸의 구조는 다양하며, 그러한 구조는 움직임과 먹이 같은 삶의 양식에 있어 잠재력과 한계를 결정한다.	• 동물의 구조와 동물이 움직이고 먹는 방식 사이의 관계를 인식한다.	• 동물의 주둥이 크기와 모양은 서로 다르며 음식을 집어 올리는 방식도 다르다는 것에 주목한다. • 동물이 어떻게 서로 다르게 움직이는지 이야기하고 움직임과 신체 구조를 연결 짓는다.

동물이 필요로 하는 서식지의 종류는 각기 다르다.	• 동물 특성과 그것들의 서식지 사이의 관계를 인식한다.	• 사람은 육지의 집에 살고, 물고기는 물속에 살며, 새는 둥지에 살고, 동물은 땅속이나 개밋둑 등 다양한 장소에 살고 있다는 점과 그 이유에 대해 이야기한다.

지구 및 환경 과학 교과 내용

날씨(온대 기후에서)		
핵심 교과 내용	수행 표준 및 행동 지표	
	수행 표준	행동 지표
날씨는 계절에 따라 인간과 동물의 활동에 영향을 미치는, 예측 가능한 양식으로 변화한다.	• 계절 변화와 관련하여 활동의 변화를 예측한다.	• 날씨가 변화할 때, 눈에서 놀이하거나 수영하러 가는 것과 같은, 곧이어 하게 될 활동에 대해 이야기한다. • 사람들은 계절 변화에 어떻게 적응하는지 확인한다. • 기온에 계절적 변화가 일어날 때, 새들이 이동하는 것과 같은 동물 행동의 변화에 주목한다.
계절의 변화는 환경과 식물계에 영향을 미친다.	• 계절 변화와 관련한 환경 변화를 안다.	• 여름이 끝나면 나뭇잎이 나무에서 떨어지는 것에 대해 이야기하고, 낙엽 더미에서 놀이할 것을 예상한다. • 어떤 나무는 잎이 떨어지지 않는 것에 주목하고 이러한 차이점에 대해 질문한다.

인간 행동에 영향을 주는 계절 변화는 매일 일어나고, 때때로 눈에 보이는 지표를 동반한다.	• 매일 일어나는 날씨 변화의 어떤 지표를 알고 이러한 지표와 인간 활동 간의 관계를 인식한다.	• 먹구름을 보면 비가 올 것이라고 예측하고 실내에 머무를 것에 대해 이야기한다.

암석과 토양		
핵심 교과 내용	수행 표준 및 행동 지표	
	수행 표준	행동 지표
토양과 암석은 지구 표면의 많은 부분을 차지한다. 토양과 암석의 종류는 다양하다.	• 암석의 구성 물질, 크기, 무게, 모양이 다양함을 인식한다.	• 암석을 분류 · 재분류하며 유사점과 차이점에 대해 이야기한다. • 암석을 물과 모래 속에 넣어 실험해 보고 암석이 양쪽 매체에 반응하는 방식의 차이점에 대해 이야기한다.
	• 토양에는 여러 가지 종류가 있음을 안다.	• 모래와 일반적인 흙의 차이점을 인지하고 다른 용도로 사용한다.

부록 D 수학 교과 내용

수와 연산		
핵심 교과 내용	수행 표준 및 행동 지표	
	수행 표준	행동 지표
NCTM 표준: 숫자, 숫자를 나타내는 방법, 숫자들 사이의 관계, 숫자 체계에 대한 이해를 높인다.*		
수 감각은 (1) 이산집합에 대해 인식하는 것, (2) 서로 다른 두 집합의 항목들을 일대일 대응하여 양이 많고 적음 또는 동일함을 인식하는 것, (3) 자연수의 순서에 익숙해지는 것에서 시작한다.	• 수 세기 이전 기술 능력을 얻는다. 집합 인식, 집합 간 항목 일대일 대응, 차례대로 수 세기	• 물체로 집합을 구성 · 재구성한다. 예 속성 블록, 둥근 블록, 빨간색 블록 • 집합 간의 항목들을 서로 연결한다. 예 한 개의 유니트 블록 위에 한 개의 실린더 블록 • 물체나 행동을 참고하지 않고 순서대로 수를 외어 보거나 챈트한다.
자연수는 수의 양을 명시하고 그 정보를 공유하기 위한 목적을 가진다.	• 자연수는 양에 대한 기능을 한다는 것을 이해한다.	• 활동 속에서 자연수를 활용하고 수 세기에 기반을 두어 집합 속에 '얼마나 많은' 물체와 활동이 있는지 확인한다. • 집합 속 항목의 수를 늘리거나 줄이는 것에 관한 결정을 하기 위해 수를 이용한다.

* 모든 표준은 *Principles and standards for school mathematics* (NCTM, 2000)에 기초하였다.

집합을 결합하거나 분할(합치거나 분리시키기) 하면 다른 양의 새로운 집합이 생겨난다. 합쳐지거나 분리되는 양과 그 결과 사이에는 일관된 관계가 있다(예, 두 항목씩 일정하게 추가하면 동일한 수적 간격에 의해 양이 증가한다).	• 집합을 합치거나 분리시키면 집합의 양이 증가하거나 감소한다는 것을 이해한다.	• 집합에 항목을 더하거나 제거하여 발생하는 수의 양적 변화에는 예측 가능한 관계가 있음을 인식한다. • 집합을 합치고 새롭게 조합된 집합의 양을 세어 본다. 그리고 집합을 분리시켜 두 개의 원래 집합으로 다시 만들고, 각각을 세어 본다. • 집합을 완성하기 위해 추가할 항목들을 가져온다. 예 네 개의 공간이 남아 있는 페그보드를 완성하기 위해 네 개의 못을 하나씩 세기 • 집합의 양을 셀 때 간격 세기를 이용한다. 예 집합을 셀 때 "2, 4, 6…" 하면서 동시에 두 항목씩 세기
수의 양은 기록, 그래프, 숫자와 같이 서면으로 나타낼 수 있다.	• 수의 양은 서면으로 나타낼 수 있음을 이해한다.	• 기록과 숫자를 사용하여 수의 양을 나타낸다. • 적힌 숫자를 그것과 같은 수량 및 같은 집합과 연결한다.

기하		
핵심 교과 내용	수행 표준 및 행동 지표	
	수행 표준	행동 지표
NCTM 표준: 2차원 및 3차원 도형의 속성을 다루는 도형 기하에 대한 이해를 발달시킨다. 공간관계에서 위치/자리를 다루는 위치 기하에 대한 이해를 쌓는다.		
기하 도형은 도형들 간에 구별할 수 있는 독특한 속성과 특징을 가진다.	• 도형의 독특한 속성과 특징을 살펴 2차원과 3차원의 기하 도형을 구별한다.	• 주변 환경에서 기하 도형을 찾아 보고 그 이름을 말하고 연결해 본다. • 공간 기억과 심상을 이용하여

		2차원 및 3차원의 기하 도형을 창조하고 재창조하는 데 다양한 재료를 사용한다. • 퍼즐 조각을 돌리거나 뒤집음으로써 그 모양을 이용하여 퍼즐을 완성한다. • 간단한 기하 도형(원, 삼각형, 직사각형, 정사각형)을 묘사하고 그 도형들의 위상을 도형 자체 및 다른 물체들과 관련지어 나타낸다. • 2차원 및 3차원 도형을 붙이거나 떨어뜨려 놓았을 때 결과를 조사하고 예측해 본다.

측정		
핵심 교과 내용	수행 표준 및 행동 지표	
	수행 표준	행동 지표
NCTM 표준: 측정은 물체의 물리적인 속성, 표면적, 공간 속에서 거리를 묘사하고 위치를 명시하는 방법이다.		
물체의 물리적 속성은 비표준화된 그리고/또는 표준화된 단위를 사용하여 측정하고 비교할 수 있다.	• 물체의 측정 가능한 속성과 그것을 측정하는 방법을 이해한다.	• 길이, 부피, 무게, 표면적, 온도와 같은 속성에 대해 이야기하고 비표준과 표준 단위를 사용하여 이러한 속성을 측정한다. 예 '더 긴– 더 짧은' '낱개 블록 두 개 만큼의 길이' '30cm 길이' • 이러한 속성에 따라서 물체를 비교하고 정리한다.
거리는 비표준화된 그리고/또는 표준화된 단위	• 거리는 비표준 · 표준 단위를 사용하여 측정	• 거리를 측정하기 위해 비표준과 표준 단위를 의도적으로 선택하

를 사용하여 측정하고 비교할 수 있다.	할 수 있음을 이해한다.	고 사용한다. 예 문까지 다섯 걸음, 바닥에서부터 1m 떨어진

대수		
핵심 교과 내용	수행 표준 및 행동 지표	
	수행 표준	행동 지표
NCTM 표준: 관계 패턴을 이해하고 패턴과 수학적 상황을 나타내기 위한 상징을 사용하며 양적 관계의 모델을 만든다.		
집합은 특정한 이유로 분류 · 재분류한 물체, 사건, 생각의 묶음이다.	• 공통의 물리적 속성이나 분류 개요에 근거하여 물체와 사건의 집합을 자율적으로 분류 · 재분류한다.	• 자동차와 같은 물체의 집합을 색깔이나 종류와 같은 물리적 속성에 따라 분류한다. • 사건을 소리의 강도와 같은 속성에 따라 분류한다.
패턴화하는 것은 집합 내 그리고 집합 간에 질서를 규명하는 방식이다.	• 반복되는 구성단위를 사용하여 물체/사건의 집합 속 패턴을 만들고 그 패턴의 기초를 설명한다.	• 집합 속 물체/사건을 점차적으로 복잡한 방식으로 패턴화한다. 예 –한 개씩 교대: '빨강, 파랑' 혹은 '큰 소리, 부드러운 소리' –두 개씩 교대: '빨강, 빨강, 파랑, 파랑' –2–1 패턴: '빨강, 빨강, 파랑' –1–3–1 패턴: '빨강, 파랑, 파랑, 파랑, 빨강' • 패턴을 정의하는 구성단위에 근거하여 패턴을 분류한다. 예 '삼각형–원' 혹은 '삼각형, 삼각형, 원' 패턴 • 패턴을 관찰하여 다음 차례에 무엇이 올지 예상한다.

<table>
<tr><th colspan="3">자료 분석과 확률</th></tr>
<tr><th rowspan="2">핵심 교과 내용</th><th colspan="2">수행 표준 및 행동 지표</th></tr>
<tr><th>수행 표준</th><th>행동 지표</th></tr>
<tr><td colspan="3">NCTM 표준: 자료와 함께 다룰 수 있는 질문을 만들고 이에 답하기 위해 적절한 자료를 수집하고 정리하며 보여 준다.</td></tr>
<tr><td>자료의 형태 속에 있는 정보는 수집, 기록, 분석, 전시될 수 있다.</td><td>• 흥미 있는 질문에 대답하기 위해 정보를 수집하고 검색, 분석, 공유하는 방식으로 정보를 기록한다.</td><td>• 질문을 만들고 답을 수집 · 기록하며 발견한 것을 요약한다.
• 기록한 정보를 다른 사람과 공유하고 발견한 것을 해석한다.
예 "초코 아이스크림을 좋아하는 사람이 더 많으니까 우리는 바닐라보다 초코를 더 많이 사야 해."
• 다른 반 학생보다 이 반의 학생들이 자석의 사용을 더 즐긴다는 것과 같이 다른 원천에서 나온 자료를 비교한다.</td></tr>
</table>

사회 교과 내용

목적: 사회 교과 교육의 주요 목적은 유아가 문화적으로 다양하며 민주 사회와 상호 의존적인 세계의 시민으로서 공익을 위한 정보에 입각하여 합리적인 결정을 내릴 수 있는 능력을 개발할 수 있게 돕는 것이다(National Council for the Social Studies, 2004, p. 40).

사회 교과 교육에 포함된 교과 영역에는 인류학, 고고학, 경제학*, 지리학*, 역사학*, 철학, 정치학, 심리학*, 종교학, 사회학*, 인문학이 있다.

* 교육 내용 요약에 포함된 교과목

<table>
<tr><th colspan="3">사회학과 심리학</th></tr>
<tr><th rowspan="2">핵심 교과 내용</th><th colspan="2">수행 표준 및 행동 지표</th></tr>
<tr><th>수행 표준</th><th>행동 지표</th></tr>
<tr><td>민주 사회의 주요 특성은 개인의 권리와 집단의 권리 간 균형을 맞추기 위하여 사회의 구성원들이 정책과 법령을 만든다는 점이다.</td><td>• 한 집단이 성공적으로 기능하기 위해 필요한 것으로서 책임감 있는 구성원과 기준의 중요성을 이해한다.</td><td>• 학급 규칙을 만들고 이를 지키도록 돕는다.
• 법의 공정성과 필요성에 대해 이야기한다.
예 흥미 영역에서 집단의 크기를 제한하는 것 정하기</td></tr>
</table>

집단 구성원은 공통의 요구와 개별적 요구를 가지며 유사한 관점과 서로 다른 관점을 지닌다.	• 공통의 요구 사항에 부합하기 위하여 집단 구성원들의 관점과 요구에 있어서 유사점과 차이점을 인식하고 존중한다.	• 다른 사람과 공유하고 협동한다. • 감정, 기호, 관점, 견해, 생각에 대해 의사소통한다. • 다른 사람의 감정과 생각에 대한 배려와 존중을 표현한다.
집단 구성원은 사회가 필요로 하는 유사하거나 다른 재능과 능력을 가진다.	• 자신의 또래와 어른들은 그들이 속한 사회에 공헌할 수 있도록 다양한 능력과 재능을 지닌다는 것을 인식한다.	• 교육과정과 일과 속에서 또래의 재능을 인식하고 요청한다. • 학급 활동에 공헌하기 위하여 자발적으로 자신의 재능을 사용한다.
재계 및 사회봉사 단체에서는 역할 및 업무 분장을 통해 의도한 목적을 달성하고자 한다.	• 학급이나 더 큰 지역사회 내에서 수행해야 하는 역할 및 그것을 수행하는 사람을 확인한다.	• 학급 내에서 다양한 책무를 수행하는 것을 돕기 위해 자원한다. • 학급 내에서 업무 분장한 것을 관리하는 것을 돕는다. • 재계 및 사회봉사 단체의 역할을 알고 묘사한다.

역사학		
핵심 교과 내용	수행 표준 및 행동 지표	
	수행 표준	행동 지표
역사적 사건은 과거에서 현재와 미래로 진행되는 연대표를 따른다. 과거 사건은 현재의 사건에 영향을 미치고 현재의 결정은 미래의 사건에 영향을 미친다.	• 매일의 일과 안에서 시간 순서에 따른 사건들의 관계와 어제(과거), 오늘, 내일(미래)의 관계를 점차 더 인식한다.	• 일일 및 주간 사건의 시간적 순서 및 순서의 변화가 가져오는 변경된 일정으로 인한 결과, 새로운 규칙이 대두되어야 할 필요성 등 결과를 인식한다.

지리학		
핵심 교과 내용	수행 표준 및 행동 지표	
	수행 표준	행동 지표
사람들은 지리적 지역으로 경계 지은 지역사회에 산다. 지역사회 내의 편의시설은 지역사회의 요구를 충족한다. 예 주택, 업무, 교육, 종교, 여가 시설	• 지역사회는 실내외 지역사회 공간에서 사람들의 삶에 영향을 주는 지리적·공간적 요소에 의해 경계가 지어진다는 것을 안다.	• 익숙한 지역에 대해 실내외 공간을 정의하는 간단한 3차원 지도를 만든다. 예 교실, 집, 우체국, 경찰서, 소방서, 공원
지역사회에는 주요 기관들 사이로 이동할 수 있게 해 주는 길이 있다. 2차원, 3차원 지도는 물리적인 공간의 토지 사용을 나타낸다.	• 지역사회 내에 있는 다양한 종류의 길의 차이점을 이해한다.	• 지역사회 내 익숙한 시설들 사이의 보도와 차도를 구분해 주는 간단한 3차원과 2차원 지도를 만든다. 예 다리, 철도, 인도, 차도

경제학		
핵심 교과 내용	수행 표준 및 행동 지표	
	수행 표준	행동 지표
사람들은 재화와 서비스를 생산하고 이를 어떠한 지불의 형태(돈 또는 동등한 가치의 재화나 서비스)와 교환하여 제공한다.	• 재화 및 서비스와 동등한 교환을 하기 위해 물건이나 돈이 필요하다는 것을 알고 있음을 보여 준다.	• 다양한 역할을 수행하기 위해 필요한 여러 가지 종류의 기술에 대해 이야기한다. • 상품과 서비스를 돈이나 다른 물건, 서비스로 교환하는 것을 극화한다.

사람들은 지역사회에서 원하는 역할이 요구하는 독특한 기술을 사용하여 역할을 수행하고 돈을 번다. 화폐는 재화와 서비스를 교환하는 공통의 수단이다.	• 다양한 직업은 여러 가지 기술을 요하고 지역사회의 요구를 충족시킨다는 점을 인식한다.	• 다양한 종류의 공공 서비스업의 직업 역할을 극화한다. 예 불끄기
수요와 공급 사이에는 관계가 있다.	• 항상 수요를 충족할 충분한 자원이 있는 것은 아님을 인식한다.	• 모든 사람이 한 번에 사용할 수 있을 만큼 재료가 충분하지 않을 때에는 차례로 돌아가며 사용하는 것이 필요함을 이해한다.

부록 F 언어 및 문해 교과 내용

교육 내용

- 언어의 기능은 의사소통을 하는 것이다.
- 의사소통은 정보와 이해, 문해 반응과 표현, 비판적 분석 그리고 평가와 사회적 상호작용을 위해 메시지를 수용, 전달, 교환하게 하는 공통의 언어를 사용할 것을 요구한다.
- 문해와 관련된 의사소통은 구어, 그래픽, 상징, 문자의 형태로 나타난다.

구어: 듣기 및 말하기		
핵심 교과 내용	수행 표준 및 행동 지표	
	수행 표준	행동 지표
구어는 사람들 간에 메시지를 주고받는 의사소통의 보편적인 유형이다. 구어로 메시지를 효과적으로 전달하기 위해서는 언어의 의미에 대한 공통적인 합의가 있어야 한다.	• 의사소통은 다른 목적을 위해 듣기와 말하기를 포함한다는 것을 이해한다.	• 사적인 경험에 대한 생각, 의견, 견해 등을 공유한다. 소망과 감정에 대해 소통하고 정보를 요청한다. • 대화, 지시, 운(rhymes), 이야기를 이해하며 듣는다. • 단순한 지시 사항 및 단계적 지시 사항을 이해하고 따른다.

<table>
<tr><td>좀 더 정확한 언어로 말할수록 의사소통은 더 효과적일 수 있다.
단어는 사람에 따라, 그리고 상황에 따라 의미가 달라질 수 있다.</td><td>• 의사소통을 위해 어휘를 늘리고 좀 더 복잡한 언어를 사용한다.</td><td>• 새로운 단어를 구어의 어휘에 포함한다.
• 구어는 경험을 묘사할 때나 무엇인가를 요구할 때 점점 더 정확해진다.</td></tr>
<tr><td>구어의 메시지는 억양, 속도, 몸짓 등에 영향을 받는다.
단어와 행동은 항상 같은 메시지를 전달하지는 않는다.</td><td>• 어조, 몸짓 언어, 속도에서의 차이는 상대방이 받는 메시지의 의미에 영향을 준다는 것을 이해한다.</td><td>• 메시지를 전달할 때 필요한 경우 몸짓을 사용하고, 메시지를 받을 때 상대방의 행동을 관찰한다.
• 제 2 언어로 (국어를) 배우는 사람과 이야기할 때는 말의 속도나 말투를 바꾼다.</td></tr>
<tr><td>음운 인식은 구어의 말소리를 알아차리고 구별하는 능력이다.</td><td>• 구어, 챈트, 노래 속에서 운(rhymes)을 가진 단어와 비슷한 두음을 알아차린다.</td><td>• 운을 맞추고 만들어 본다.
• 말소리와 연결 지어 두운을 맞추고 만들어 본다.</td></tr>
<tr><th colspan="3">문어: 읽기 및 쓰기</th></tr>
<tr><th rowspan="2">핵심 교과 내용</th><th colspan="2">수행 표준 및 행동 지표</th></tr>
<tr><th>수행 표준</th><th>행동 지표</th></tr>
<tr><td>문자 언어(글)는 음성 언어(말)를 표상하는 것이다. 사람들은 구어를 문어로 변형하고자 쓰기를 하고, 문어를 구어로 변형하고자 읽기를 한다.</td><td>• 말과 글을 연결 짓는다.</td><td>• 맥락에 맞게 기호를 읽고 그린다.
예 교통 표지판과 직업 목록을 읽어 본다.
• 글자를 써 본다.
예 학급 잔치를 위한 쇼핑 목록을 작성하고 미술품 및 블록 구조물에 이름을 붙인다.
• 경험을 묘사하거나 이야기를 들려주기 위해 간단한 문장으로 적어 본다.</td></tr>
</table>

		• 글자를 읽어 본다. 예 일과 계획표에 있는 활동들, 요리 활동을 위한 설명, 간단하고 반복적인 이야기 • 적힌 글자와 그 글자를 읽을 때 해당 문자가 내는 소리를 연결 짓는다.
문자로 하는 의사소통의 형태가 표준화되면 될수록, 메시지는 더욱더 보편화된다. 규칙에는 표준화된 체계가 있다.	• 인쇄물 개념은 읽기와 쓰기 모두에 사용됨을 이해한다.	• 쓰기를 할 때, 인쇄물의 개념을 사용한다. 예 왼쪽에서 오른쪽으로의 방향성, 단어 사이의 띄어쓰기, 구두점 • 환경의 문자를 읽고 용어의 의미를 이해한다. 예 '비상구' '직업 목록표' • 친숙한 이야기를 읽는다.
기록된 의사소통은 영구적 자원으로서, 정보를 확인하기 위해 다시 찾아볼 기회를 제공하며 더 많은 의미를 얻게 한다.	• 쓰기는 다시 찾아볼 수 있는 영구적인 기록임을 이해한다. • 다른 목적을 위해 도표, 차트, 관례적인 쓰기 등 다른 형태의 기록을 사용할 필요도 있음을 이해한다.	• 읽고 쓰는 기회를 더 많이 추구함으로써 인쇄물에 대한 이해와 호의가 증가하였음을 보여 준다. • 정보를 얻기 위해 도서를 다시 들여다본다.

부록 G 생활 주제 계획 및 실행을 위한 지침

주제 선정하기

- 교육과정 활동에 적합한 관심사를 확인하기 위하여 유아를 관찰한다.
- 주제를 선정하기 위해서는 다음의 질문을 고려한다.
  - 그 주제는 교실 안에서 탐구하는 것을 허용하는가?
  - 그 주제는 유아가 새로운 경험을 기존의 지식과 연결하도록 이끄는가?
  - 그 주제는 교사로서 당신의 관심을 끄는가?
  - 그 주제는 당신이 추진할 수 있는 것인가?
  - 적절한 매체와 지역사회 자원을 사용할 수 있는가?

주제와 관련된 주요 내용 개념과 요소

- 주제와 관련하여 유아가 발달시킬 수 있는 주요 개념 목록을 작성한다. 이때 다양한 자원을 활용한다(예, 문학, 컴퓨터, 지역사회 구성원, 동료, 부모).
- 유아가 활동-기반의 활동을 통해 획득할 수 있고 기존의 지식과 연결 지을 수 있는 개념과 관련된 요소를 확인한다.
- 주제가 발전하면서 유아가 사용할 중요한 어휘와 용어 목록을 작성한다.

활동을 시작하기 위한 계획하기

- 초기에 유아의 관심을 끌 수 있는 몇 가지 가능성(예, 소리 내어 읽기, 새로운 교구 소개, 새로운 경험, 여행 등)을 확인해 둔다.
- 유아가 흥미를 추구하고 발전시키는 모습을 관찰한 후 그것을 바탕으로 여러 가능성 중에서 선정한다.
- 이 활동의 결과를 평가하기 위한 수행 표준을 확인한다.

주제와 관련된 정보를 유아가 수집할 수 있도록 계획하기

- 계획하기 시간(meeting time) 동안 유아가 탐색하고 이야기를 나누어 볼 수 있도록 주제와 관련된 새로운 교구를 소개한다.
- 유아가 새로운 정보를 습득하고 기존에 이해한 것과 연결 고리를 만들도록 자극하기 위해 소리 내어 읽기와 함께 읽기 경험을 제공한다.
- 적절하다면, 유아가 주제를 이해하는 데 기여할 수 있는 잠재적인 음악/동작/대근육 활동을 목록화한다.
- 이 활동의 결과를 평가하기 위한 수행 표준을 확인한다.

소집단과 영역에서의 개별 활동 계획하기

- 유아가 주제와 관련된 주요 개념을 보다 잘 이해하도록 하기 위해 소집단 활동을 고안한다.
- 유아가 주제와 관련된 내용을 이해하도록 자극하기 위해 영역에 추가할 교구와 자원을 수집한다.
- 이 활동의 결과를 평가하기 위한 수행 표준을 확인한다.

활동/상황 마무리 계획하기

- 주제와 관련하여 학습한 것을 요약하고 기념할 이벤트를 유아와 함께 계획한다.
- 유아가 주제에 대해 보다 잘 이해할 수 있도록 도와준 주요 개념과 요소에 대한 이해를 돌아보고 그것을 기록화하기 위한 방법을 유아와 함께 계획한다.
- 부모, 동료, 그리고 다른 학급 방문자와 이 활동이 어떻게 지역 수행 표준 및 행동 지표의 평가를 다루는지에 대해 소통할 방법을 구상한다.

초점이 맞추어진 교육과정 계획 양식

초점/생활 주제/주제: ______________________

핵심 개념
핵심 어휘

활동 계획	수행 표준 및 행동 지표
집단 활동 시간	
시작 활동:	
후속 활동:	
소리 내어 읽기 및 함께 읽기:	
음악/대근육 활동:	

영역 활동 시간	
자유 선택 활동:	
교사가 계획한 활동:	

마무리 활동	
가족, 다른 학급 그리고 관심을 보이는 성인과 공유하면서 기념하기	

부록 I

생활 주제 예시: 신발*

<table>
<tr><td>

핵심 교과 내용

- 신발은 고유의 기능이 있다(예, 보호용, 스포츠용, 심미적 기능).
- 신발은 공통된 속성을 가지고 있다(예, 밑창, 발을 둘러싼 모양, 한 켤레로 구성됨).
- 신발은 색깔, 모양, 크기, 재료, 만들어진 구조 등에서 다르다.
- 문화마다 선호하는 신발의 유형이 다르다.
- 신발은 기계나 손으로 제조된다.
- 다른 유형의 신발에는 부츠, 작업화, 슬리퍼, 스케이트, 롤러스케이트 등이 있다.
- 날씨는 신발 선택에 영향을 미친다.

</td></tr>
<tr><td>

핵심 어휘

신발 특징: 밑창, 신발 혀, 발가락, 굽, 신발끈, 버클, 스트랩, 가죽, 캔버스 천, 스웨이드, 박음질, 켤레, 크기

신발 관리: 제화공, 수선공, 신발을 재는 도구, 구둣주걱, 구두골

환경 조건: 더운, 따뜻한, 추운, 눈이 내리는, 얼음같이 찬, 비오는, 진흙탕인 등

문화적 집단: 알래스카 원주민, 중국인, 북미 원주민, 네덜란드 사람, 하와이 사람

</td></tr>
</table>

* *Literacy Project Shoe Unit* (CUNY, 1999)에서 각색함

집단 활동 시간		
활동 계획	**수행 표준**	**행동 지표**
시작 활동으로 가능한 것 문학: 동시(poem) 또는 도서 이야기: 교사나 유아의 개인적 이야기 물체 이용: 구두 상자, 익숙하지 않은 유형의 신발 ("전에 이런 상자나 신발 본 적 있니?") 음악: 노래, 악기, 춤	문해와 음악 다른 목적을 위해 듣고 말한다.	개인적인 경험에 대한 생각이나 의견을 공유한다. 음악에 말과 행동으로 반응한다.
후속 활동으로 가능한 것 • 신발을 모두 상자에 모은 후 분류하기 • 유아의 신발 색깔 또는 유형과 관련된 사진을 이용해 자료를 기록하기 • 다른 두 켤레 신발의 유사점과 차이점 비교하기-도식 조직자(graphic organizer)에 정보를 기록하기 • 신발의 크기 비교하기 • 크기순에 따라 신발 정리하기 • 집단 토론-"우리가 신발을 만든다면, 필요한 게 무엇이 있을까? 무엇을 할까?"	문해와 수학	물체의 속성을 바탕으로 구분하고 그 이유를 설명한다. 정보를 기록한다. 크기와 길이를 비교하기 위해 측정 전략을 사용한다.
소리 내어 읽기 및 함께 읽기 동시 주제 도서(*Literacy Project Shoe Unit* 184쪽의 신발 주제 도서 목록 참조)	문해	대화, 운, 이야기를 이해하며 듣는다.
음악/대근육 활동 • 신발을 이용해 소리 패턴 만들기 • 다른 표면에서 나는 다양한 신발 소리 대조하기 • 다른 유형의 신발을 신고 걸음 모방하기	창의적 표현	모델을 따라하고 음악에 맞춰 소리와 춤 패턴을 접해 본다.

<table>
<tr><th>영역 활동 시간</th><th>수행 표준 및 행동 지표</th></tr>
<tr><td>자유 선택 활동
• 역할 영역에서 신발 가게 또는 구둣방 놀이하기
• 미술 영역에서 발자국 찍기
• 잡지/신문 사진을 이용해 신발 콜라주 만들기
• 모래 영역에서 발자국 찍어 보기
• 신발을 크기에 따라 배열해 보기
• 오려낸 밑창에 신발 맞춰 보기
• 촉감으로 신발 짝짓기</td><td></td></tr>
<tr><td>교사가 계획한 활동
• 소집단으로 이야기를 들려주고 신발 모형 융판 자료를 이야기 속 날씨에 따라 바꿔 보는 활동에 참여시키기
• 다양한 구조물과 미술 재료를 사용해 ‘신발’ 만들어 보기
• 가장 좋아하는 신발에 대해 쓴/그린 유아들의 이야기를 받아 적어 보기</td><td></td></tr>
<tr><td>마무리 활동
• 신발에 대한 생활 주제를 지속하는 동안 교실에서 겪은 경험에 대해 학급 이야기나 책 써 보기
• 유아가 생활 주제 활동에 참여하는 모습을 촬영한 사진과 유아가 만든 작품에 주석을 달아 전시하기</td><td></td></tr>
</table>

부록 J 시각 변별력의 발달 연속선

기초 단계(entry level)

- 사물을 사물로
  - 구체적 · 실제적 · 묘사적 사물을 이용하여 주변에서 동일한 사물들을 짝짓는다.
  - 속성 블록, 패턴 블록 그리고 다른 적절한 조작 자료 등을 사용하여 동일한 기하 모양을 맞추고 유사 도형을 구분 · 비교하며 관련된 도형을 분류한다.
- 사물을 그림으로
  - 블록을 블록의 이름표에 매치시키듯 구체물을 사물의 그림과 맞춰 본다.
  - 탱그램(역자주. 사각형을 7개의 조각으로 잘라 놓은 것을 여러 형태로 맞추는 중국식 퍼즐)과 패턴 블록을 그림에 맞추는 것처럼 구체적 도형을 도형의 그림과 맞춰 본다.
- 그림을 그림으로
  - 비슷한 동물 또는 음식 맞추기 게임처럼 사물의 두 가지 그림을 맞춰 본다.
  - 비슷한 도형 맞추기 게임처럼 도형의 그림을 도형의 또 다른 그림과 맞춰 본다.

높은 단계(higher level)

- 직선과 곡선
  - 모루, 점토, 실, 막대 등과 같은 구체물을 사용해 다양한 직선과 열리거나 닫힌 곡선을 비교하고 맞추며 확인한다. 구체물을 사용해 직선과 곡선의 위치 관계(옆, 위, 아래, 더 높은, 더 낮은 등)를 비교해 본다.
- 자모음 글자
  - 똑같은 자모음 글자를 맞춰 본다(철자 퍼즐, 자석 글자 등).
  - 비슷한 자모음 글자를 맞춰 본다(잡지, 주변의 활자).

- 글자 군(clusters)을 맞춰 본다(이름 카드, '비상구, 정지'와 같은 환경상의 문자).

• 시각 자료를 언어로 연결하기

- 호명한 글자를 찾는 요구에 반응한다("난 'A'가 필요해. 찾아줄래?").
- 자모음의 이름을 말로 확인한다("이건 'B'야.").
- 글자 군을 말로 확인한다(이름, 환경상의 문자).

청각 변별력의 발달 연속선

I 단계(기초)–교실과 주변 소리

- 주변에서 찾을 수 있는 구체물이 내는 소리 가운데 차이가 크게 나는 사물을 짝지어 본다.
- 점점 더 미세한 차이의 소리가 나는 사물을 짝짓고, 구분하고, 분류하며 구별한다(예, 음계를 나타내는 종소리).
- 소리가 녹음된 테이프를 들으며 밖에서 나는 익숙한 소리를 알아듣는다.

II 단계(심화 단계)–말소리(음운 인식)

- 라임(rhyming)
  - 끝소리가 똑같은 라임을 반복한다.
  - 끝소리가 같은 라임이 나올 때 신체적 반응으로 표현한다(예, 박수치기, 손가락으로 딱 소리내기).
  - 끝소리가 같은 단어라고 제시된 단어 쌍에서 빠져 있는 라임을 채운다.
  - 의미 없는 라임(nonsense rhymes)을 포함하여 라임을 만들어 본다.
- 분철법(syllabication)
  - 박수치기, 두드리기 또는 단어의 음절을 세어 보는 활동 등을 통해 단어 안에서 소리 단위를 확인한다.
  - 익숙한 단어에서 익숙하지 않은 단어로 진행한다(유아의 이름에서 새로운 단어).
- 음소 인식(phonemic awareness)
  - 두운법(alliteration)
    - 단어 문맥 속에서 첫소리(initial sound) 또는 첫 음소를 반복해 본다.
    - 첫소리가 같은 단어가 나올 때 신체 반응으로 표현한다.

· 첫소리가 같은 단어들을 모으거나 첫소리가 같은 무의미 단어들을 만들어 본다.

– 소리 대체(sound substitution)

· 단어의 첫소리: 친숙한 단어의 첫소리를 또 다른 것으로 놀이하듯이 대체시켜 본다. 예를 들어 '윌러비(Willoughby), 왈라비(Wallaby), 우(Woo)' 노래 또는 '위(Wee) 윌리(Willie) 윙클(Winkle)'을 '디(Dee) 딜리(Dillie) 딩클(Dinkle)'로 바꿔 보는 것이 있다.

– 음소 나누기: 단어의 말소리를 개별적인 음소로 분해해 본다.

– 음소 합치기: 음소들을 하나씩 듣고 그것을 한 단어로 조합해 본다.

• 파닉스(phonics, 가장 높은 단계)

– 쓰여 있는 단어를 해독하기 위하여 음소들을 철자 원리로 연결해 본다.

부록 L 수 감각의 발달 연속선

집합의 구성과 조직: 유아가 수를 세기 전에 발달시켜야 하는 학습

다음에 기초하여 집단화하고 구분하기

1. 공통적으로 관찰할 수 있는 속성이 아닌 개인적인 이유에 기초함(예, "내 장난감")
2. 색깔이나 모양과 같은 동일한 물리적 속성에 기초함
3. 한 도형 안에서의 다양한 크기와 같은 비슷한 물리적 속성에 기초함
4. "(바퀴가) 굴러가는 자동차"와 같은 비슷한 기능에 기초함

맥락:

- 구체물 사용하기: 여러 형태의 블록이나 사람 및 자동차 모형과 같은 기성품, 단추 등을 의도적으로 선택한 재료 수집 등 흥미로운 구체물의 다양한 모음
- 움직임 만들기: 예, 점프하고 깡충깡충 뛰기
- 소리 만들기: 예, 박수치기, 발 구르기

한 집합 안에서 사물을 순서화하고 패턴화하기

1. 군집화하기, 쌓기, 묶기, 열 또는 줄로 배열하기
2. 따라 하기, 확장하기, 반복적인 단위로 패턴 만들기

AB AB AB	빨강–파랑, 빨강–파랑, 빨강–파랑
AABB AABB	☺😐☹☹ ☺😐☹☹
ABC ABC ABC	☺😐☹ ☺😐☹ ☺😐☹
ABB ABB ABB	☺☹☹ ☺☹☹ ☺☹☹

3. 사물을 속성에 따라 가장 긴 것에서 가장 짧은 것으로, 가장 큰 것에서 가장 작은 것으로와 같이 순차적인 순서로 나열하기

세트 또는 수집 수량화하기

- 세트를 만들고 조직해 보는 경험을 한 후에 수세기와 수량화에 관하여 생각해 보기
- '많은' '약간' '다수의'와 같이 비수치적인 용어를 사용해 수집품의 수량을 언급해 보기
- '~보다 많은' '~보다 적은'과 같이 비수치적인 용어를 사용해 두 개의 다른 수집품의 수량 비교해 보기
- 수량화하기 위해 수를 사용하기

주의할 점: 성공적으로 수를 세는 것은 다음에 제시된 보조 기술(subskills)의 발달에 달려 있는데, 이는 수를 세기 전에 겪은 다양한 경험으로부터 습득된다.

1. 일대일 대응 – 식탁 차리기
2. 순서대로 나열된 수 이름에 대한 친숙도– 1, 2, 3
3. 세고 있는 집합의 경계에 대한 인식, 세어야 하는 항목의 양

각각의 보조 기술은 성공적으로 수를 세기 위해 필요하다. 수를 세는 데 실패했을 때는 어떤 보조 기술이 실제로 잘 되지 않는지 아는 것이 중요한데, 이는 그 보조 기술을 강화시켜 줄 '수를 세지 않는 활동(noncounting activity)'의 경험을 계획하기 위해서다.

유아는 한 집합의 크기를 묘사하거나 나타내기 위해서 숫자를 활용하기 이전에 집합을 나타내기 위한 다른 방법을 사용한다.

집합 표현하기

- 그림 사용하기 **예** 곰 세 마리를 나타내기 위한 융판 자료 사용
- 다른 사물 사용하기 **예** 나무 조각을 사용해 집단 안에 있는 유아의 인원 수 표시
- 집계 기록(검수), 유아의 선호도를 기록하기 위해 X 표시하기 **예** 좋아하는 아이스크림 맛
- 숫자 읽기, 말하기(명명하기)와 쓰기(순서는 중요하지 않음)
- 숫자를 그 크기의 집합과 연결 짓기

부록 M 수학 관찰 기록 양식

유아의 이름: ______________________

<table>
<tr><td colspan="2">자연스럽게 나타나는 상황</td><td colspan="2">교사가 계획한 활동</td></tr>
<tr><td colspan="4">수(number)</td></tr>
<tr><td colspan="4">수, 수를 나타내는 방법, 수들 간의 관계, 수 체계를 이해한다.</td></tr>
<tr><td colspan="4">활동에서 수세기를 활용하고 수세기를 근거로 하여 집합 안에 '얼마나 많은' 사물이 있는지 알아본다.</td></tr>
<tr><td>일시</td><td>수량화하는 수준과 맥락을 명시한다.</td><td>일시</td><td>수량화하는 수준과 맥락을 명시한다.</td></tr>
<tr><td colspan="4">다양한 물리적 모형과 표상을 사용해 그것이 나타내는 수량과 숫자를 연결한다.</td></tr>
<tr><td>일시</td><td>수량화하는 수준과 맥락을 명시한다.</td><td>일시</td><td>수량화하는 수준과 맥락을 명시한다.</td></tr>
</table>

<table>
<tr><th colspan="4">기하(geometry)</th></tr>
<tr><td colspan="4">2차원과 3차원의 기하 도형들의 특징과 속성을 분석하고 기하 관계에 대한 수학적 논거를 발달시킨다.</td></tr>
<tr><td colspan="4">주변 환경에서 보이는 기하 도형들을 짝지어 보고 분류해 보면서 인식한다.</td></tr>
<tr><td>일시</td><td>도형과 맥락을 명시한다.</td><td>일시</td><td>도형과 맥락을 명시한다.</td></tr>
<tr><td colspan="4">2차원과 3차원 도형을 구분한다.</td></tr>
<tr><td>일시</td><td>사용된 재료와 맥락을 명시한다.</td><td>일시</td><td>사용된 재료와 맥락을 명시한다.</td></tr>
<tr><td colspan="4">'…에 근접한'과 같이 단순한 관계를 사용해 위치를 찾아보고 명명해 본다.</td></tr>
<tr><td></td><td>사용된 명칭과 맥락을 명시한다.</td><td></td><td>사용된 명칭과 맥락을 명시한다.</td></tr>
<tr><th colspan="4">측정(measurement)</th></tr>
<tr><td colspan="4">사물의 측정 가능한 속성을 이해한다.</td></tr>
<tr><td colspan="4">길이, 부피, 무게의 속성을 안다.</td></tr>
<tr><td>일시</td><td>사용된 계량기구와 재료를 명시한다.</td><td>일시</td><td>사용된 계량기구와 재료를 명시한다.</td></tr>
<tr><td colspan="4">측정한 속성에 따라 사물을 비교하고 순서화한다.</td></tr>
<tr><td>일시</td><td>속성과 사용된 재료를 명시한다.</td><td>일시</td><td>속성과 사용된 재료를 명시한다.</td></tr>
</table>

<table>
<tr><td colspan="4">측정 시 비표준(non-standard) 단위를 사용한다.</td></tr>
<tr><td>일시</td><td>사용된 단위와 측정한 사물을 명시한다.</td><td>일시</td><td>사용된 단위와 측정한 사물을 명시한다.</td></tr>
<tr><td colspan="4">측정 시 표준 단위를 사용한다.</td></tr>
<tr><td>일시</td><td>사용된 단위와 측정한 사물을 명시한다.</td><td>일시</td><td>사용된 단위와 측정한 사물을 명시한다.</td></tr>
<tr><th colspan="4">대수(algebra)</th></tr>
<tr><td colspan="4">패턴을 이해한다.
사물을 크기, 수 그리고 다른 속성에 따라 구분하고, 분류하고, 순서화하며 한 표현에서 다른 표현으로 변형해 본다.</td></tr>
<tr><td colspan="4">소리와 도형 또는 간단한 수의 순서와 같이 패턴을 알고 설명하며 확장한다.</td></tr>
<tr><td>일시</td><td>패턴과 맥락을 명시한다.</td><td>일시</td><td>패턴과 맥락을 명시한다.</td></tr>
<tr><td colspan="4">다양한 맥락 안에서 일어나는 변화를 분석한다.</td></tr>
<tr><td colspan="4">어떤 종류의 측정 단위를 사용해 식물의 높이에서 일어나는 변화를 설명하는 것과 같이 양적인 변화에 대해 서술한다.</td></tr>
<tr><td>일시</td><td>변화와 맥락(상황)을 명시한다.</td><td>일시</td><td>변화와 맥락(상황)을 명시한다.</td></tr>
</table>

부록 N

물리과학 관찰 기록 양식

유아의 이름: ______________________

	자연스럽게 일어나는 상황에서 구체적으로 기록	일시	교사가 계획한 활동에서 구체적으로 기록	일시
사물의 물리적 속성에 대해 관찰하고 이야기한다.	명시하기: 사물과 속성		사물과 속성	
사물의 속성을 비교 및 대조해 본다.	사물과 속성		사물과 속성	
상호작용적 사건을 통해 일어나는 속성의 변화를 인식하고 이야기하며 비교한다.	물질과 변화		물질과 변화	
어떤 상황에서 나타나는 사물의 속성 및/또는 반응에 대한 변화(예, 자석, 부력, 흡수성, 질감, 균형)를 예측해 본다.	물질, 예측, 변화		물질, 예측, 변화	
실험: 사물을 움직이게 하기 위해 다양한 힘을 사용한 결과를 시험 및 재시험한다.	물체와 실험		물체와 실험	
물의 속성을 실험한다.	검증된 속성		검증된 속성	

소리의 속성을 실험한다.	검증된 속성		검증된 속성	
빛의 속성을 실험한다.	검증된 속성		검증된 속성	

체크리스트 예시: 자모음 지식

유아의 이름: ______________________

일시_ 10월: 1월–2월: 5월:

단계	자연스럽게 일어나는 상황: 자모음에 동그라미하세요	교사가 계획한 과제: 자모음에 동그라미하세요	비고
동일한 형태의 자모음을 짝짓는다.	ㄱ ㄴ ㄷ ㄹ ㅁ ㅂ ㅅ ㅇ ㅈ ㅊ ㅋ ㅌ ㅍ ㅎ ㅏ ㅑ ㅓ ㅕ ㅗ ㅛ ㅜ ㅠ ㅡ ㅣ	ㄱ ㄴ ㄷ ㄹ ㅁ ㅂ ㅅ ㅇ ㅈ ㅊ ㅋ ㅌ ㅍ ㅎ ㅏ ㅑ ㅓ ㅕ ㅗ ㅛ ㅜ ㅠ ㅡ ㅣ	
동일한 자모음 철자를 짝짓는다.	ㄱ ㄴ ㄷ ㄹ ㅁ ㅂ ㅅ ㅇ ㅈ ㅊ ㅋ ㅌ ㅍ ㅎ ㅏ ㅑ ㅓ ㅕ ㅗ ㅛ ㅜ ㅠ ㅡ ㅣ	ㄱ ㄴ ㄷ ㄹ ㅁ ㅂ ㅅ ㅇ ㅈ ㅊ ㅋ ㅌ ㅍ ㅎ ㅏ ㅑ ㅓ ㅕ ㅗ ㅛ ㅜ ㅠ ㅡ ㅣ	
자모음 글자들의 집합을 짝짓는다. 예 이름, 환경 상의 문자	목록	목록	
호명한 자모음을 찾아보라는 요구에 반응한다.	ㄱ ㄴ ㄷ ㄹ ㅁ ㅂ ㅅ ㅇ ㅈ ㅊ ㅋ ㅌ ㅍ ㅎ ㅏ ㅑ ㅓ ㅕ ㅗ ㅛ ㅜ ㅠ ㅡ ㅣ	ㄱ ㄴ ㄷ ㄹ ㅁ ㅂ ㅅ ㅇ ㅈ ㅊ ㅋ ㅌ ㅍ ㅎ ㅏ ㅑ ㅓ ㅕ ㅗ ㅛ ㅜ ㅠ ㅡ ㅣ	

자모음 글자를 각 자모음의 이름으로 말할 수 있다.	ㄱ ㄴ ㄷ ㄹ ㅁ ㅂ ㅅ ㅇ ㅈ ㅊ ㅋ ㅌ ㅍ ㅎ ㅏ ㅑ ㅓ ㅑ ㅗ ㅛ ㅜ ㅠ ㅡ ㅣ	ㄱ ㄴ ㄷ ㄹ ㅁ ㅂ ㅅ ㅇ ㅈ ㅊ ㅋ ㅌ ㅍ ㅎ ㅏ ㅑ ㅓ ㅑ ㅗ ㅛ ㅜ ㅠ ㅡ ㅣ	
자모음 글자의 집합을 말로 확인한다.	목록	목록	

시각 변별력 관찰 기록 양식

유아의 이름: ______________________

짝짓고 집단화하는 단계	자연스럽게 나타나는 활동	교사가 계획한 활동
사물을 사물로		
	일시:	일시:
주변에서 볼 수 있는 동일한 표상적 사물 예 인형, 그릇, 빨대		
비슷하고 관련된 표상적 사물 예 과일, 모형 자동차 모음		
동일한 형태의 기하 도형 예 똑같은 크기와 색깔의 삼각형		
비슷하고 관련된 형태의 기하 도형 예 다른 종류의 삼각형		
사물을 그림으로		
구체물을 그것의 그림으로 예 차를 차로		
기하 도형을 그것의 그림으로 예 사각형을 사각형으로		

그림을 그림으로		
사물의 그림을 사물의 그림으로 예 비슷한 숫자 맞추기 게임과 기억력 게임 같은 활동		
기하 도형의 그림을 기하 도형의 그림으로 예 비슷한 숫자 맞추기 게임 모양, 도미노 모양		
위치를 나타내는 용어		
주변에서 사물의 위치와 장소를 찾아본다. 예 ~의 바로 옆, 위, 아래		
잡지와 도서에 나오는 사진 속 사물의 위치와 장소를 알아본다. 예 ~의 바로 옆, 위, 아래		

참고문헌

Almy, M., & Genishi, C. (1979). *Ways of studying children*. NY: Teachers College Press.

Althouse, R., Johnson, M. H., & Mitchell, S. T. (2003). *The colors of learning: Integrating the visual arts into the early childhood curriculum*. NY: Teachers College Press.

Arnheim, R. (1969). *Visual thinking*. London: Faber and Faber.

Bartlett, F. (1969). Art: Representation and expression. In M. Brearley (Ed.), *The teaching of young children: Some implications of Piaget's learning theory* (pp. 34-51). NY: Shocken Books.

Beaty, J. (1986). *Observing development of the young child*. Columbus, OH: Merrill.

Beaty, J., & Pratt, L. (2007). *Early literacy in preschool and kindergarten: a multicultural perspective* (2nd ed.). Upper Saddle River, NJ: Pearson Education.

Becker, W., Engelmann, S., & Rhine, W. (1981). Direct instruction model. In W. Rhine (Ed.), *Making schools more effective: New directions from Follow Through* (pp. 95-154). NY: Academic Press.

Biggs, R. (1990). *The snowman story book*. NY: Random House.

Boehm, A., & Weinberg, R. (1996). *The classroom observer: Developing observation skills in early childhood settings* (3rd ed.). NY: Teachers College Press.

Brearley, M. (1970). *The teaching of young children: Some implications of Piaget's learning theory*. NY: Schocken.

Bredekamp, S. (1987). *Position statement on standardized testing of young children 3 through 8 years of age*. Washington, DC: National Association for the Education of Young Children.

Bredekamp, S., & Copple, C. (2009). *Developmentally appropriate practice in early childhood programs*. Washington, DC: National Association for the Education of Young Children.

Bredekamp, S., & Rosegrant, T. (1992). *Reaching potentials: Appropriate curriculum and assessment for young children*. Washington, DC: National Association for the Education of Young Children.

Carle, E. (1990). *Pancakes, pancakes*. NY: Scholastic.

Carpenter, T., Fennema, E., Franke, M., Levi, L., & Empson, S. (1999). *Children's mathematics: Cognitively guided instruction*. Portsmouth, NH: Heinemann.

Chalufour, I., & Worth, K. (2004). *Building structures with young children*. St. Paul, MN: Redleaf Press.

Chalufour, I., & Worth, K. (2005). *Exploring water with young children*. St. Paul, MN: Redleaf Press.

Chukovsky, K. (1968). *From two to five*. Berkeley, CA: University of California Press.

Clay, M. (1991). *Becoming literate: The construction of inner control*. Portsmouth, NH: Heinemann.

Clements, D. (1999). Geometric and spatial thinking in young children. In J. Copley (Ed.), *Mathematics in the early years*. Washington, DC: National

Association for the Education of Young Children & National Council of Teachers of Mathematics.

Cohen, D., Stern, V., & Balaban, N. (2008). *Observing and recording the behavior of young children* (5th ed.). NY: Teachers College Press.

Colker, L. (2005). *The cooking book: Fostering young children's learning and delight.* Washington, DC: National Association for the Education of Young Children.

Cornett, C. (1998). *The arts as meaning makers.* Upper Saddle River, NJ: Prentice Hall.

Cuffaro, H. (1995). *Experimenting with the world: John Dewey and the early childhood classroom.* NY: Teachers College Press.

Dewey, J. (1902). *The child and the curriculum and The school and society.* Chicago, IL: University of Chicago Press.

Dewey, J. (1963). *Experience and education.* NY: Collier. (Original work published 1938).

Dittmann, L. (1970). *Curriculum is what happens: Planning is the key.* Washington, DC: National Association for the Education of Young Children.

Dodds, A. (1996). *The shape of things.* Cambridge, MA: Candlewick Press.

Dodge, T. D., & Colker, L. (1992). *The creative curriculum for early childhood* (3rd ed.). Washington, DC: Teaching Strategies.

Donaldson, M. (1978). *Children's minds.* London: Fontana, NY: Norton.

Douglas, K., & Jaquith, D. (2009). *Engaging learners through artmaking: Choice-based art education in the classroom.* NY: Teachers College Press.

Eisner, E. (1990). The role of art and play in children's cognitive development. In E. Klugman, & S. Smilansky (Eds.), *Children's play and learning: Perspectives and policy implications* (pp. 43-57). NY: Teachers College Press.

Elkind, D. (1990). Academic pressure- Too Much too soon: The demise of play. In E. Klugman, & S. Smilansky (Eds.), *Children's play and learning: Perspectives and policy implications* (pp. 43-57). NY: Teachers College Press.

Epstein, A. (2007). *The intentional teacher: Choosing the best strategies for young children's learning*. Washington, DC: National Association for the Education of Young Children.

Erikson, E. (1972). Play and actuality. In M. Piers (Ed.), *Play and development: A symposium* (pp. 127-167). NY: Norton.

Falk, B. (2009). *Teaching the way children learn*. NY: Teachers College Press.

Ferreiro, E., & Teberosky, A. (1982). *Literacy before schooling*. Portsmouth, NH: Heinemann.

Forman, G., & Kuschner, D. (1983). *The child's construction of knowledge*. Washington, DC: National Association for the Education of Young Children.

Fromberg, D. (1995). *The full-day kindergarten: Planning and practicing a dynamic themes curriculum* (2nd ed.). NY: Teachers College Press.

Garrison, J. (1979). *Child arts: Integrating curriculum through the arts*. Menlo Park, CA: Addison-Wesley.

Genishi, C. (1992). *Ways of assessing children and curriculum: Stories of early childhood practice*. NY: Teachers College Press.

Gersten, R., Darch, C., & Gleason, M. (1988). Effectiveness of direct instruction academic kindergarten for children from low income families. *The Elementary School Journal, 89*(2), 226-240.

Gibran, K. (1923). *The prophet*. NY: Knopf.

Ginsberg, H., Inoue, N., & Seo, K. (2008). Young children doing mathematics: Observations of everyday activities. In J. Copley (Ed.), *Mathematics in the early years* (pp. 88-100). Washington, DC: National Association of Early

Childhood Education & National Council of Teachers of Mathematics.

Goffin, S., & Wilson, C. (2001). *Curriculum Models in early childhood education: Appraising the relationship* (2nd ed.). Upper Saddle River, NJ: Prentice Hall.

Good, R. (1977). *How children learn science: Conceptual development and implications for teaching.* NY: Macmillan.

Good, T., & Brophy, J. (2008). *Looking in classrooms* (10th ed.). Boston, MA: Allyn and Bacon.

Greene, R. (2001). *When a line bends-A shape begins.* Boston, MA: Houghton Mifflin.

Gronlund, G. (2006). *Making early learning standards come alive: Connecting tour practice and curriculum to state guidelines.* St. Paul, MN: Redleaf Press.

Halliday, M. (1973). *Explorations in the functions of language.* London: Edward Arnold.

Harlen, J. (1992). *Science experiences for the early childhood years* (5th ed.). NY: Macmillan.

Harste, J., Woodward, V., & Burke, C. (1984). *Language stories and literacy lessons.* Portsmouth, NH: Heinemann.

Hartley, R., Frank, L., & Goldenson, R. (1952). *Understanding children's play.* NY: Columbia University Press.

Helm, J., & Beneke, S. (2003). *The power of projects: meeting contemporary challenges in early childhood classrooms-strategies and solutions.* NY: Teachers College Press.

High Scope Educational Foundation. (2003). *Child observation record.* Ypsilanti, MI: High Scope Press.

Hill, D. (1977). *Mud, sand and water.* Washington, DC: National Association for the Education of Young Children.

Hirsch, E. (1974). *The block book*. Washington, DC: National Association for the Education of Young Children.

Hohmann, M., & Weikart, D. (1995). *Educating young children: Active learning activities in preschool and child care programs*. Ypsilanti, MI: High Scope Press.

Jablon, J., Dombro, A., & Dichtelmiller, M. (2007). *The power of observation* (2nd ed.). Washington, DC: National Association for the Education of Young Children & Teaching Strategies.

Johnson, H. (1933). *The art of block building*. NY: Bank Street College of Education.

Jones, E., & Reynolds, G. (1992). *The play's the thing: Teacher roles in children's play*. NY: Teachers College Press.

Kamii, C. (2000). *Number in preschool and kindergarten*. Washington, DC: National Association for the Education of Young Children.

Katz, L., & Chard, S. (2000). *Engaging children's minds: The project approach* (2nd ed.). Greenwich, CT: Ablex.

Klugman, E., & Smilansky, S. (1990). *Children's play and learning: Perspectives and policy implications*. NY: Teachers College Press.

Kohn, A. (2001, September). Five reasons to stop saying "good job." *Young children, 56*(5), 24-29.

Koplow, L. (1996). *Unsmiling faces: How preschools can heal*. NY: Teachers College Press.

Kostelnik, M., Soderman, A., & Whiren, A. (2007). *Developmentally appropriate curriculum: Best practices in early childhood education* (4th ed.). Upper Saddle River, NJ: Pearson Education.

Lowenfeld, M. (1967). *Play in childhood*. NY: John Wiley and Sons.

Lowenfeld, V. (1957). *Creative and mental growth* (3rd ed.). NY: John Wiley and Sons.

Malcolm, S. (1998). Making sense of the world. In *Dialogue on early childhood science, mathematics and technology education* (project 2061, pp. 8–13). Washington, DC: American Association for the Advancement of Science.

Martin, D. (2009). *Elementary science methods: A constructivist approach* (5th ed.). Stanford, CT: Cengage.

McAfee, O., Leong, D., & Bodrova, E. (2004). *Basics of assessment.* Washington, DC: National Association for the Education of Young Children.

Meisels, S., Harrington, H., McMahon, P., Dichtelmiller, M., & Jablon, J. (2001). *Thinking like a teacher: Using observational assessment to improve teaching and learning.* Boston, MA: Allyn and Bacon.

Meisels, S., Marsden, D., Jablon, J., Dorfman, A., & Dichtelmiller, M. (2009). *The work sampling system.* NY: Pearson.

Monighan-Nourot, P., Scales, B., Van Hoorn, J., & Almy, M. (1987). *Looking at children's play: A bridge between theory and practice.* NY: Teachers College Press.

Mulcahey, C. (2009). *The story in the picture: Inquiry and artmaking with young children.* NY: Teachers College Press.

National Association for the Education of Young Children & National Association of Early Childhood Specialists in State Departments of Education. (2002). *Early learning standards: Creating the conditions for success* [Joint Position statement]. Available online at www.naeyc.org/dap

National Board for Professional Teaching Standards. (2000). *Early childhood and middle childhood art standards.* Arlington, VA: Author.

National Council for the Social Studies. (2004). *Curriculum standards for social studies: Expectation of excellence.* Washington, DC: Author.

National Council of Teachers of Mathematics. (2000). *Principles and standards for social studies: Expectation of excellence.* Washington, DC: Author.

National Council of Teachers of Mathematics. (2000). *Principles and standards for school mathematics*. Reston, VA: Author.

National Research Council on Teaching and Learning. (1996). *National science education standards for grades K-4*. Washington, DC: National Academy Press.

National Research Council on Teaching and Learning. (2005). *Recommendations for early childhood education: Collaboration for change*. Washington, DC: National Academy Press.

New York City Department of Education. (2003). *Prekindergarten performance standards*. NY: Author.

Ollila, L., & Mayfield, M. (1992). *Emerging literacy: Preschool, kindergarten, and primary grades*. Needham Heights, MA: Allyn and Bacon.

Paley, V. (1981). *Wally's stories: Conversations in the kindergarten*. Cambridge, MA: Harvard University Press.

Paley, V. (2004). *A child's work: The importance of fantasy play*. Chicago, IL: University of Chicago Press.

Paley, V. (2010). *The boy on the beach: Building community through play*. Chicago, IL: University of Chicago Press.

Pelo, A. (2007). *The language of art: Inquiry-based studio practices in early childhood settings*. St. Paul, MN: Redleaf Press.

Pennsylvania Department of Education and Department of Public Welfare. (2009). *Pennsylvania learning standards for early childhood-Revised*. Harrisburg, PA: Author.

Piaget, J. (1977). *The development of thought: Equilibration of cognitive structures*. NY: Viking.

Piaget, J., & Inhelder, B. (1969). *The psychology of the child*. NY: Basic Books.

Read, K. (1971). *The nursery school: A human relationships laboratory* (5th ed.). Philadelphia, PA: Saunders.

Reynolds, G., & Jones, E. (1997). *Master players: Learning from children at play*. NY: Teachers College Press.

Roschelle, J. (1995). Learning in interactive environments: Prior knowledge and new experience. In J. H. Falk, & L. D. Dierking (Eds.), *Public institutions for personal learning: Establishing a research agenda* (pp. 37-51). Washington, DC: American Association of Museums.

Ruddell, R., & Ruddell, M. (1995). *Teaching children to read and write: Becoming an influential teacher*. NY: Allyn and Bacon.

Scheinfeld, D. R., Haigh, J. M., & Scheinfeld, S. (2008). *We are all explorers: Learning and teaching with reggio principles in urban settings*. NY: Teachers College Press.

Schwartz, S. L. (2005). *Teaching young children mathematics*. Westport, CT: Praeger/Greenwood.

Schickedanz, J. (2008). *Increasing the power of instruction: Integration of language, literacy, and math across the preschool day*. Washington, DC: National Association for the Education of Young Children.

Schirrmacher, R. (1993). *Art and creative development for young children* (2nd ed.). Albany, NY: Delmar.

Seefeldt, C., & Wasik, B. (2006). *Early education: Three-, Four- and five-year-olds go to school* (2nd ed.). Upper Saddle River, NJ: Pearson.

Shepard, L., Kagan, S., & Wurtz, E. (1998). *Principles and recommendations for early childhood assessments*. Washington, DC: National Education Goals Panel.

Slavin, R., Madden, N., Dolan, L., & Wasik, B. (1996). *Every child/every school: Success for all*. thousand Oaks, CA: Corwin.

Smilansky, S. (1968). *The effects of sociodramatic play on disadvantaged preschool children*. NY: John Wiley and Sons.

Sophian, C. (1999). Chidren's ways of knowing: Lessons from Cognitive development resesarch. In J. Copley (Ed.), *Mathematics in the early years* (pp. 11-20). Washington, DC: National Association for the Education of Young Children, National Council for Teachers of Mathematics.

Thompson, G. (1991). *Teaching through themes.* NY: Scholastic.

Thompson, S. K. (2005). *Children as illustrators: Making meaning through art and language.* Washington, DC: National Association for the Education of Young Children.

Van Hoorn, J., Nourot, P., Scales, B., & Alward, K. (1999). *Play at the center of the curriculum* (2nd ed.). Upper Saddle River, NJ: Prentice Hall.

Vygotsky, L. S. (1978). *Mind in society.* Cambridge, MA: Harvard University Press.

Wann, K., Dorn, M., & Liddle, E. (1962). *Fostering intellectual development in young children.* NY: Teachers College Press.

Wick, W. (1997). *A drop of water.* NY: Scholastic Press.

Wien, C. A. (2008). Emergent curriculum. In C. A. Wien (Ed.), *Emergent curriculum in the primary classroom: Interpreting the Reggio Emilia approach in schools* (pp. 5-16). NY: Teachers College Press.

Williams, D. (1995). *Teaching mathematics through children's art.* Portsmouth, NH: Heinemann.

Williams, L., & DeGaetano, Y. (1985). *Alerta: A multicultural, bilingual approach to teaching young children.* Menlo Park, CA: Addison-Wesley.

Williams, R., Rockwell, R., & Sherwood, E. (1987). *Mudpies to magnets: A preschool science curriculum.* Mt. Rainier, MD: Gryphon House.

Worth, K., & Grollman, S. (2003). *Worms, shadows and whirlpools.* Portsmouth, NH: Heinemann.

Wortham, S. (2001). *Assessment in early childhood education* (3rd ed.). Upper Saddle River, NJ: Prentice Hall.

Wortham, S. (2006). *Early childhood curriculum: Developmental bases for learning and teaching* (4th ed.). Upper Saddle River, NJ: Pearson Education.

교육과정 영역별 표준 출처

International Reading Association(IRA). Newark, DE

National Association for the Education of Young Children(NAEYC). Washington, DC

National Council of Teachers of Mathematics(NCTM). Reston, VA

National Council for the Social Studies(NCSS). Baltimore, MD

National Council for the Teachers of English(NCTE). Urbana, IL

National Science teachers Association(NSTA). Arlington, VA

United States Department of Education(USDE). Washington, DC

'신발' 주제에 사용된 유아용 도서

Bowie, C. (2002). *Big toes, little toes.* Watertown, MA: Charlesbridge.

Burton, M., & Ransome, J. (1994). *My best shoes.* NY: Tambourine Books.

Collins, H. (1997). *One, two, buckle my shoe.* Niagara Falls, NY: Kids Can Press.

Cote, N. (1998). *Flip-flops.* Morton Grove, IL: Whitman.

Cottle, J. (1999). *Emily's shoes.* NY: Grolier.

Daniels, T., & Foster, T. (1999). *The feet in the gym.* Delray Beach, FL: Winslow Press.

De Regniers, B., & Sendak, M. (1997). *What can you do with a shoe?* NY: Aladdin.

Dorros, A. (1982). *Alligator shoes.* NY: Dutton Children's Books.

Garland, S. (1997). *Ellie's shoes.* London: Random House.

Grimes, N., & Widener, T. (2000). *Shoe magic.* NY: Orchard Books.

Grover, M. (1998). *So many kinds of shoes.* NY: Harcourt Brace.

Harper, J., & Osborn, K. (1999). *I forgot my shoes*. NY: Putnam.

Hoban, T. (1986). *Red, blue, yellow shoe*. NY: Greenwillow.

Isadora, R. (2003). *On your toes: A ballet A B C*. NY: Greenwillow.

Lodge, B. (2000). *Shoe shoe baby*. NY: Random House.

Miller, M. (1991). *Whose shoes?* NY: Greenwillow.

Patrick, D. (1993). *Red dancing shoes*. NY: Tambourine Books.

Rollings, S. (2000). *New shoes*. NY: Orchard Books.

Schaefer, C. (1996). *The squiggle*. NY: Crown Publishers.

Schreiber, A. (1998). *Shoes, shoes, shoes*. NY: Scholastic.

Wildsmith, B. (1998). *Whose shoes?* NY: Oxford.

Winthrop, E. (1986). *Shoes*. NY: HarperCollins.

찾아보기

인 명

내용

저자 소개

Sydney L. Schwartz

뉴욕 시립대학교 퀸스 대학의 명예교수로, 반세기에 걸쳐 유아 프로그램의 내용 강화에 중점을 둔 연구를 해 왔다. Schwartz 박사는 여러 편의 논문과 책을 저술하였으며, 최근에는 유아교육과정을 다룬 책으로 *Teaching Young Children Mathematics*를 집필하였다.

Sherry M. Copeland

유치원 교사, 교사 훈련가, 교사 옹호자 그리고 유아 프로그램 행정가로 활동하였다. Copeland 박사는 활동-기반 프로그램을 강화한 유아교육의 질적 향상을 위해 40년간 전문적 역량을 발휘하였다. 또한 국가 · 주 · 지역 단위 회의에 참석하면서 지역 및 주 전체 정책 위원회의 일원으로 활동하고 있으며, 유아교육과정과 표준의 학습을 다룬 책을 집필하였다.

역자 소개

박은혜

이화여자대학교 교육학과(학령전교육 전공) 학사

이화여자대학교 대학원 유아교육전공 석사

Arizona State University 유아교육전공 박사

현 이화여자대학교 유아교육과 교수

신은수

덕성여자대학교 유아교육과 학사

이화여자대학교 대학원 교육심리전공 석사

University of Illinois at Urbana-Champaign 유아교육전공 박사

현 덕성여자대학교 유아교육과 교수

김희진

이화여자대학교 교육학과(학령전교육 전공) 학사

University of Illinois at Urbana–Champaign 유아교육전공 석사

Purdue University 유아교육전공 박사

현 이화여자대학교 유아교육과 교수

이지현

이화여자대학교 영어영문학과 학사

이화여자대학교 대학원 유아교육전공 석사

Boston University 유아교육전공 박사

현 건국대학교 사범대학 교직과 교수

발현적 유아교육과정과 표준의 연계

교육내용과 교수실제 강화하기

Connecting Emergent Curriculum and Standards in the Early Childhood Classroom: Strengthening Content and Teaching Practice

2013년 3월 20일 1판 1쇄 발행
2022년 2월 10일 1판 7쇄 발행

지은이 • Sydney L. Schwartz · Sherry M. Copeland
옮긴이 • 박은혜 · 신은수 · 김희진 · 이지현
펴낸이 • 김 진 환
펴낸곳 • (주) 학지사

04031 서울특별시 마포구 양화로 15길 20 마인드월드빌딩 5층
대표전화 • 02) 330-5114 팩스 • 02) 324-2345
등록번호 • 제313-2006-000265호

홈페이지 • http://www.hakjisa.co.kr
페이스북 • https://www.facebook.com/hakjisabook

ISBN 978-89-997-0085-9 93370

정가 **15,000**원

역자와의 협약으로 인지는 생략합니다.
파본은 구입처에서 교환하여 드립니다.